“苏霍姆林斯基在中国”丛书

总顾问◎朱小蔓　总主编◎吴盘生

追寻的脚步

结缘苏霍姆林斯基教育思想

吴盘生◎著

江苏凤凰科学技术出版社·南京

图书在版编目（CIP）数据

追寻的脚步：结缘苏霍姆林斯基教育思想 / 吴盘生著．—
南京：江苏凤凰科学技术出版社，2016.11（2022.4 重印）
（苏霍姆林斯基在中国丛书）
ISBN 978-7-5537-7413-8

Ⅰ．①追… Ⅱ．①吴… Ⅲ．①苏霍姆林斯基 (Suhomlinskii, Vasilii Aleksanlrovich 1918–1970) —教育思想 Ⅳ．① G40-095.12

中国版本图书馆 CIP 数据核字 (2016) 第 263810 号

"苏霍姆林斯基在中国"丛书

追寻的脚步：结缘苏霍姆林斯基教育思想

著　　者	吴盘生
责任编辑	傅　昕　吴梦琪
责任校对	仲　敏
责任监制	周雅婷
出版发行	江苏凤凰科学技术出版社
出版社地址	南京市湖南路 1 号 A 座，邮编：210009
出版社网址	http://www.pspress.cn
印　　刷	溧阳市金宇包装印刷有限公司
开　　本	787mm × 1092mm　1/16
印　　张	16
字　　数	262 000
版　　次	2016 年 11 月第 1 版
印　　次	2022 年 4 月第 4 次印刷
标准书号	ISBN　978-7-5537-7413-8
定　　价	42.00 元

总 序

怎样培养真正的人：教育永恒的命题

“苏霍姆林斯基在中国”丛书的编写，历经数年，已初见成果。现在，第一批著作即将出版，这是一件喜事，我感到十分欣慰。

这套丛书是我国一群热爱、研究苏霍姆林斯基，特别是践行其教育思想的教育工作者的心血之作。丛书向人们真切、生动地展现出在中国教育改革进程中，一大批志士仁人满怀热诚和景仰，向享誉世界的教育家苏霍姆林斯基认真学习的动人情景；丛书也有力地证明，中国基础教育界在改革开放三十多年来，学习、研究和运用苏霍姆林斯基教育思想于中国中小学教育改革实践，取得了可喜的成果。

1979 年，华东师范大学杜殿坤先生翻译、整理的苏霍姆林斯基教育著述（尤其是《给教师的建议》）一经面世，渴望学习、渴望提升教育能力的中国教师，立刻像久旱逢甘雨，将其视作至为宝贵的精神食粮。自此，我国教育界形成了一次次学习苏霍姆林斯基教育思想的热潮。

苏霍姆林斯基教育思想在当代中国的传播，大致产生过三次高潮，时间分别是：20 世纪 80 年代初中期，20 世纪 90 年代中后期，21 世纪初至今。

这三次传播高潮，主要表现为三个重要事实。

第一，苏霍姆林斯基的全部著述陆续翻译出版，并应读者要求不断加印。据统计，至 1986 年，国内翻译出版的苏霍姆林斯基教育著作就已达 24 本，每本发行量都很大，如杜殿坤先生编译的《给教师的建议》就一版再版，印数突破了一百万册。同时，热心阅读、研究和传播苏霍姆林斯基教育思想的人们，凝聚成了学术团体，如 1998 年建在中国教育学会比较教育专业委员会之下的“苏霍姆林斯基研究分会”（北京师范大学外国教育研究所），如 2004 年建在中央教育科学研究所之下的“中国苏霍姆林斯基研究中心”，如 2015 年在中国陶行知研究会领导下组建的“苏霍姆林斯基研究专业委员会”。总之，人们像推崇我国著名教育家陶行知那样，期望同样享誉世界、受到我国中小学教师爱戴的苏霍姆林斯基，能对中小学教师产生更为广阔、深刻的思想影响。

第二，我国一批中小学校借鉴苏霍姆林斯基的教育思想，积极开展中小学教育教学改革，持续地反对和抗衡那种“以知识为本、分数至上为特征，以牺牲学生身心人格健全发展为代价”的应试教育，在改革探索的热潮中作出了诸多创造，如“情境教育”“愉快教育”“和谐教育”“审美教育”“成功教育”等，成为中国学校中推行素质教育的基层典范。这批学校的校长及创造性探索教师，无一不是学习苏霍姆林斯基教育思想的模范，他们和他们的学校，把我国的中小学素质教育，由民间发端而不断推动，并最终上升为国家政策，在此过程中他们带了头、立了功。

第三，我国一大批中小学教师，以苏霍姆林斯基为楷模，坚持以儿童为本、教书育人的立场，积极效仿苏霍姆林斯基，对自己的职场实践进行持续地教育研究；同时，出现了一批教育科学研究工作者，他们扎根教育实践，以潜心研究、传播苏霍姆林斯基教育思想为志业。由于苏霍姆林斯基教育思想的滋润，经过教育实践的历练，他们或成长为当今中国最优秀并享有盛誉的教育家型教师和校长，或成为很“接地气”、善于结合理论与实践、受到基层教师普遍欢迎的教育科学研究者。

回顾这三次传播高潮，分析客观存在的各种事实，考察它们产生的国内背景，研究其可能构成的长远影响，我以为这种持续性传播主要与以下三个主题密切相关，它们是：①持续地反对和抗衡应试教育，推动中小学校的素质教育；②不断调整、深化基础教育的课程改革；③鼓励教师成为职场中的研究者，引导中小学教师走向职业的专业化。

苏霍姆林斯基教育思想在我国得到广泛和持续地传播，正与这三个主题的展开过程融为一体。事实上，苏霍姆林斯基的整个教育生涯，也是与这三个主题息息相关的。我们看到：他扎根一所乡村学校几十年，一贯强调在智力教学中实现德育，旨在培养健全、和谐发展的人；他重视基础知识和基本技能，但反对死记硬背，强调激发兴趣，培育学习愿望与勤奋品质，力求学生获得智力劳动的心灵成果与其中的创造喜悦；他强调优化学校教育，同时十分看重课外阅读、同辈交往以及校外实践活动对孩子的影响；他身体力行，坚持每年听 360 节以上的课，注重观察现场每个儿童，分析师生关系，体验课堂情感，发挥校长最为重要的管理作用；他亲自主办家长学校，探访学生家长，共商孩子教育问题；他制定“第二教学大纲”，开设“蓝天下的课堂”，带领孩子进行户外游历；他如饥似渴地学习理论，不停顿地思考日常教育教学，把职场当作教育科学与艺术结合的试验场和诞生地；作为一线教师、校长，他在科学研究上取得了骄人的成就，但他的研究不为别的，只为儿童的发展，只为改善教育……这一切的一切，都深深吸引了人们，打动了中国教师的心，得到中国中小学教师的共鸣、欣赏和由衷钦佩。由此可见，苏霍姆林斯基教育思想与实践，正是应和了改革开放以来我国中小学的素质教育、课程改革及教师专业化的追求方向与基本理念，正符合我国中小学教师专业素养提升的内在需要与外部要求。这样就不难理解，苏霍姆林斯基为什么注定会受到中国教师的爱戴，成了他们的效法榜样，甚至是精神偶像。

苏霍姆林斯基这个名字，已是当代中国教师心中一座不朽的丰碑！

本套丛书邀请的作者正是我国教育工作者中的优秀代表。他们现身说法介绍自己的学习和研究经历，展示自己的精神成长历程。丛书总主编吴盘生老师是一位资深教育科研工作者，他曾因工作需要被派遣到乌克兰大使馆工作，有幸结识苏霍姆林斯基的家人，并多次进行实地考察和访谈，由此进入对苏霍姆林斯基教育思想的深入研究。近几年来，他倾心策划和组织了一批对苏霍姆林斯基特别有感情，对苏霍姆林斯基教育思想有研究并积极践行的教育工作者，着手这件有意义的工作——编写本套丛书。我相信，这套丛书不仅将给中国教育界留下一幅中国同仁学习苏霍姆林斯基并取得积极成效的历史画卷，而且能折射出中国基础教育改革的不凡历程，讴歌中国教师为教育理想而奋斗的峥嵘岁月。借丛书出版之际，我向吴盘生老师及各位作者表示由衷的敬意和感谢。

苏霍姆林斯基，一位异域教育家，竟然获得中国当代教师如此的热爱和追随，而且是那么的自然而然、经久不息，这在当代教育界的国际交流史上算得上是一个奇迹！当然，这也是一种值得好好研究的教育文化现象。

现在，我们关注的是：今天应当怎样学习苏霍姆林斯基呢？

自苏霍姆林斯基著述传入我国，三十多年过去了，今天中国的教育环境已经发生了巨大变化。新生代教师所面对的，再也不是“无书可读”的窘境，而是日新月异的网络时代，是多元文化的涌现，是应接不暇的海量信息。此时，我们的确需要回答：今天为什么还要学习苏霍姆林斯基？苏霍姆林斯基还能吸引我们今天的教师吗？今天应当怎样学习这位非凡的教育家？

2008年我访问巴甫雷什中学，曾与苏霍姆林斯基的女儿苏霍姆林斯卡娅院士讨论过这个问题。我们有如下共识：正因为市场经济条件下文化多元，正因为科技主义与物质主义的潮流迅猛，我们更有必要请教苏霍姆林斯基！因为他高洁的思想与磊落的人格恰恰是当今时代稀缺的财富！苏霍姆林斯基把全部身心都贡献给孩子，体现出了他的伟大人格。他集中了全部生命、意识和情感，专注于钻研怎样培养真正的人，专注于思考什么是教育的最高追求和核心价值，从而体现出了他的神圣精神。在今天，他如此的伟大人格和神圣精神显得尤其宝贵！的确，当今时代，特别需要苏霍姆林斯基这样清醒、执着的教育家，因为他的信念和价值观可以警示世人，抗衡时代衍生的缺陷和偏见，可以给教育工作者以示范和鼓舞，影响他们的理念、信仰，提升他们的情操、境界。

当前和今后中国教师如何学习苏霍姆林斯基呢？

我以为最重要的，是深刻认识苏霍姆林斯基教育思想的本质精神和永恒价值。我觉得，他的全部思想与本质，就是毕生思考和实践“怎样培养真正的人”。苏霍姆林斯基在去世前写出了最为重要的一篇论文《人是最高价值》，其中写道：“在我们社会的旗帜上清楚地书写着：人是最高价值，没有什么事比活生生的人更加重要。”苏霍姆林斯基把教育认定为人学，他说：“教育——这首先就是人学。不了解孩子——不了解他的智力发展，他的思维、兴趣、爱好、才能、禀赋、倾向——就谈不上教育。”20世纪50年代初，当有人预言21世纪是“数学的世纪”时，苏霍姆林斯基就坚定地判言“21世纪将是人的世纪”，他坚信没有人的素质提升，就没有人类社会光明的未来。他对教育活动的本质、对教育的根本价值的理解具有永恒的意义。

关注人的心灵成长，是苏霍姆林斯基对教育活动本质的深刻理解，是他全部教育思想中最为聚焦，也最富有特色的方面。这是我个人的研究心得。

我看到，苏霍姆林斯基把情感教育与道德教育看得最为相关，在其著述中，关于情感与人的精神成长的关系，关于情感教育的论述，特别丰富、深刻。他把情感视作道德发生的基础，强调要“重视人的同情心、善良、怜悯、敏感性、友谊、义务感、责任感”，认为它们“能够增强精神情感力量，这些情感力量微妙地交织在一起，进而达到高尚的情感激动。只有这些情感的培养才能使道德概念变为信念”。从苏霍姆林斯基的诸多论述中可以看出，他把同情、怜悯看成人最基础的情感，把正义感看作青少年道德良知中最深刻的情感。同时，他明确指出：自尊感是学生道德发展的重要因素。“教师要善于在每一个学生面前，甚至是最平庸的、在智力发展上最有困难的学生面前，都向他打开他的精神发展的领域。”

正因为如此，他从来不把德育从全部教育活动中抽离出去、割裂开来、仅当作一种专项工作，而是要求所有教师不是只教某门课程，比如他常对教师说“你不是教物理，而是教人学物理”。他要求学校教育工作努力做到综合地、和谐一致地影响人的发展。

苏霍姆林斯基的全部教育思想，包括教育目标、过程、机制与方法，都与建构人的精神世界相关，他从不把具体的德育工作看作外部知识的堆积、外在纪律的束缚、形式主义的刻板的措施，而是把德育看作心灵沟通、精神建构的过程，主张让尽量多的人和物进入童年的精神生活，并在整个少年时期在情感领域中一直保存着这些人和物的迷人的吸引力。在他看来，所有的教育工作，都只有在人产生内在的感受时、具有属于自己的感受时，心灵才能得到扩展。因此，他坚定地相信，教师对学生最重要的影响，是教师本人的情感世界、精神和心灵，是“教师在传导到学生意识里去的思想中表现出自我，使学生的心灵接触到的不是冷冰冰的道理，而是教师充满激情的活生生的个性”。

时至今日，随着物质财富日益丰富，我国基础教育学校的硬件设施已越来越好，现在特别需要的，是追求教育的内在品质，是更加重视在人的发展方面那些精神性的特征，我把它称之为“内质性”的特征。这种“内质性”主要表现在身心内部，它们较为隐蔽并且往往变化缓慢，难以从表面测定，但如果轻视、忽略它们，教育（德育）便会走向短视、肤浅，形式主义和功利主义便会随之滋生，因为重视儿童的精神性特征即“内质性”，才是道德教育，也是真正的教育的根本性特征。

对儿童彻底的爱、无保留的爱，作为伟大的动力和个性品格，成就了苏霍姆林斯基，爱所有的孩子是他坚定的教育信仰。他相信每一个孩子身上都有“金矿”，但他又说，“才能不是从天上掉下来的，而是由教育家发掘出来的”。他尤其相信，“在道德发展这个领域，通往顶点的道路对任何人都没有封锁，这里有真正的和毫无限制的平等，这里每一个人都可以成为伟大的、独一无二的人”。这样，他就把真正的教育，与技术层面、功利意义上理解的教育区分开来了。

今天，在主张教育民主、维护教育权利、推进全民教育的时代，人们愈益看重教育的普及，但至2015年年底，联合国教科文组织发表了第三份综合性的长篇教育报告：《反思教育：向“全球共同利益”的理念转变？》。报告在肯定全民教育运动成就的同时，提出了着眼于全局的人文主义教育观，指出教育应当“超越知识”“超越个人竞争”。这种面对全球教育形势作出的反思和研判，又一次强有力地证明苏霍姆林斯基的思想高度和远见卓识。正因为苏霍姆林斯基相信人可以变好，信仰教育的力量，他才可能彻底地做到把全部心灵献给孩子、献给教育，才会心甘情愿地在孩子身上花费那么多的心血，心无旁骛地几十年扑在一所乡村学校。苏霍姆林斯基虽然生活、工作在苏联的国家体制及主流意识形态下，但他的教育思想和实践经验，却能够超越时空，具有广泛而长久的力量；他为培养“真正的人”而殚精竭虑的教育精神和教育大爱，具有永恒的价值。

反观我国教育现状和基础教育的教师队伍素养，继续学习苏霍姆林斯基很有必要。自21世纪以来，我国教师虽然在入职学历标准、学科专业要求、教育技术条件方面有一些提高，但总体文化素质并没有随之提升。这表现为：教师对自身职业的理解、对教育活动本质的理解限于表面，情感性人文素质不高，构建良好、和谐之师生关系的能力不足，尤其是对苏霍姆林斯基的了解程度、读苏霍姆林斯基原著的普及程度远不能与他们的前辈和兄长辈教师相比。对于一位教师来说，放着苏霍姆林斯基著作少读或不读，这是极大的精神损失！

我希望本套丛书能够燃起新生代教师关注苏霍姆林斯基的热情。我相信阅读的力量：教师们一旦走近了苏霍姆林斯基，深入读进去，与伟大心灵相遇，那么，教师的价值认同、情感态度会一点一点地发生变化，而教师一旦改变了自己的精神状态，渴望扩展自己的精神世界，用心钻研如何培养真正的人，他便是一个求真向善的人，他的精神世界会充盈、积极起来，他们的学生自然会受其感染和影响，并形成正向反馈。如此，发生积极变化一定是可期待的、也是必然的。

苏霍姆林斯基创造了教育奇迹，那是在他的国家、他所处的民族文化背景下，在他的那个时代。但是，必须指出，苏霍姆林斯基并不只是一个理想主义者，他一生都在思考：如何在现实条件下创造最好的教育条件和环境，如何改变现实，团结教师，协同各种教育力量，与他一起奋斗，去培养“真正的人”。他高度关注现代科技发展，富有现代意识，主动思考未来，他坚持马克思唯物主义的方法论，在学校教育中强调认识外部世界与自我表达相平衡，集体生活与个性舒展相平衡，坚持认为这才是和谐教育。

同样是在《人是最高价值》这篇重要论文中，他尖锐地提出一系列问题：在苏维埃中小学中，“人是最高价值”这一原则是否在教育教学过程中得到了贯彻？教师在工作中是把每个学生看成不可替代的个体，还是“目中无人”？孩子们在学校里是在发现自我和发展自我，还是“失去自我”？他们在学校里生活得怎么样：幸福还是不幸福？这些提问至今还是那么振聋发聩！

至此我们可以看到，苏霍姆林斯基敢于独立思考，他不盲从，不跟风，他对位高权重者、对前辈学术权威，也敢于直言和批评。他是一位饱含良知、坚持真理、实事求是的教育家。同时，他不仅是博览群书的饱学之士，是教师的精神领袖和带头人，也是学校教育及现实教育问题的积极变革者，他的教育研究和实践始终面向问题，着眼解决问题，探索教育改进改善之道。

当我们能够如此理解苏霍姆林斯基，如此去学习他的著作和为人时，我们就不会满足于寻章摘句，或企图从中寻找灵丹妙药，也不会苛求他的著作及话语中的时代局限，而是学习他着眼现实、解决问题的务实态度，学习他与时俱进的进取精神，立足自己的本土和具体情境，把对教育的信仰化为爱的力量，真正贯彻到解决本学校、本班级、本学科的育人事业中来。

中国基础教育深化改革、提升质量的道路漫长，教师队伍素质提高是一项特别艰巨的任务。今天，教师需要榜样，需要从活生生的、平凡而伟大的榜样中获取智慧和力量。我深信，在中国基础教育界，一是本邦的陶行知先生，一是域外的苏霍姆林斯基，他们二位的著作、教育思想、教育家生涯和个人生命故事最是教师教育与教师自我教育的百科全书，最是教师成长道路上一座取之不尽、用之不竭的富矿。

回顾历史，展望未来，我满怀希望。愿中国教师学习苏霍姆林斯基教育思想的积极行动，在中国大地上成为一种长远的历史文化现象，成为赓续绵延于教育界的道德佳话。

我愿意与同仁一起，为继续学习苏霍姆林斯基教育思想、促进我国的教育改革而尽些心力、做些实事。

以上想法，因参与丛书讨论而引起，现整理成文，是以为序。

朱小蔓

2016 年 10 月　北京

前言

一位苏联教育家——苏霍姆林斯基，从乌克兰中部乡村的巴甫雷什中学走来，带着他的“活的教育学”，举着社会主义的旗帜，走向世界，蜚声教坛，征服东西方的人们。

20世纪70年代末，苏霍姆林斯基的著作一传到中国，便立即得到中国教坛关注并为之折服。为什么？因为他的书通俗易懂、贴近实际，仿佛就在讲着中国教师身边的故事；因为他从心底里流淌出来的对孩子的真诚关爱，深深地打动了万千教师的心；因为他触及了教师和学生的苦恼和欢乐，破解着那些“敲打着你的心”的问题；因为他从学生们鲜活的生命和未来的幸福出发，聚焦于他们的精神世界和追求其人格的整体生成；因为他自始至终没忘教育的出发点和归宿，致力于“培养真正的人”。

是的，苏霍姆林斯基让人们感到了学校应有的文化功能和文明气息，使教育理论充溢着由艺术与科学结合而成的人性芬芳，使教师体悟到教育事业的神圣荣光和人的价值的至高无上！

苏霍姆林斯基影响了几代中国教育工作者，他的追随者遍布全中国。直至今天，人们依然研读他的著作，佩服他的远见，尊崇他的品格，践行他的思想。

苏霍姆林斯基还活着！

吴盘生

2016年10月

目　录

引子——梦想：到苏霍姆林斯基的故乡去

20世纪70年代末，我国政治思想界开始拨乱反正，改革开放热潮在全国风起云涌。于是，阵阵改革春风吹进了教育界，长期万马齐喑的学校期待着革新。正处青年时代的我，在春风吹拂下，不由得心潮澎湃！那时，我与其他青年教师一样，是那么盼望听到外界各种各样的教育声音，是那么希望看到外界教育改革丰富多彩的画面，是那么期盼我们多年与世隔绝的学校办得生气勃勃！

就在这时，我读到了杜殿坤先生的文章，他率先在《外国教育资料》杂志发文，介绍了苏联杰出的教育家苏霍姆林斯基。不久，我又读到了他编译的苏霍姆林斯基著作《给教师的建议》。从此，我就渐渐被苏霍姆林斯基的教育业绩和人格魅力牢牢吸引，为他深刻的教育思想和人文精神深深折服。我开始如饥似渴地收集和阅读苏霍姆林斯基的各种著述。

苏霍姆林斯基在著述中娓娓道来的教育故事和各种见解，蕴含着深刻的教育真理，很是让人信服。他写的东西，特别简单通俗，没有一丝一毫的装腔作势。他的著述中洋溢着对青少年学生的无比热爱，在字里行间渗透着教育家的人道情怀，让人感到非同一般的亲切和深刻。读着苏霍姆林斯基的书，我真切感到：他才是真正的教育家，他就生活在我们中间，他的书就是为我国的教师们而写的。读着他的书，我仿佛看到：他，脚踏现实，又高瞻远瞩，他用自己的生命展示着人类教育事业的人文本质和美好前景……

就这样，在不知不觉之中，我成了苏联教育家苏霍姆林斯基的真诚崇拜者。

崇拜之余，我头脑中产生了一个想法：如果有一天我能到苏联去看看，能到教育家苏霍姆林斯基的故乡乌克兰去看看，能到他创造的教育样板巴甫雷什中学去看看，去实地参观和学习，那该多好啊！

但是，在那个年代，一位普通的中学青年教师，持这样的想法，无疑如痴人说梦：这是那么的遥不可及！

为什么？因为那是20世纪80年代初，改革开放之风吹起不久，国门刚刚打开，出国访问如天大的幸事，只有极少数人才可能获此殊荣。当时，我国与苏联的关系刚刚解冻，两国之间的交往不多，教育交流就更少，就连译介苏霍姆林斯基专著的相当知名的教授们，例如华东师范大学的杜殿坤先生，都还没有得到机会去苏联访问！而我，一名在基层默默无闻的教育工作者，虽然掌握了俄语，居然想得到机会去苏联，去苏霍姆林斯基家乡访问和学习，这实在是一种奢望，这与白日做梦没什么两样。

但是，我始终没有放弃这一梦想。

20世纪80年代中期，我进入了市级教育科学研究所，工作条件有了很大的改变。我作为专职的教育科研人员，在教育课题研究过程中，有机会认识了杜殿坤先生等人，开始接触苏联当代的教育资料，特别是它们的俄语文本。我联系教育研究实际，择机翻译和介绍了有关文献。同时，我下功夫阅读和研究着苏霍姆林斯基的著述。总之，那段时间，我生活充实，心里乐滋滋的，我总感到离梦想实现的时刻越来越近。

20世纪90年代初，苏联解体。形势骤变，我的心凉了半截：梦想能否实现？难说！

但是，我仍然憧憬着，耐心等待着，认真努力着……

第一章

Chapter 1

成功追寻的第一步

——约见苏霍姆林斯基的女儿和儿子

20 世纪 90 年代初，命运终于眷顾了我，我得到了一次机会：随代表团出访，去莫斯科、基辅和明斯克三地考察。

那时，时代已经跨入了全新的阶段。苏联作为超级大国业已解体，而乌克兰，教育家苏霍姆林斯基的故乡，已经改旗易帜，成了一个主权国家。

当时，我们最为关注的是如下问题：在处于转折时期的乌克兰，著名的巴甫雷什中学会发生怎样的变化？苏霍姆林斯基的共产主义教育思想会遇到怎样的挑战？苏霍姆林斯基的家人现在生活得怎么样？

为了弄清这些疑问，入手处自然就是：争取去基辅市访问苏霍姆林斯基的家人。

首次去独联体考察，来去匆匆，好不容易找到了苏霍姆林斯基的儿子谢尔盖，却只是作了简短的交谈。回国后，我向外交部提出参与外交工作的申请。1994 年秋，我接到了外交部干部司的通知：我已被挑选作为外交官，将被派往乌克兰首都基辅，担任中国驻乌克兰大使馆一等秘书。

我喜出望外：我的梦想终于有望实现了！我暗下决心：到基辅后，一定千方百计创造机会，设法找到苏霍姆林斯基的所有家人。

第一节　启动：揭开教育交流的新阶段[①]

在苏霍姆林斯基的家人中，我首先想见到的是他的女儿奥丽佳·瓦西里耶夫娜·苏霍姆林斯卡娅，因为她是搞教育科学研究工作的，是乌克兰教育科学院的院士，我与她之间应当有很多共同语言。

与苏霍姆林斯基女儿奥丽佳合影

到了我国驻乌克兰大使馆任职后，一熟悉了自己的本职工作——办公室主任，我就马上通过秘书（一位乌克兰姑娘）与苏霍姆林斯基女儿奥丽佳建立了联系。随后，我们之间时不时有电话来往。

一、“开创性”见面，经驻乌克兰使馆大使批准

与苏霍姆林斯基女儿奥丽佳的首次见面，非同一般。为什么这么说？

首先，这次见面具有“开创性”，分量很重。

这么说有如下三个原因：一是这次见面是经过我国驻乌克兰特命全权大使正式批准，并纳入工作计划的，属于正式的外交工作范畴。就是说，我不是代表个人，而是代表着我国大使馆在执行一项外交使命；二是我约见的不是普通的乌克兰教育工作者，而是世界著名教育家苏霍姆林斯基的女儿，她是苏霍姆林斯基教育遗产的法定继承人，是

在大使馆会见苏霍姆林斯基的女儿

①详细采访内容见第十章。

在国际教育界有一定地位的专家——乌克兰国家教育科学院院士；三是我们见面交谈的主题，是交流中乌两国教育工作者学习和继承苏霍姆林斯基教育思想的经验，商讨如何共同学习和继承苏霍姆林斯基教育思想，讨论启动这方面的教育国际交流与合作，这在我国教育界是前所未有的。

其次，这次会见也来之不易。之所以说“来之不易”，是因为外事无小事，事事要请示！请苏霍姆林斯基女儿奥丽佳院士来大使馆见面，必须报告大使，获得准许。我并不分管教育，有点名不正、言不顺。为取得机会，我花了三个多月时间。为了避免把好事办砸，我事先做了不少铺垫，择机正式向大使报告了我的想法，最终得到了大使的首肯。

二、难忘的会见，内容丰富的交谈

与苏霍姆林斯基女儿奥丽佳的会面，正式约定在 1995 年 2 月 24 日上午 10:30，我国驻乌克兰大使馆接待大厅。

是日 10:25，警卫来电话：“您的客人到了。”我当即走出使馆办公大楼，在入口处台阶上迎候。

奥丽佳的容貌很像她父亲，尤其是一双眼睛，她身穿灰色呢大衣，头戴浅色绒线帽，上身微微前倾，踏着薄薄的雪花，微笑着从通道向台阶走来。我向她招手致意，欢迎她来我们大使馆做客。在台阶上我们相互通报姓名后，热情地握了手。随后，我立即把她迎入办公楼，进入一楼的接待大厅。

我请她在沙发上坐下。使馆招待员及时进入大厅，摆上了茶水、糕点、糖果等，为客人沏上茶水。在礼节性的寒暄后，我从包袋中取出了苏霍姆林斯基著作的中文译本，它们是：《给教师的建议》《我把心献给孩子们》《公民的诞生》《和青年校长的谈话》。我一一做了介绍后说：“您父亲，尊敬的苏霍姆林斯基先生的大名，在中国各地教师中可以说已经无人不知，无人不

采访奥丽佳

晓。他的很多著作在我国已经被翻译出版。十多年前，我国的报纸杂志就不断刊文介绍、推荐您父亲的著作。教师们一读就爱上了，大家奔走相告、争相购买、认真阅读，并应用于实践。在大学教育学课程中，他作为现代著名教育家，也已占据十分重要的地位。”

奥丽佳翻阅着这些苏霍姆林斯基著作的中译本，连连说：“啊，是这样啊！感谢中国同行！感谢中国教育工作者对我父亲的厚爱！我很受感动，也非常高兴。回家后我一定告诉母亲和哥哥，他们也一定会非常高兴的。”

我接着说：“我还想告诉您这样的事实：在我国广大中小学校的教育实践中，您父亲的许多教育名言已经广为流传，变成广大教师的行动指针了。譬如：‘我把心献给孩子们’‘培养真正的人’‘要看得见人’‘让孩子抬起头来走路’‘孩子的智慧出在手指头上’‘用多把尺子衡量学生’，要努力寻找孩子身上的‘闪光点’‘金脉矿’，要使孩子确认自己的‘大写的我’，要‘实施和谐教育’‘创办快乐学校’等。这些都充分说明苏霍姆林斯基教育思想在我国的巨大影响！”

奥丽佳仔细听着，眼中闪着泪花，激动地说道：“我真心感谢中国同行！我父亲的书之所以为中国教师欢迎，可能是因为他的书中始终流淌着对孩子的关爱，充满着对人类的大爱，读者容易受到感染；他写的故事和经验来源于教育教学第一线，来源于亲身的实践，与现在的学校几乎没有距离；当然，他在书中表达的教育原理和思想又力求通俗易懂，简单明了，因为真理不用故弄玄虚。也许，这些就是我父亲这么受到中国教师欢迎的原因。”

我马上说道：“您说得太对了！您父亲受我国教师欢迎的原因，一是感人的大爱，二是扎根于实践，三是通俗的真理。讲到这里，能否请您简单介绍一下有关《苏霍姆林斯基选集》五卷本的情况？现在，我国只是翻译出版了许多苏霍姆林斯基著作的单印本，即一本一本的苏霍姆林斯基著作，《苏霍姆林斯基选集》五卷本至今还没有全套的中文译本呢。这是欠缺，将来需要弥补。”

奥丽佳说：“是的，为了全面了解我父亲的教育思想，就要系统阅读他的著作。1970 年，我父亲过世后，当时的乌克兰加盟共和国教育部领导就决定出版苏霍姆林斯基著作文集。但是在‘出版全集还是选集’的问题上有争论，经再三讨论，最后还是决定出选集。而选集的出版过程也不容易，乌克兰文的版本到 1977 年才问世，俄文版则到 1980 年才出齐呢。”

此时，奥丽佳从手提包中拿出了一本小书，说道：“这本书名为《苏霍姆林斯基著述及相关文献资料年表》，由母亲和我在前几年共同编撰，它属于资料索引，从中可基本看到关于苏霍姆林斯基著作在世界各国出版的全貌。现赠送给您。”

我接过这本赠书后，诚恳地道谢说：“谢谢！这本书外观虽小，但分量很重。它容量大、含义深。我一定珍藏，细读，常常翻阅。”

我翻阅此赠书时，又问道：“那时为什么出版的是选集，而不是全集？是不是有什么问题或争议？”

奥丽佳答道：“吴先生，您的感觉很准确：在出版我父亲的著作问题上，那时确有争议，而且不是一般的争议。”

我听后感到惊讶，说道：“是吗？您可否简单说说？”

奥丽佳说：“事情是这样的。20 世纪 60 年代中期，我父亲发表了两篇重要文章，一篇叫《论共产主义教育初稿》，另一篇叫《不要原地踏步》，后更名为《前进》，它们在当时整个苏联教育界掀起了轩然大波。在这两篇文章中，我父亲旗帜鲜明地喊出了‘教育是人学’的口号，并做了具体的阐述；他尖锐地批评了教育理论界和学校实践中严重的教条主义、形式主义倾向，批评了违反社会主义的人道主义教育学的种种错误。特别是在《前进》一文中，我父亲指名道姓地批评了著名教育家马卡连科的集体教育理论，指出其中的不当论述等。这些文章自然都被认为离经叛道，他也由此遭到了批判。在当时，这类文章当然不可能收进文集啊！所以，只可能出版选集了。现在看来，我父亲是完全正确的，也是很有预见性的。”

我接着问：“啊，是这样！这样说来，您父亲后期的工作经历中并非都是鲜花和掌声了！”

奥丽佳说：“是啊！后期，父亲在工作中遇到了很大的阻力，这种阻力有的还来自高层

与苏霍姆林斯基的女儿合影

呢。我母亲常说，父亲的早逝与此有很大的关系，因为这些东西常常使他非常生气。我父亲性格耿直，坚持真理，百折不挠，拥有知识分子的良知、骨气。为此，人们至今也十分尊敬他、佩服他！关于父亲一生遇到种种挫折、坚持真理的过程，母亲与我准备在将来写书，逐步披露。”

三、认真的约定，推动交流与合作

此时，我话锋一转说：“尊敬的奥丽佳女士，我想知道，您好像还没去过我们中国吧？”

奥丽佳答：“是的，没去过呢。希望今后有机会到贵国看看，看看你们各方面的发展，了解贵国教育改革和研究的成果，与你们的教育工作者作交流。”

我说：“好！我一定与有关方面联系，促成您早日访问我国。我想，我国的教育工作者一定非常欢迎您，一定会真诚而热情地接待您，并一定请您做学术报告。据我了解，他们非常希望有机会聆听您的讲演。真的，如果我在国内，也一定会千方百计争取这样的机会，不管您在什么地方讲演。”

奥丽佳接着说：“谢谢！谢谢！其实，我们也十分欢迎贵国教育工作者组成代表团来我国访问。由于历史原因，咱们两国间的教育交流中断了几十年，非常可惜，咱们相互间的沟通和了解应当尽快恢复、加强！”

我马上接着说：“是啊，必须加强交往，相互间多交流！我今天请您来的主要目的就是讨论这事。怎样建立经常性交往的机制？咱们两国教育工作者有很多共同语言，相互间就应当多走动啊！”

奥丽佳笑着说：“好的，好的！那吴先生有什么建议？”

我答道：“听了您的介绍以后，我进一步认为，中国教育工作者在推动学习和研究苏霍姆林斯基教育思想方面应做好三件事，这就是：①组织起来；②交流起来；③研究起来。首先是组织起来，就是应该像你们那样，建立起研究苏霍姆林斯基教育思想的学术团体，目前我国在这方面还是空白，可以先组织起地区性的，即省市级的学术团体，把学术活动开展起来，再逐步扩展；其次，交流起来，应当有民间的，也有官方的，不仅是在我们国内要交流，而是应当更加关注国际交流，尤其是与乌克兰教育界的交流，其中，邀请您和你们的专家去中国讲学和介绍，尤其显得重要。至于研究起来，并服务于教育实践，尤其是合作研究，那是更高一层的要求了。很明显，这三方面是密切相关的。”

奥丽佳赞同道：“很好，很好！我们相互间应当加强交流和合作。”

我郑重承诺道：“本人将尽力推动两国的教育交流和合作，并先从促成您访问我国着手。”

奥丽佳说：“谢谢！目前我们的经济困难，请理解。欢迎你们组织教育代表团来乌克兰，我们一定认真接待。我们也会从自己方面努力，促进交流和合作的。”

第一次见面，要讲的话很多。但此次见面的主要意图——相互认识，近距离交谈，交流两国教育工作者研究苏霍姆林斯基教育思想的动态，关注推动两国之间的教育交流和互访，促进苏霍姆林斯基教育思想的学习和研究——这些都已经实现。这样，会晤的任务就完成了。于是，我们愉快地结束了交谈。

会见结束后合影

随后，我们拍照留影。我赠送给奥丽佳两本苏霍姆林斯基著作的中译本——《给教师的建议》（上、下册）（杜殿坤编译），还有一点小礼品——两罐茶叶、两方小丝巾。

第二节 交友：结识承继家庭价值判断的传人

一、初见：沉甸甸的赠书——《给儿子的信》

在苏霍姆林斯基的家人中，我最早认识的是他的儿子谢尔盖。

那是 1994 年 7 月的事。当我第一次出差到乌克兰首都基辅后，便抓住机会，四处打听苏霍姆林斯基家人的下落。功夫不负有心人。一次，当我向朋友伊凡先生打听时，他当即回答：“吴先生，您问对人了！我与教育家的儿子认识。”我喜出望外道：“好极了！快请讲讲他儿子的情况，并请您约他见个面。”

伊凡先生说：“教育家苏霍姆林斯基的儿子名叫谢尔盖，是我在基辅工学院时的同学，后来他虽然转学去了基辅大学，但毕业后又和我分配到了同一单位——阿尔谢纳尔厂，且同在厂的设计局工作，共事有二十多年。苏联解体后，我们这个有万余人的大型军工厂没有生产任务了，很多车间停产，科室和处局不再需要人，这样，我们也就都不得不离开了。”

与苏霍姆林斯基的儿子谢尔盖合影

“现在你们有联系吗？”我迫不及待地问。

“有啊！虽不经常见面，但通通电话，交流近况总是有的，毕竟有多年共事的交情了！”伊凡答道。

“他离开工厂后现在干什么呢？”

“好像没干什么，应当是失业在家。谢尔盖这个人生性善良，非常老实。他多次与我谈到，实在没法接受苏联解体、市场经济席卷独联体的现实。一个技术型工程师如不及时转向，能做些什么啊！”伊凡不无惋惜地说道。

“您有他的电话号码吗？”

“有。不过不在身边，得明天给您。”

“谢谢！那还得麻烦您晚上与谢尔盖联系一下，说明有位从中国来的教育工作者，是苏霍姆林斯基教育思想的崇拜者和研究者，这次特地来基辅寻求建立联系的可能性，目前在这儿待几天，希望能有机会结识他和他的家人。这样，也许安排见面就不会感到突兀了。”我说道。

“没问题，我会从中沟通的。”伊凡先生热心地说。

“那就请您给我们搭桥，见面可以定在明天或后天下午3:00，让谢尔盖选定。地点，如您允许的话，就在您的办公室，可以吗？”我抓住机会说。

“可以，可以！”伊凡爽快地答应了。

第二天，伊凡先生兴冲冲地告诉我，与谢尔盖联系上了，他很高兴能与中国朋友见面，明天下午 3：00 来他那里，他妹妹也可能会来。

我听了非常高兴，连声谢道："谢谢，谢谢！太好了！您知道他妹妹的情况吗？"

"谢尔盖告诉我，他妹妹叫奥丽佳，和您差不多，是搞教育科学研究的，在国家教育科学院，是教授、博士。"

"啊，同行。她如果能来，那是求之不得啊！"我兴奋地说。

到了约定的那天下午，由于人地生疏，又遇交通堵塞，当我赶到伊凡先生的办公楼时，已经迟了近 20 分钟了。

这是 1994 年 7 月 20 日下午。我匆匆走进伊凡先生的办公室，一眼就看见伊凡正与一位男子坐在那儿交谈。我想这应该就是苏霍姆林斯基儿子谢尔盖了。

这时，伊凡先生站起来，为我们做了介绍，我与谢尔盖握手问候，并当即为迟到表示了深深的抱歉。伊凡先生说："谢尔盖不会见怪，只是他的妹妹奥丽佳也来了，等了 15 分钟后，说下面有会议，就告辞离开了。"

我跌足懊悔道："太抱歉了！请谢尔盖先生原谅，并一定向您妹妹奥丽佳女士致歉意！"

谢尔盖先生微笑着说道："没关系的，现在基辅开始经常出现堵车的情况了，我们也常常遇上，理解，理解。"

他是一位中等个儿的乌克兰男子。他长相善良，目光柔和，戴着眼镜，留着两撇小胡子，操着男中音，显出几分温文尔雅的知识分子气派。从外貌看，他与我熟知的苏霍姆林斯基的照片相比照，很难看出有多少相像的地方。也许，谢尔盖的外貌更像他母亲。

略作寒暄后，我就介绍道："尊敬的谢尔盖先生，您父亲的著作从 20 世纪 70 年代末到 80 年代初就被翻译成中文，介绍到我国教育界了。我原是中学教师，现今在教育科学研究所工作，我从 70 年代末起就是您父亲著作的忠实读者，现在仍从事这方面的研究。今天有幸见到您，真是打心底里感到高兴。"

谢尔盖说："我也很高兴结识中国同志。前几年从北京来了几位教授，向我们介绍了你们中国翻译出版我父亲的主要著作的情况，我们听到后，非常惊讶，也非常感动。”

我接着他的话茬说：“最为重要的是，您父亲的著作特别受到我国广大中小学第一线教师和校长的欢迎，可以说，在我国的中小学校中，已经没有一个教师会不知道苏霍姆林斯基的名字了，大家都在读他的著作。这是十分了不起的事情！在改革开放开始后，众多外国教育专著纷纷被介绍到了中国，打开了我们的眼界。但是，大众做出的选择是什么呢？大家选择了苏霍姆林斯基的著作，选择了苏霍姆林斯基的教育思想！这种选择没有行政命令的成分，完全是自然而然的！现在，我国教育界，包括高等学校和教育科学研究所，已形成了一大批苏霍姆林斯基教育思想的崇拜者，其中也包括我本人。我们尊敬他的为人，佩服他创造的巴甫雷什中学的实绩，赞美他提出的一系列教育主张。我们中国同仁积极地结合实际情况把苏霍姆林斯基教育思想运用到实践中去。”

谢尔盖微笑道：“谢谢中国同仁，谢谢你们的赞誉！听伊凡先生介绍，您热心于研究我父亲的著作，今天我特地带了一本他的著作，作为见面礼。”说着他从包袋中拿出书递给我。

我站起身，一面道谢，一面双手接过他的赠书。这是一本俄文原版的苏霍姆林斯基著作，书名是《家长施爱的智慧》。翻开目录，此书包括：《家庭教育学》《给儿子的信》《给女儿的信》和若干篇关于提高家长教育素养的文章。这本书虽然并不算厚，300 页左右，但我却感到它是那么的沉甸甸！

此时，我心潮澎湃，因为这本赠书在我心中分量很重很重啊！这是我第一次接触到苏霍姆林斯基的原著。长期以来，我读到的苏霍姆林斯基著作都是中译本，对掌握俄语的人来说，这就如吃他人咀嚼过的馍馍，尝不到原汁原味。现在我终于如愿以偿了，可以真正阅读和领悟苏霍姆林斯基的思想脉络和写作风格了。我内心十分激动的另一个原因，就是我这第一本苏霍姆林斯基原著并不是从书店购得的，而是作者的亲生儿子所赠，特别是里面还有《给儿子的信》。我觉得这本赠书浸润着苏霍姆林斯基研究教育的心血，包含了他生命的延续，散发着苏霍姆林斯基家族的体温和气息，从书店买到的任何一本原文的苏霍姆林斯基著作，根本无法与它同日而语！

于是，我庄重地对谢尔盖说：“您给我的礼物比什么都贵重！我一定会认真拜读，一定好好珍藏。”接着我说：“请您一定在扉页上给我签字，以作留念。”

谢尔盖答：“好！我来写。”说着他接过书，提笔在扉页上认真写道：

赠给吴盘生同志：

衷心祝愿乌克兰人民与伟大的、勤奋的中国人民之间的友谊和合作不断巩固和发展！

谢尔盖·苏霍姆林斯基（签字）

1994.07.20 于基辅

我接过书，读了谢尔盖的题词后，激动地握着他的手说道：“太感谢您了！谢谢！愿我们的两国教育工作者之间能加强交流和合作，共同继承和发展苏霍姆林斯基教育思想，促进本国教育事业的进步，更好地培养好年青一代。也希望由此能促进中国与乌克兰两国人民之间的友谊得到进一步发展。”

在感谢之余，我问道：“谢尔盖先生，您的母亲、尊敬的苏霍姆林斯基夫人的近况如何？”

谢尔盖答道：“我母亲近期的健康状况还可以。这两年，她还能够出席在基辅市举办的纪念我父亲的主要活动，大家也希望能见到她。”

我问：“您母亲多大岁数了？”

他答：“76 岁，她与我父亲同岁，只是大几个月。”

我说：“啊，也是 1918 年生。”

他说：“是的。到了这个年纪，健康状况总是一年不如一年了，更别说还有时局巨变的冲击了。最近我也老听到她抱怨健康状况下降呢。”

我接着说：“请一定向您母亲问好，愿她老人家身体健康！”

谢尔盖说：“谢谢，我一定转达您的问候。我母亲知道我今天来您这里，特意嘱咐我一定向您问好，并想通过您向广大的中国同行们问好，谢谢你们对苏霍姆林斯基教育思想的热情关注、悉心研究和积极推崇！”

我说：“谢谢，一定！”随后我问道：“您和母亲住在一起吧？”

谢尔盖答道：“不，我母亲和妹妹奥丽佳住在一起。”

我接着问：“您妹妹的情况怎么样？听伊凡先生说，她在国家教育科学院工作，是那里的中坚力量呢。”

谢尔盖答道：“是的，奥丽佳在国家教育科学院教育理论和历史研究室工作，是负责人，她已是教育科学博士、教授、院士。她继承了我父亲的事业，搞教育研究。您与她是同行，应当会有很多共同语言。可惜她先离开了，因为有会议，等不及了。”

我连忙接上话茬道：“真是抱歉，错失良机！下次再找机会，不知道要等到何年何月呐。请再讲讲您妹妹奥丽佳目前的情况。”

谢尔盖答道：“她目前的工作稳定。我母亲就与她同住。讲到经济状况，那也不会好到哪里去，只是可以维持生计罢了，这与很多其他行业差不多。当然，我们的政府在安慰大家：目前只是暂时困难，过段时间应当会逐步好转的。”

我说：“是的，看来改革初期都会遇到困难，我们中国已经度过了这个时期。相信勤劳的乌克兰人民也一定会很快渡过暂时的难关。”

谢尔盖说：“但愿如此啊！”

初次见面，有朋友伊凡从中协调，我与谢尔盖之间交谈的气氛相当融洽，我们都感到满意。

临别时，我再次感谢谢尔盖的赠书，也回送他一点小礼物——一方丝巾和两包茶叶。我对他说：“回国以后，我一定好好拜读您的赠书，努力理解苏霍姆林斯基教育思想，并与同志们一起在实践中作进一步研究。我希望今后有机会与代表团一起再来乌克兰，以作认认真真的考察和学习。请转达我们对您母亲和妹妹的衷心问候！”

二、又见：请来大使馆检修电视天线

与谢尔盖第一次见面后四个月，我又来到了基辅，奉命担任公职。那时，我就住在大使馆内。

对于有三十多年教育工作经历的我来说，由教育工作者转向外交官，转折急剧，思想准备不足。两个工作领域，又毫无共同之处。尽快地实现角色转换，并不容易。为了做到时时处处以外交工作的思维和行为方式办事，我花了整整一个月，全力以赴地进行调整。但是，“江山易改，本性难移”啊！夜晚我躺在床上，总感到自己还是个教育工作者，心里总牵挂着研究苏霍姆林斯基教育思想，总惦记着苏霍姆林斯基家人：如何抓住得天独厚的机会，与他们见面，最好能开展访谈……

不久，我在一个双休日给朋友伊凡先生打了电话，告诉他我已来基辅中国大使馆工作，请他转告苏霍姆林斯基儿子谢尔盖：我会设法让他来大使馆见面。伊凡感到十分意外，也非常兴奋。他没有想到，时隔不久，我这个中国朋友竟然又来到了基辅，还将以特殊身份留下工作数年。

几天后，我给谢尔盖去了电话，约他以电气工程师身份来大使馆检修电视天线，改善电视收视质量。由于这事属于我的职责范围，故而不用请示。

谢尔盖有点喜出望外，马上确认了我们见面的时间。

隔了一天，谢尔盖如约而至，我在值勤警卫处迎接了他，并径直把他领到大使馆的馆舍三层阁电视天线接入处。谢尔盖倒真是个行家，几番翻腾便看出了问题，略作校正后就说，应当没有大问题了。随后，我领他进入我在一楼的住所，他一进客厅立即打开了电视机，检查效果。果然，电视图像清晰度大好。我请他在沙发上坐下喝茶，立即打电话给二楼的大使夫人，询问她房中的电视图像是否改善。大使夫人隔一会儿就回电，说图像已经大有改善。

我真诚地感谢我的客人，说他给我这个外交新手帮了大忙，修好了电视天线，并希望他今后继续就我工作中可能遇到的各种困难提供帮助。确实，后来几年，谢尔盖和伊凡给了我的工作很多很多帮助。

当时，我对谢尔盖说："您请用茶，休息一下。谢尔盖，您的动手能力相当强啊！这与您在巴甫雷什中学的学习经历有关吧？据我所知，巴甫雷什中学的教师在教学中一直十分重视培养学生的动手能力，这是您父亲的一贯思想。是不是这样啊？"

谢尔盖答道："是这样。我父亲办学校的宗旨，就是培养既能动脑又能动手的新人。理论联系实际、学以致用，就是巴甫雷什中学一贯的教学追求。对我们学生来说，这是终身受用的。"

我追问道："能否简要举例，说说您的母校给您在这方面留下的印象？"

谢尔盖说："巴甫雷什中学的教学确实生动活泼，受到学生的普遍欢迎。老师们常常会让学生走出课堂，有时在校园里观察欣赏、测量计算、种植收获，有时去集体农庄参与良种培育、修理农业机械和驾驶拖拉机耕耘……各年级的老师们总是尽力把每堂课都上得饶有趣味，使学生愿意学、学得有成效，总是引导我们把课内学习与课外实践结合起来。这样，同学们的学习兴趣就大大提高，动手能力不断得到锻炼，书本知识也日渐巩固，大家在学习中都能收获各自的成功。总之，我们在学校里学习，感到很有劲，都比较开心。”

我听后接着说：“好，巴甫雷什中学真是名不虚传！能把最难的教学工作搞得生动活泼，避开了“死读书”和“读死书”的怪圈。这样的教学，不仅提高了学生的动手能力，而且还使学习变得既艰苦又快乐，让大家感到上学不是苦差事，读书很开心。要做到这样，真不容易呐！我国现在的学校教学，离这种境界有很大的差距。这就是为什么我们对苏霍姆林斯基教育思想非常感兴趣的原因之一。”

谢尔盖说：“是的，如何使学校教学工作做到理论联系实际，如何激发学生的学习兴趣和动力，可能是各个国家的学校教育都面临的难题。我们乌克兰学校目前在这方面做得好的也不多。为此，我母亲显得很焦虑，她常常怀念巴甫雷什中学良好的教学风格，对当前不少学校让学生死记硬背的现象显得忧心忡忡呢！”

我听他提到苏霍姆林斯基夫人，马上问道：“请问，您母亲的近况如何？她现在还做些什么呢？”

谢尔盖说：“我母亲年岁渐大，身体状况虽不如从前，但总惦记着我父亲的遗愿，还继续关注着继承和发展苏霍姆林斯基教育思想！要知道这就是她的全部生活内容，是她的生活动力啊。”

我答：“是啊，是啊！肯定是这样的。那您母亲一定有什么具体目标的吧？”

他答：“您说对了！她希望在有生之年能实现一个目标——出版《苏霍姆林斯基全集》，现在已经出版的只是选集啊。”

我说：“是这样！”

他继续道：“出版全集肯定好。但这是个大工程哪！起码需要两个条件：一个是人力，就是要有一个集体，即成立编辑委员会，集中乌克兰的有关专家；第二是财力，需要相当一笔资金支持。但是，目前乌克兰的状况还不可能满足这两个条件。因此，我母亲她老人家常感不安，很是焦虑。”

我接着说：“是的，目前还不具备条件。希望情况很快得到改善。到时如果有必要，我们中国同志可以出点力。”

谢尔盖听到后激动地说：“谢谢关心和支持！”

我接着说：“谢尔盖先生，上次您送我的那本书《家长施爱的智慧》，我回国后认真拜读了几遍，读后我感受到了什么叫原汁原味，体会到了译文难以传达的东西。您父亲写的文章是那么通俗、深刻，又十分深情、真挚，满怀期望和责任感，尤其是《给儿子的信》，太精彩了！十分感谢您的赠书，谢谢！”

谢尔盖说：“不用客气。今后咱们可有机会多多交流了。”

我答：“对！希望今后多交流，希望咱们成为好朋友。我到任虽然有一段时间了，但熟悉现在的工作需要时间，所以一直没有与你们见面，请你们理解。今天，我想通过您约见您妹妹奥丽佳，弥补去年错失良机的缺憾。近期，我想正式邀请她到我们大使馆做客，我们大使已经同意了。请转达我的希望！”

谢尔盖说：“没问题！奥丽佳一定很乐意接受您的邀请，要知道应邀来大使馆与您会面，是非同一般的礼遇啊！这是带有一种正式性质的会见，它会使我们感觉自己是中国人民的贵宾啦！”

我说：“我们是非常非常尊重你们一家人的！你们能接受邀请，也是我们的荣幸啊！我希望在春末夏初的时候，能有机会邀请您母亲、尊敬的苏霍姆林斯基夫人来这里做客。”

谢尔盖说：“我母亲已逐渐减少外出了，她原则上只出席纪念我父亲的重大活动。”

我答：“啊，那请一定向您母亲问候，祝她保重身体，健康长寿！我非常希望，尊敬的苏霍姆林斯基夫人能给我机会，在适当的时候拜访她老人家。”

谢尔盖说：“好，我一定转告。”

临别时，我赠送谢尔盖两瓶中国白酒和两罐茶叶，感谢他为大使馆整修好了电视天线。谢尔盖一再推辞，显得一脸的不自在。

我还说：“请转告伊凡先生，谢谢他的引荐。今后，咱们就是好朋友了，在工作中我如果遇到困难，可能还会麻烦您和伊凡先生呢！”

谢尔盖接受礼物后诚恳地说：“有事尽管来电话，让我们在不断交往中成为真正的好朋友！”

三、常见：听谢尔盖谈《给儿子的信》

自从借修理电视天线的机会在大使馆见面后，我就经常与谢尔盖通电话，渐渐地，两人的关系越来越近。后来多次见面时，我们已渐渐地进入无所不谈的状态，他甚至愿意向我谈及对乌克兰政治、经济局势发展的见解，谈及自己家中的欢乐与烦恼，谈及他母亲皈依东正教的原因和过程等——这使我感到，谢尔盖已经把我真正当作好朋友了。

与苏霍姆林斯基儿子谢尔盖一起

1997年，我在离任回国前，专门邀请谢尔盖和伊凡先生在中餐馆小聚。我们三个男人喝着中国白酒，品着中国菜肴，听着中国音乐，敞开胸怀，天南地北，几乎达到了无所不谈的地步。我感谢他们近三年来对我工作的帮助，特别感谢他们把我看作自己的好朋友。我告诉他们，我回国休整一段时间后，一定尽快再回乌克兰。那时，我的身份将是学者，我就可能专心致志地做我喜欢的事——学习和研究苏霍姆林斯基教育思想，到时希望两位朋友继续帮助我。当时，谢尔盖显得相当兴奋，连连说："一定，一定！"

回到北京述职后，我回家乡休息。经过一番努力，我办妥了相关手续。于是，作为一个教育工作者，我就可以自由地往返于中国与乌克兰之间，专门从事学习和研究苏霍姆林斯基教育思想了。

自1998年春起，我频繁地飞往基辅，在那儿一待就是几个月。每次到基辅，我首先找的就是谢尔盖和伊凡先生。而每次与谢尔盖见面畅谈时，我总不忘抓住一点：请谢尔盖谈谈他父亲写给他的信。现在回忆起来，谢尔盖关于《给儿子的信》所发表的观点，主要有以下几个方面。

1. 信息时代的悲哀："抵万金"的家书正在消失

乌克兰有这样的民间谚语："父母来信，价值连城"，相当于我国的"家书抵万金"之说。谢尔盖不止一次对我说："如果有人问我一生中最大的财富是什么，我就会脱口而出：父亲写给我的信！"

谢尔盖对我讲过，中学毕业后，当他离开巴甫雷什镇，到首都上大学时，确实像只小鸟飞离了巢穴——终于摆脱了父母的影响，可以独立飞翔了，那种自由自在的感觉别提有多好了。但是，父亲的第一封来信，让他严肃地思考人生，认真地学习独立生活，尤其要像他那样永远保留好自己父亲写的第一封来信。此时，他才真正严肃地思考：自己长大了，要对一切负起责任。

谢尔盖说，尽管父亲工作非常繁忙，但总能抽出时间给儿女写信，每封信又是那么掏心掏肺、有的放矢，倾注着父亲的关爱和责任。在学校中只要碰到难题，他都会去信向父亲求教，父亲总是乐此不疲地及时回信，送来及时雨。这种通信在他整个大学生活期间始终没有间断。等候父亲的来信，成了谢尔盖大学生活的重要内容，成了一种生活习惯，甚至是前进的动力，这使同学们十分羡慕。

谈到当今，谢尔盖不无伤感地说，在科学技术日益发达的时代，当电话、传真等现代通信工具普及时，人们变得不那么爱写信了，尤其是不爱写家信，有事只是通个电话，功利性交谈占据了情感性联系的地盘。现在有一种趋向：青年人尤其不爱写家信了，家信这个价值连城的宝物，正在淡出人们的视野，被人们忽视。这样下去，家信会不会渐渐趋于消亡？若真是如此，那就太可惜了，太可怕了！

谢尔盖坚定地认为，家信是父母与子女间以书面语言为工具而展开情感交流的最好纽带，是父辈传递人生价值和处世经验的重要方式，是相互间交流生活感悟的良好渠道。家信是家庭文化的主要内容，是家庭价值判断的承继渠道，是家庭文化水准的显示标尺。写信和讲话完全不同，要写信就会促进思考，就会在字斟句酌中取舍价值、表达审美、倾注情感，在此，书面语言就具有口头语言不可替代的作用，而且，书面语言可以作为记忆工具，被永久保存。

是啊，由于谢尔盖的父亲——苏霍姆林斯基给儿子写了很多家信，由于谢尔盖很好地保存了这些信件，才有了今天的苏霍姆林斯基著作《给儿子的信》！

2. 变革时代的忧虑：轻视“三大支柱”——粮食、劳动、人民

在交谈中，谢尔盖多次忧心忡忡地对我说，自从苏联解体后，在独立、改革和民主自由的旗帜下，在市场经济大潮的冲击下，人们正在疏远甚至是抛弃乌克兰民族正确的价值观：爱粮食、爱劳动、爱人民。人们已倾向于投机取巧，祈求的是一夜暴富，信奉的是金钱万能。而诚实劳动、遵纪

守法的劳动者反而得不到公正的待遇。可怕的是，连孩子们也变得不珍惜粮食，不愿意从事基本的劳动，甚至是自我服务性劳动，尤其是不愿意从事体力劳动，似乎面包真会从天上掉下来似的，自然也就变得不尊重劳动人民了。这种状况怎么会不让人不安呢？对此，每个有良知的教育工作者都会感到焦虑的啊！

每当谢尔盖讲到这里，他常常会逐字逐句地背诵他父亲在给他的信中的那段名言："在我们的语言中有成千上万个词汇，但是我认为应当把这三个词汇放在第一位，这就是：粮食、劳动和人民。这是支撑我们国家的三根支柱……如果有人不知道粮食和劳动的意义，那他就不再是人民的儿子……如果有人损害这三根支柱中的任何一根，那么他就不能成为真正的人，他的内心就会出现霉菌和蛀孔。"（《苏霍姆林斯基选集》第 3 卷第 845—846 页）

每次，我都鼓励他背完苏霍姆林斯基的这段名言，同时，我则专心致志地倾听。是啊，说得多好啊！多么深刻、通俗啊！句句掷地有声！

关于粮食、劳动和人民这三大支柱问题，我与谢尔盖常常讨论。善良而真诚的谢尔盖反复讲述以下的观点："如果人们不通过劳动就可以轻而易举地得到想要的东西，那人就会变成活腻了的行尸走肉，那他与动物也没有什么两样了。劳动创造了人，人离不开劳动，这在全世界都是真理，甚至可以说，劳动是真理的父亲和母亲啊！"

谢尔盖说他父亲常常讲："人只有通过劳动，体力和脑力的劳动，一切真理才能进入人的精神世界，人也才能真正步入真理的世界。"学校是精神文明的摇篮，是公民成长的摇篮，应当让儿童从小就开始认识我们国家的三大支柱——粮食、劳动和人民。

此时，谢尔盖反复陈述，他父亲非常重视学校中的劳动教育。他说，苏霍姆林斯基认为，让学生从小适当参加体力劳动，这只是劳动教育的一个方面。学校大量时间在上课，学生的主要任务是学习，学习也是劳动，是特殊的脑力劳动。怎样通过教学途径培养学生具有正确的劳动态度，怎样在日常教学工作中贯彻苏霍姆林斯基提出的"教学三原则"——"需要""难度""美好"，并使之和谐统一，这是教学过程中必须遵循的"金科玉律"。因此，离开了教学工作谈劳动教育，那也失之偏颇了。

他说，父亲给他的信中，有大量的篇幅谈到了劳动教育问题，因为一个人只有从小就认真参加劳动（包括脑力劳动），他才会取得劳动体验，对劳动成果有情感，他才会成为有良心的人，才会真正步入真理的世界。没有在劳动中负过重荷的人，就不会珍惜粮食，就不会尊重他人，就不会讲人道，就不会尊重劳动人民，就不会有良心，也不会真正懂得欢乐和美妙，就是说，他也就不可能成为“大写的人”。

回忆着谢尔盖对我讲述的关于他父亲教育思想的种种情景，回忆着谢尔盖对苏霍姆林斯基教育思想的理解，回忆着他的善良、坦率、诚实，回忆着他的深深忧虑，我由衷感到：谢尔盖就是深刻领悟苏霍姆林斯基教育思想真谛的人，他是苏霍姆林斯基的好儿子。

特别可贵的是，他虽跳出了教育领域，但却以更广阔的视野、更客观的角度，结合社会剧变后经济转型、思想变化和人的发展的现实，带着真切的痛苦和忧伤，对教育改革的实际进行着观察和反思。他的全部讲话之中，透射出他对苏霍姆林斯基教育思想的深刻体悟，反映着他对新时期乌克兰教育改革的深深忧虑和对美好未来的由衷期盼。

第二章

Chapter 2

追寻途中的大幸事
——拜访苏霍姆林斯基夫人

拜访苏霍姆林斯基夫人——安娜·伊凡诺夫娜·苏霍姆林斯卡娅，是我早有的愿望。从1994年第一次踏上乌克兰国土那一刻起，我就开始争取，希望能见到苏霍姆林斯基夫人。但这一愿望在很长一段时间内没能实现。

为什么一定要见到苏霍姆林斯基夫人呢?

苏霍姆林斯基夫人是苏霍姆林斯基教育遗产的第一法定继承人。她不仅是妻子，更是始终与苏霍姆林斯基一起工作的同事。从1944年与苏霍姆林斯基在卫国战争的战火中相爱、结婚起，到1970年苏霍姆林斯基逝世止，她始终与苏霍姆林斯基朝夕相处，26年从未分离。她对自己的丈夫——苏霍姆林斯基的生活轨迹、工作经历、价值取向、创造冲动、研究过程、情感起伏、性格品质、人格魅力及思想真谛等，了解得最彻底，最有发言权。

第一节 耐心的等待：获得苏霍姆林斯基夫人允诺

在乌克兰和俄罗斯，人们称呼苏霍姆林斯基夫人为安娜·伊凡诺夫娜，这是她的名字和父名。在一般的日常交往中，人们相互间是不称呼对方姓氏的。按乌克兰和俄罗斯等地的习俗，女子出嫁，通常都需随丈夫改姓。所以，苏霍姆林斯基夫人的全称是：安娜·伊凡诺夫娜·苏霍姆林斯卡娅。

苏霍姆斯基夫人与儿子

1918年2月15日，苏霍姆林斯基夫人出生于苏联加盟共和国的乌拉尔地区。1939年，她毕业于伏尔加河畔一所师范学院的俄罗斯语言文学系，后被分配在乌拉尔地区的中学及教育行政部门工作。1942年，苏霍姆林斯基投身卫国战争，在莫斯科郊外的浴血战斗中负了重伤，经野战医院抢救才脱险。治愈后，他以二级伤残之身复员，在乌拉尔地区的一所中学任校长。在这里，两人由相识至相爱，1944年初，他们结婚了。

婚后不久，乌克兰加盟共和国已从德国法西斯魔爪下解放出来。1944年底，安娜·伊凡诺夫娜便随丈夫回到故乡乌克兰基洛夫格勒州奥努科里耶夫卡区，在一所中学任俄语教师，她丈夫苏霍姆林斯基则任区教育局局长。1945年生子谢尔盖，1946年生女奥丽佳。

1948年8月，苏霍姆林斯基毅然辞去教育局长之职，去巴甫雷什中学当校长，安娜·伊凡诺夫娜也就携子女随丈夫去巴甫雷什中学当教师，教俄罗斯语言文学。1970 年，苏霍姆林斯基既受日趋严重的病魔和伤痛复发的折磨，又遭当局保守势力及教条主义理论权威们的无理责难和围剿。此时，安娜·伊凡诺夫娜一面千方百计地照料丈夫的身体，一面从精神上给予全力以赴的支持。但是，双重折磨让苏霍姆林斯基苦不堪言，难以忍受。9 月 2 日，他在区医院谢世了。

1973 年，安娜·伊凡诺夫娜按规定退休。不久，她移居基辅，与女儿奥丽佳同住。从此她专门从事苏霍姆林斯基教育遗产的出版和研究，埋头整理苏霍姆林斯基的遗著、信件及相关资料。她克服各种阻力，四处奔走，筹措资金，使苏霍姆林斯基未出版的著述逐一问世。

世纪之交，苏霍姆林斯基夫人年事已高（82 岁），身体日渐虚弱，又患多种老年性疾病，故而深居简出，基本不接待客人了。要想见到她，实在是件很不容易的事。

唯一的机会就是上门拜访了。

我积极地与她儿子谢尔盖交往，增进友谊，做了知心朋友。同时，相当频繁地去乌克兰国家教育科学院拜访她女儿奥丽佳，商讨进一步促进乌中两国间的教育交流事宜，讲述在中国继承和研究苏霍姆林斯基教育思想的打算。当奥丽佳住院做第二次心脏手术时，我专程去医院看望，随后再去疗养院探视。

与苏霍姆林斯基夫人合影

当 2001 年这新千年的钟声敲响时，我在基辅给苏霍姆林斯基夫人打电话，衷心地致以新年祝福，此时，我再次提出拜访她的请求，她终于欣然答应了。

我喜出望外。

第二节 难忘的拜访：来到苏霍姆林斯基夫人寓所

与苏霍姆林斯基夫人合影

访问日期由苏霍姆林斯基的儿子谢尔盖通知我。我准备了较为详细的访谈提纲，等候他们的消息。由于苏霍姆林斯基夫人的健康原因，访问日期推迟了数次。最终确定为：2001 年 1 月 12 日中午 12：30。

是日 11：45，谢尔盖准时到达约定地点，看到我手捧鲜花，买了不少礼物，他非常感动。我请他帮我提着水果篓等，就乘公交车出发了。12：30 前，我们按时到达了他母亲的住所：马雅科夫斯基大街七号。

登上老式电梯，到了三楼的 147 号单元。谢尔盖按了门铃，并小声喊道：“妈妈，客人来了！”不一会，门开了，苏霍姆林斯基夫人站在门口，连声说：“欢迎！欢迎！吴先生，请进！”

我进门后，立即向苏霍姆林斯基夫人献上了鲜花，祝她新年快乐、健康幸福！她接过花束，低头微微一嗅，微笑着向我说“谢谢”时，眼光中闪现着一丝泪花，她真诚地说道：“我很久没有收到这么漂亮的鲜花了，尤其是在新年。谢谢！新年降临，贵客临门，欢迎吴先生！”

苏霍姆林斯基夫人的寓所是一套两室一厅的老式公寓。她与女儿奥丽佳和外甥女同住。客厅兼夫人的卧室，室内布置陈旧，墙纸斑驳，家具简朴。放眼四周，靠墙的书柜和藏书，以及挂在墙上的苏霍姆林斯基遗像，就是这个居室最为显眼的东西了。我心中感到凉飕飕的。

室内暖气供给不足，让人在脱去外衣后感到些许凉意。苏霍姆林斯基夫人明显穿得较多，黑色毛衣之外，加上一件浅咖啡色毛线背心，背心肩部特别宽大，显然，那是由旧毛线外套剪去两个袖子后改成的。而她儿子谢尔盖脱去外套后显露的毛衣，仍然是五年前我请他到大使馆见面时穿的那件，我记得很清楚。

第三节 珍贵的访谈：介绍人道主义教育学的倡导者

苏霍姆林斯基夫人让儿子谢尔盖为我沏上咖啡后，慢慢坐下。我们的交谈就开始了。

苏霍姆林斯基夫人（微笑着）："今天请您来我们家做客，这就说明，我们相互之间是有缘分的，上帝关照着我们！尊敬的吴先生，坦率地说，今天可能是我最后一次在家里接待客人来访了。近来，我自己觉得身体不好，血压很高，视力衰退，全身乏力，接待客人吃不消啦，力不从心啊！这几年，一过了 80 岁，我就谢绝来访，也不去外面出席活动。今天可以说是个例外。"

我："感谢，感谢！尊敬的夫人，打扰您了！那您此刻身体怎么样？"

苏霍姆林斯基夫人："现在我已经服了药，有谢尔盖在身边，心情又很好，应当没有什么问题，您请放心。我为什么今天破例？因为您来自神奇的中国，我们以前的友好国家，您本人又长期为苏霍姆林斯基教育思想研究和交流做了很多工作。中国是一个伟大的国家，我们乌克兰人民对你们古老而灿烂的东方文明，对你们当代改革开放中卓有成效的经济建设成就十分钦佩，特别是中国同仁那么积极地、认真地学习和传播苏霍姆林斯基教育思想，这在世界上是少有的，我的确被深深打动。我们有着共同的语言哪！我，一个老人，从内心希望，咱们通过对苏霍姆林斯基教育遗产的共同研究，增进咱们间的友谊，对两国的教育改革有所帮助，对我们的青少年教育工作有所帮助。这就是为什么今天我破例在家接待您的原因。"

我："尊敬的夫人，我太感动了！谢谢您对我的厚爱！"

苏霍姆林斯基夫人："不客气，吴先生，您在这方面有什么问题，尽管提出来。"

一、女儿访华助推中乌教育交往

我：“据我了解，您女儿奥丽佳在20世纪90年代曾两次到我们中国访问。您从她那儿了解到些什么呢？”

苏霍姆林斯基夫人：“我从她那里知道很多好消息。奥丽佳第一次访问贵国是1996年，在10月吧？就是我第一次向大使馆给您打电话的那次。这次她到了北京、天津和上海，这是你们三个最主要的城市吧？奥丽佳所到之处都受到了十分热情的接待，她亲眼看到了中国同行十分崇敬苏霍姆林斯基的现实，一切都异乎寻常、出人意料！她第二次访问北京，您是具体联络人，最清楚了。那是1998年冬天吧，北京师范大学举办了纪念苏霍姆林斯基诞辰八十周年的国际性学术研讨会，奥丽佳与基辅市苏霍姆林斯基实验中学校长哈依鲁莲娜女士两人出席了会议。这次她们出席了关于苏霍姆林斯基论人的发展（素质教育）学术研讨，随后，还到了另一个城市徐州，为上千名校长作了讲演，参观了那儿的中小学校，会见了教师，又一次开阔了眼界，受到了教育和启发。她们两人回来后，不断赞美中国教育飞速发展，夸奖贵国经济建设的巨大成就，所谈的访华感想，让我兴奋得直掉眼泪。”

我：“关于中国教育工作者关注苏霍姆林斯基教育思想的继承和发展，您还知道哪些情况？”

苏霍姆林斯基夫人：“我虽然不出门了，但我对中国的情况尤其是教育情况是非常关注的。我知道，在奥丽佳第一次访问贵国前，应当是1996年9月，贵国某个省（江苏）教育科学研究所所长访问团来到了乌克兰，当时的我国教育部副部长、现在的教育科学院副院长、全乌克兰苏霍姆林斯基研究会会长阿·萨芙琴科女士会见了代表团全体成员。奥丽佳也带病接待了代表团，与团员们进行了交谈。他们还参观了巴甫雷什中学和基辅市苏霍姆林斯基实验中学等。后来，大约是1997年夏天，贵国另一个市（杭州市）教育科学研究所的代表团又来访，也到了巴甫雷什和基辅，做了十分认真的考察。此外，我丈夫的著作在贵国虽然基本上大部分翻译出版了，但你们的教育出版社还计划出版他的“五卷本”选集成套译本，甚至还另有几个出版社竞争，它们都分别与我们取得了联系，这使我们很高兴。还有，去年（2000年）夏天，在乌克兰教育科学院，由乌克兰和你们中国学者在全乌苏霍姆林斯基研究会的基础上创办了‘乌克兰——中国文化教育交流中心’，您是发起人，也是总负责人，对此我也是十分清楚的。我想，这一‘中心’成立后，乌中两国教育工作者共同研究苏霍姆林斯基教育思想乃至两国文化教育，就有了比较稳固的组织基础了。今年，新世纪第一年，你们又计划邀请奥丽佳她们去贵国参加苏霍姆林斯基教育思想研讨会。你们这么热心于苏霍姆林斯基教育思想研究，这么兢兢业业地从事教育研究工作，在世界上也是少有的。”

二、苏霍姆林斯基教育思想的主要内容及其运用

我：“尊敬的苏霍姆林斯基夫人，我们中国同行研究苏霍姆林斯基教育思想时，常常争论这么一个问题：苏霍姆林斯基教育思想的核心内容是什么？您能否谈谈自己的意见？”

苏霍姆林斯基夫人：“这个问题很重要！但现在是仁者见仁，智者见智，各抒己见。”

“我与丈夫数十年共同生活、共同工作，不少问题我们俩曾经相互讨论过。我体会到，他思想的精髓应当是：教育的最高目的是人，而不是其他，不是集体，不是分数，不是学校或教师的荣誉。就是说，他认为，学校的一切工作都为了人，都为了学生，为了学生的发展，为了学生的快乐和幸福。为此他多次地、反复地说，‘教育学就是人学’，这是他深思熟虑后得出的结论。”

“在实践中，他竭力倡导：学校应当从一开始就把孩子当人，必须倡导人道主义教育，把人看作教育的出发点和目的，必须人道地对待每一个孩子。

“怎么去做呢？这里操作的关键是，教师对学生的态度和与学生的关系！这一点是苏霍姆林斯基生前反复强调的。就是说，教师必须改变错误的态度，要下决心改变！从幼儿园起，教师就必须人道地与学生交往，以建立良好的师生关系，对任何一个孩子都不可以做一点点损毁他自信、尊严和快乐的事。教师必须严格要求自己，人道地对待每个学生的各种需要，人道地对待他的认知活动，人道地对待他的情感世界，人道地对待他的周围环境。

“苏霍姆林斯基常说，教师要努力提高自己的教育思想水平，要真正懂得：教育和教学过程是自始至终充满真情实感的过程，是每个环节乃至前前后后都需要灌注对儿童发自内心的爱的过程，是使他们感到快乐和取得成功的过程。

“他强调，教师对学生的态度至关重要，态度反映教师的教育思想。教师应该主动接近孩子，而不是让孩子去接近教师。教师应该由‘接近’而‘亲近’，逐步‘走进’每个孩子的心灵。这个‘走进’太重要了！没有这一点，没有师生间的心灵沟通，这与面对机器工作几乎没有什么两样！

“他认为，只重视改进教学技术和手段，而不关注提高教育思想水平和人道主义氛围的校长，不是好校长；只关心传递知识和考试分数，不关心学生情感世界的教师，不是好教师；孩子们在那里不开心，师生关系不好的学校不是好学校！为什么？因为那样的教育是不人道的，是不适合孩子发展的，是我们不欢迎的。

“关于苏霍姆林斯基教育思想的核心内容，不知说清楚没有？”

我：“谢谢，谢谢！您言简意赅，重点突出，把苏霍姆林斯基教育思想的核心内容讲得明明白白，我本人受到很大的启发，有眼前一亮的感觉！衷心感谢您！是啊，学习苏霍姆林斯基教育思想，至关重要的是领会精髓：教师要把学生当人，要端正对学生的态度，人道地对待每个孩子，深入每个学生的情感领域，把促进每个学生的个性和谐发展、使每个孩子快乐和幸福，看作教育的目的，这也是教育改革和发展的总方向。不掌握这一点，就是没有领会苏霍姆林斯基教育思想的要义，在工作中就会舍本求末。我回国后一定向同事们好好传达您的想法。

“尊敬的夫人，接下来能否再请您具体谈谈：建议我们的校长和教师应该怎样进一步深刻理解和实践苏霍姆林斯基教育思想。”

苏霍姆林斯基夫人：“好，再补充谈点想法！就关于‘教育学是人学’这一点，现在讲起来很轻松，也很平常，但在当时，在20世纪五六十年代，那是违背苏联社会的主流价值观的。当然，就是现在，真正理解它的人也不是太多，更不要说在实践中去做了。校长和教师怎么来理解和实践？我觉得必须要有三条：一是用头脑办教育，二是不断开展教育科研，三是提倡奉献精神。”

我：“请具体展开一下。”

苏霍姆林斯基夫人：“第一条是用头脑办教育，不是靠上级的命令、文件或书本。办好一所学校，是非常神圣的事情，校长应当有虔诚心、有敬畏感。校长必须开动脑筋，独立思考，有较为成熟的办学思想。那个时代的苏联，什么都得按上级指令办，校长们通常是领导怎么说就怎么做，不用自己动脑子，这样最保险。苏霍姆林斯基认为，学校不是机关，也不是工厂车间，它面对的是活生生的、千差万别的孩子，怎么能用行政机关的一套，用流水生产线方式办学校呢？事实上，那时教育部门的不少上级领导脱离教育实践、脱离孩子，有的甚至不懂教育，他们最多也只能从一般情况出发而发指令，他们不可能了解你这所学校及学生的具体情况，因此，这些指令怎么可能符合你们学校的具体情况呢？怎么可以照搬照抄、照着执行呢？

"苏霍姆林斯基主张，校长应当多读书、多看报、多思考，尤其要多深入班级和课堂，多深入学生，以高于常人的立意和宽广的视野，深入研究所处的时代，深入研究你的学生，思考你工作的意义，规划学校的前景：'你想办怎样的学校？培养怎样的人？'在此基础上，再具体作出计划和打算，切实推行，以出成效。他认为，如果校长没有自己的办学思想，那这所学校就等于没有灵魂，学校就等于是'螺丝钉'的加工厂。他在巴甫雷什中学，一贯坚决抵制官僚主义，竭力反对形式主义，就是因为他有自己的一整套办学思想。实际上，他一生都在思考：什么是教育？学生是谁？怎么办教育？怎样培养真正的人？"

我："请您谈谈，苏霍姆林斯基是怎么不断地从事教育科研的？"

苏霍姆林斯基夫人："他认为，校长的教育思想一旦形成，自然要转化为相应的教育措施。而这些措施是否符合教育原理，是否落后于时代发展，是否科学合理，是否有益于学生的发展，就必须通过教育科研逐一加以验证。灵机一动，拍拍脑袋就作决定，绝不是办教育的应有态度。这里，他打破了教育科研是神秘的观念。他说，实践第一线的校长和教师就应当是教育科研的主力军。在巴甫雷什中学实施的任何教育改革措施，始终是以教育科研为先导的，如'提前至6岁入学''蓝天下的学校''思维课''情感教学法''三项教学原则的协调贯彻''儿童的智力发展和道德完善''教学与生产劳动相结合''学校节日''家长学校'等，就是一系列的教育科研课题和实施项目。如果认真读他的书，你一定会发现：他的每一本著作，就是包含对某项教育科研成果的总结啊！"

我："是的，是的。请谈谈您丈夫身体力行的奉献精神。"

苏霍姆林斯基夫人："校长要坚持自己的办学思想，不断开展教育科研，从实际情况出发，探索教育改革措施，这肯定是自找苦吃。我丈夫头脑里成天考虑的就是怎么了解和培养孩子，怎么办好学校，怎么把教学教育工作提高到新的水平。他每天 24 小时牵挂着孩子们。清早，四点左右，他已起床，读书、写作、整理笔记、计划一天的工作。八点，他已在校门口迎接师生们到校了。除了自己上课外，他坚持每天听两节课，碰上外出开会，回来一定补上。放学后，他与学生和教师谈心，访问家长，与集体农庄的领导和庄员交谈。晚上，又是总结工作，读书写作，走访家长。他面对困难，特别是面对非议、责难，从不退缩。他心脏不好，附近还留有弹片，后期常常感到苦不堪言，医生劝他动手术，他老是说，没事的，以后再说吧。为什么？抽不出时间啊。他的一本名著叫《我把心献给孩子们》，这里的'献给'是第一人称，就集中表达了他的奉献精神。值得记住的是，他对 1 700 多名儿童作了跟踪观察和研究。他说：'在我 3 700 页笔记本上，记载了我的全部教育生涯，它的每一页都奉献给一个人——我的学生。'是啊，扎根乡村的教育实践，永远与孩子们在一起，这就是苏霍姆林斯基的全部教育生活。我想，世界各国的教育同仁之所以尊崇他，与这一点是息息相关的。"

三、苏霍姆林斯基的重要著作

我："通过您的介绍，我进一步确认，苏霍姆林斯基之所以为世人崇敬，人们愿意读他的著作，就是因为：他是有一整套教育理论的思想家，是坚持教育科研的理论家，是浸透着献身精神的教育实践家。您刚才提到了他的名著《我把心献给孩子们》，这肯定是他的代表作。此外，最需要关注的还有哪些著述呢？"

苏霍姆林斯基夫人："不错，《我把心献给孩子们》是我丈夫的代表作，这本书是先在东德出版，后来才在基辅出版。书稿早给基辅出版社了，他们意见多多，顾虑重重，人家出版了，又提出了责难。不容易啊！我个人认为，《怎样培养真正的人》这本书十分重要。1970 年 8 月底，我丈夫病重住院，《真理报》在新学年开学前向他约稿，我问他怎么处理。他躺在病床上说：'你把那本我刚写完的《怎样培养真正的人》的手稿拿来医院，我选其中的若干内容寄去。'我给他该书手稿后，他在病床上用铅笔勾画了书稿的有关章节，对我说：'就把这些材料寄给他们好了！'我照他的话办了。9 月 1 日《真理报》发表了所寄材料，次日，他就突然离世了，这是他生前最后一次发表文章啊。另外，《给教师的一百条建议》《与青年校长的谈话》等也值得一读。还有，希望你们一定关注他后期写的重要文章，如《人是最高价值》《三大支柱》《教学三原则的和谐统一》等，包括没有收进五卷本的文章《前进》等，这些文章都是全面反映他的教育思想的，是研究他的基本教育思想不可缺少的重要文献。”

我逐一记下夫人列举的著述和文章后问：“您丈夫逝世后，您在整理他的遗著方面一定做了大量的工作。您能否做个介绍？”

苏霍姆林斯基夫人：“我丈夫壮年离世，我毫无思想准备。开始我真是常常沉浸于悲痛之中，不知所措啊！面对我丈夫留下的 15 000 多份手稿和文件，我感到责任重大，这是他的心血啊！我下决心：必须好好保存它们，逐步加以整理，以求出版问世。起初，我们所在地区党委负责人说，这些文稿纯属个人财富，由我们做主保存和处理。但不久以后，苏联教育科学院的领导人又说，这些文稿属于人民。这样，我们就得把有些资料送去乌克兰共和国教育档案馆，至今它们仍保存在那里。之后不久，在巴甫雷什中学新任校长和其他同仁的帮助下，我着手整理留下的文稿，有时我让我们的儿子和女儿也参与。我们将这些文稿分门别类，抄写打印，奔走联系，争取出版。

“第一年，1970—1971 年，对我来说非常困难，我难以从悲痛中走出来。我总觉得他还活着，在我身边站着、工作着。我常常责备自己，感到很愧疚，没有照顾好他，没有坚持送他去州立医院甚至是基辅的大医院治疗。我有点大意了，总以为他的命大，以前几次发病住院，最后都没事，顺利出院了。”

我：“请原谅，您能否谈谈：苏霍姆林斯基怎么会在壮年突然逝世的呢？”

苏霍姆林斯基夫人：“我丈夫自幼体格较弱。30 年代初期，乌克兰发生大饥荒，饿死了几百万人，他正处于发育时期，当然也受到了影响。卫国战争中，他受了重伤，属二级伤残，德国法西斯的弹片一直留在他心脏旁，无法取出。来到巴甫雷什中学后，他把全部心血都倾注于学校工作。他夜以继日，废寝忘食，总觉得时间不够，来不及完成计划之中的事，后来疾病复发也强忍疼痛继续工作，以致健康状况每况愈下。1968 年前后，他勇敢地撰写了几篇文章，毅然举起人道主义教育大旗，主张教育工作者一定要‘目中有人’，要讲人道，做到一切为了孩子的幸福。他在文章中痛斥教育战线盛行的教条主义和形式主义倾向，痛斥教育科研中脱离实际的倾向，这就太‘不识时务’了。这样，他得罪了当局，冒犯了理论权威，随后便受到了不少‘理论权威’

的围攻和批判。肉体的病痛，加上精神上受压，这是双重折磨呐！1970 年春夏那段时间，他常常显得忧虑，往往夜不成寐呀。说实话，我没想到他会那么早离我而去，我以为，他会像 1966 年那次重病住院那样顺利闯过鬼门关的呀！”

我：“很可惜啊！您丈夫临终时留下什么嘱咐？”

苏霍姆林斯基夫人：“1970 年 8 月中旬，新学年开始前，他的健康状况严重恶化。8 月下旬，他想坚持工作一会儿，但写作时常常连笔都拿不住了，坚持不下去了，才不得不进了区医院。他在昏迷时常呻吟着反复念道：‘真正的人——多么峻峭的山啊……’这是乌克兰著名女诗人列霞·乌克兰英卡的诗句。醒来时，他几次嘱咐我：‘安娜，千万当心，别把我写的东西弄丢了……’这就是他的遗言。”

我：“您为实现他的遗愿做了大量的工作，听说，苏霍姆林斯基逝世前后，出版他的著作，也不是一帆风顺的？”

苏霍姆林斯基夫人：“那个年代，限制很多啊！就说《我把心献给孩子们》那本书，在苏联就因长时间审查而没能出版。一个偶然的机会，有个东德朋友看到后，推荐给东德共产党中央书记及夫人，他们非常欣赏，于是很快在东德出版了。可是，这件事捅了大娄子，他被责怪为‘私自把著作弄到外国去出版，目无组织纪律！’为此，他差一点被开除党籍呢。”

我：“我们现在所看到的是他的五卷本‘选集’，‘选集’就意味着还有不少著作没有被选进去吧？”

苏霍姆林斯基夫人：“是啊！五卷本‘选集’出版，本身也很不容易。当时我也是编委会成员，我曾希望把《前进》等重要文章收进去，当然没有成功。不只如此，就是收进集子的不少著作和文章，也被迫做了删改！没有办法啊，政治局势不容许，我不得不让步啊！当时我想，先把‘选集’出版了再说。就这样五卷本‘选集’乌克兰文也从 1970 年拖到 1977 年才出版，俄文版则到 1980 年才出齐。后来，我一直想出版《苏霍姆林斯基全集》，但未能成功，难呐！现在乌克兰教育科学院副院长萨芙琴科院士正主持编写《苏霍姆林斯基著作索引和论苏霍姆林斯基著述索引大全》，编写工作已近尾声，但出版遇到了困难，经费不足啊！能不能出版‘全集’？看样子，我恐怕是看不到了。”

我："咱们共同努力吧！我还想请教：世界上这么多国家那么欢迎出版苏霍姆林斯基的著作，为什么？您是怎么看的？"

苏霍姆林斯基夫人："首先，他写的东西完完全全来自亲历亲为的教育实践，书中没有一节一章，是关在书斋里的凭空想象和枯燥说教，他书中的每一条理论要点，都有大量生动的教育实例佐证，其中的学生都是有名有姓，这样人们就觉得可信、有说服力，所以被称作是'活的教育学'；其次，他提出的教育问题是大家都关心的重要问题，是'热点问题'：如学校教育的人道性、教学的情感性、德育的精神性、集体的接纳性，学校生活的情趣性和吸引力、家长与学校教育的协调性、学生人格生成的和谐性等；再有，他的著作浸透了社会主义、人道主义教育思想，如他大力提倡：要'爱'每个学生，真正'把儿童当人'，关爱儿童的生命活力、内心感受和精神成长，要成功地把儿童培养成'真正的人''大写的人'，这是符合人类的共同理想的。鉴于以上几点，他的著作自然就引起了世界多国教育工作者的共鸣，受到他们的普遍欢迎。他生前也多次去国外访问与讲演，到过东德、保加利亚、匈牙利、古巴等国。现在他的著作已翻译成包括世界主要语言在内的 25 种语言出版了，在印度就有 8 种语言的版本。在你们中国，他的著作被介绍得最全面了，某本著作甚至有几个版本。据我所知，最近贵国正积极筹备出版'五卷本'选集的全套译本。"

四、苏霍姆林斯基与周围人们的关系

我："好。您能否谈谈您丈夫对亲人的态度？"

苏霍姆林斯基夫人："我丈夫对自己的亲人是既热忱又严格。当时，在巴甫雷什中学工作的，除我以外，还有他的亲弟弟，也叫谢尔盖·苏霍姆林斯基。在工作中，他对我们是一视同仁，该怎么办就怎么办，甚至更严格些。以听课和评课为例，他对我们从来也无任何例外。至于他对子女教育，则以鼓励为主，虽要求严格，但从不打骂，也不拉高嗓门训斥。孩子犯了过错，一样批评，一样惩罚，惩罚的方式中，当然没有打骂，而是延迟兑现许诺，如推迟看电影、订杂志、购自行车等。我们教育子女应当说是比较成功，从未感到过力不从心什么的。"

我："据了解，苏霍姆林斯基与学校教师的关系也非常好，您是否也能谈谈？”

苏霍姆林斯基夫人：“他十分重视在学校建立良好的教师集体。他千方百计吸引各种人才到学校来工作，以充实教师队伍，其中包括集体农庄的技术能手。他常说，爱每一个孩子，必须爱每一位教师。他高度评价每位教师的劳动，从不对教师用大嗓门讲话，从不在公开场合使他们下不了台。他总是采用个别交谈的方式，对教师提出改进意见和建议。他主张：只有点燃每位教师心中的教育圣火，才能通过他们点燃每个学生心中的火苗。他平易近人，但要求严格，率先示范，在坚持认真读书看报、积极开展教育科学研究、细致分析每个学生的心理特点、不断改进教学教育工作、准备和开展学校的各种节日（故事节、面包节、母亲节等）、爱护每个学生等方面，他都身体力行，并全力调动大家的积极性。为此，教师们都尊敬他，愿意与他讲心里话，并以他为榜样，团结在他的周围。这样，在学校里就形成了非常好的教育教学工作氛围。”

我：“苏霍姆林斯基与周围社区的关系如何呢？”

苏霍姆林斯基夫人：“为了一心一意教育好每个儿童，努力培养‘合格公民’和‘真正的人’，光靠学校的教师努力还远远不够，必须使周围社区群众协同参与，这是他的一贯思想。为此，他首先提出了开办‘家长学校’的举措。他努力协调与周围社区的关系，经常与集体农庄领导人讨论改善学校办学条件，如修理校舍、添置拖拉机及其零部件（我校的每个毕业生都会驾驶拖拉机）、改造温室等，讨论提高集体农庄庄员们的道德和文化水平等。课后，他常与有威望的农庄庄员和技术能手聊天，一起回忆往事，谈论社区大事，讨论人生经验，研究成功地教育儿童成长的真谛。对于社区中因家庭纠纷和邻里矛盾而影响儿童教育的现象，他总是旗帜鲜明地加以干预，并谨慎地对家长们提出意见和建议。每次‘家长学校’活动，他都亲自到场。他要求家长们在家里创建良好的学习环境，做孩子们的道德榜样。家长们都愿意与他交换意见，他认得每一个孩子，每一位家长。他常常被请去讨论为社区培养各种急需的人才的问题。他主张实事求是，不要对孩子提出不切实际的目标，应当从孩子的实际出发，区别对待。有些孩子硬是不可能成为大学生、不可能成为某个领域的专家，那就不要好高骛远，如能把他们培养成合格的拖拉机手或种地能手，这样也很不错啊！为社区培养各种人才，尤其是培养合格的公民，努力为此打好基础，这是巴甫雷什中学的一贯的办学宗旨。”

我：“那他与上级领导的关系怎样呢？”

苏霍姆林斯基夫人：“坦率地说，他与上级的关系，不管是行政领导，还是教育科研机构领导的关系，并不怎么好，还常常有些冲突呢。一个有办学思想的人，也许注定不受到有些领导人的欢迎。他辞去区教育局长职务，来到巴甫雷什中学，就是为了实现自己的教育理想。他认为，办学校切不可照搬成人的行政管理的一套，学校就是学校，得按育人规律办事。例如，他认为：教学和教育过程中应该始终体现‘目中有人’的原则和以学生为主体的思想，这就不符合当时苏联教育理论界的主流思想和教育行政的口味。又如在学校里开展‘蓝天下的课堂’‘让故事登上语文课的讲台’等活动，办‘家长学校’，适当增删教育内容等教育改革项目，在当时都是有违教学大纲这一法规性文件的，因而是吃力不讨好的。对于上级的错误指令（如春耕时让学生停课，农村学校停开音乐、体育、美术课等），他是坚决拒绝执行的。他主张必须注重对教育对象儿童的研究，注重对人道主义思想的实践，主张把情感教育寓于教学过程的始终，主张协调儿童与大自然及周围环境的关系。这些正确主张却被某些领导和权威指责为‘与萨特的存在主义不谋而合’。1957 年，他当选为苏联俄罗斯教育科学院的通讯院士后，对理论界那种‘理论脱离实际，装腔作势吓人’的不良倾向和坚持权威教育学的错误，没表示丝毫的妥协。他绝不像当时有些人那样奉承拍马，趋炎附势。面对错误的指责和各种压力，他毫不动摇。后期，他作为通讯院士已很少去莫斯科参加科学院的会议了。当然，在他受到责难时，也确有少数有水平的领导人关心他、支持他，确有部分苏联教育理论界的骨干赏识他、站在他一边，这对他不断克服困难、勇敢前进，并取得成绩是十分重要的支持。”

五、苏霍姆林斯基的性格

我：“尊敬的夫人，能否提一个问题：您丈夫对宗教持什么态度呢？”

苏霍姆林斯基夫人：“您知道，那时我们俩都是无神论者，这在当时的历史条件下是不言而喻的。巴甫雷什中学的近邻就是一座东正教教堂，后来它一度被关闭，主要原因是影响学校教育，这成了他心头挥之不去的阴影。其实，他对别人的宗教信仰一直持尊重态度。他自己生长在一个笃信东正教的家庭里，他的祖母和母亲（我的婆婆）是十分虔诚的东正教信徒，她们一生都参加宗教活动。我的母亲（他的岳母）一段时间曾从俄罗斯来乌克兰，与我们住在一起，她每周都去隔壁教堂做礼拜，他也非常尊重岳母的信仰。我们的女儿奥丽佳小时候老跑到教堂去玩耍，他从不呵斥。他自己不信教，但对信教的人们从不抱敌视态度。尊重别人，尊重持不同意见和信仰的人，是他一贯的风格。他甚至对监狱里的罪犯也相当关心，他常常去监狱作讲演，他常给犯人写信，劝导他们悔过自新。

“吴先生，前几年，我皈依了东正教，现在经常去教堂祈祷。现在细想起来，我越来越感到：我丈夫的很多教育主张与东正教教义都有共通之处啊！例如，他在教育中不遗余力地提倡爱，主张毫无例外地爱每一个学生，这就是泛爱精神啊；又如，他主张关注青少年的精神生活和灵魂净化，他主张教育学生正确对待生与死，关爱生命，把学校办成孩子们的乐园；再如，他提倡真、善、美，推崇‘四崇拜’：崇拜祖国、崇拜人——母亲、崇拜书籍、崇拜祖国的语言等。我以为，完全可以这么认为：东正教文化哺育了他，影响了他，培育了他的良心，启迪了他的智慧，净化了他的灵魂。我丈夫他坚持倡导社会主义人道主义教育，积极保护民族文化遗产，以非同一般的虔诚之心，恭恭敬敬地对待教育事业，就如全身心地献身于‘心中的上帝’——培养儿童的神圣事业。这充分证明，他，一个共产党员，从没数典忘祖，他是把传统文化与共产主义信仰有机结合的典范。”

我：“说得好！夫人，您能否简明扼要地描述一下我们敬爱的教育家的基本性格特征？”

苏霍姆林斯基夫人：“我丈夫的性格在我们的儿子谢尔盖身上有一定的体现，他很像父亲。”

“他性格的首要特征就是善良，富有同情心。善良的人，才能真正热爱人，热爱儿童，才能做出善行，写出善良的书来。

“其次，他勤劳务实，有很强的工作责任心，他献身于孩子，献身于教育事业。他在果断拒绝上级调他去莫斯科工作的建议时说：‘我不能离开巴甫雷什中学，这儿有我的孩子们，有我的学校，这就是我的全部生活！’

“再次，他十分谦虚，甚至近乎拘谨。他认为：教育实践的世界丰富多彩，教育科学的殿堂博大精深，自己所涉及和研究的只是一个部分。他从不自以为是，从不在公众场合突出自己。

“第四，他意志坚强，乐于探索和创造。他以为：教育就是面向未来社会培养新人，这里有许多前人从未做过的事，因而需要探索、需要创造，也需要毅力。

“第五，他做人有骨气，非常鄙视那种奉承拍马、见风使舵、欺上瞒下的不良作风。他是这样想，这样说，也是这样做的。”

六、乌克兰教育界继承和发扬苏霍姆林斯基教育思想

我：“通过您的介绍，我对尊敬的教育家有了更为深刻的了解了，谢谢！最后，可否请您谈谈：当前乌克兰教育工作者是如何继承和发扬苏霍姆林斯基教育思想的？”

苏霍姆林斯基夫人：“虽然时局发生了太大的变化，但乌克兰教育工作者继承和发展苏霍姆林斯基教育思想的情况很是正常。这表现在很多方面。

“首先，苏联解体前后，1990 年，乌克兰就成立了全乌克兰苏霍姆林斯基教育思想研究会，由威望很高的教育部副部长、乌克兰教育科学院院士萨芙琴科女士任会长。这一研究会差不多集合了乌克兰各地热心研究苏霍姆林斯基教育思想的学者和教师。它每年举行一次年会，每次年会突出一个主题，每个主题力求体现时代特色和使命。这个年会不仅促进理论研究，而且对于推动学校第一线的实践起到了很大的作用。

“其次，苏霍姆林斯基教育思想已经成了教育科学研究的重要研究领域。现在，有不少年轻人——教育科学的副博士研究生、博士研究生，从不同角度、以各种选题对苏霍姆林斯基教育思想作专题研究，每年都写出一批有质量的论文，大大拓展了研究的广度和深度。研究后继有人，我很高兴！

“再次，乌克兰各地还不断涌现出以苏霍姆林斯基命名的幼儿园、中学、特色学校和师范院校，涌现出以苏霍姆林斯基命名的街道、广场等。还有，乌克兰国家领导人如总统、议长、总理等，当然也包括教育部长，都为纪念苏霍姆林斯基的重要会议发贺电。1999 年，现任总统库奇玛先生曾专门给巴甫雷什中学送去 6 台新款电脑。由此可见，从上到下，我们的人民是珍视苏霍姆林斯基的。

“当然，也不是事事都尽如人意的。现在，巴甫雷什中学的物质条件越

来越差，教师待遇较低，特别是留不住男教师。在如今这样的条件下，校长感到很艰难。现在，在巴甫雷什中学当校长不容易啊！越来越难啦。

“我丈夫去世后，至今已是第五任校长了，当得最好的，忠实地践行苏霍姆林斯基教育思想的是第一任，他长期是我丈夫的副手，这是他的有利条件。现在的女校长刚上任不久，她大学毕业后一直在巴甫雷什中学，对苏霍姆林斯基教育思想有深刻的理解，我相信她能把校长工作做得很好。

“我觉得，最最重要的是独联体各国人民还牢牢记住苏霍姆林斯基，还以他为骄傲。这令人欣慰！”

我：“这也包括中国人民，包括中国教育工作者啊！苏霍姆林斯基教育思想的宝贵遗产，不仅属于乌克兰人民，而且属于全世界人民。我相信，你们目前碰到的困难是暂时的，相信会逐步得到克服，巴甫雷什中学会办得越来越好。”

至此，访谈应当收尾了，否则，会让苏霍姆林斯基夫人感到累了。

我：“尊敬的苏霍姆林斯基夫人，今天咱们的谈话持续了两个多小时，您一定累了。要谈的方面很多，但我不能再提什么问题了。希望今后再有机会。我再次由衷地感谢您的接待，感谢您内容丰富的谈话！能否与您一起照相？”

苏霍姆林斯基夫人：“当然可以啊！今天我虽然累了一点，但心里很舒坦、很高兴！我希望中国同志知道，在乌克兰还有我这样一位老教育工作者，她对中国人民怀着深深的敬意。希望您向所有对苏霍姆林斯基教育思想感兴趣的中国同志、大中小学校的校长和教师转达我及我全家的同志式的谢意。谢谢了，亲爱的中国同志！”

苏霍姆林斯基夫人安娜·伊凡诺夫娜和儿子谢尔盖分别与我一起照了相。访谈到此就结束了。

我带着依依不舍的心情告别了苏霍姆林斯基夫人和谢尔盖，踏着积雪，返回住所。一路上，我回想着苏霍姆林斯基夫人的住所氛围，回味着苏霍姆林斯基夫人的音容笑貌，咀嚼着苏霍姆林斯基夫人的侃侃谈吐……

这是我终生难忘的一天！

很可惜，时隔两年多，2003年9月8日，苏霍姆林斯基夫人就与世长辞了。

这次访谈，自然成了最后一次。

第三章

Chapter 3

成功追寻的引路人

——结识译介苏霍姆林斯基第一人杜殿坤教授

杜殿坤先生是华东师范大学比较教育研究所的创办人、资深教授、研究苏联教育的著名学者，被公认为我国译介苏霍姆林斯基著作的第一人。

我结交杜殿坤先生，是从拜读他的文章和译著开始的。

1979 年秋天，我去学校教工阅览室翻阅报章杂志，偶然间翻到杂志《外国教育资料》，在第 3 期看到了一篇介绍苏联教育家的文章，题目是《瓦·阿·苏霍姆林斯基谈校长工作经验》，作者杜殿坤。

我当即认真翻阅这篇文章。其中特别吸引我的有两点：一是这位教育家是来自教育第一线的校长，是实践型的理论家；二是这位校长的很多教育观点引起我的共鸣。这些观点源于实践，十分中肯，令人信服。

从此，我知道了苏联有一位非同凡响的教育家叫苏霍姆林斯基，也知道了我国有一位学者叫杜殿坤，他是研究苏联教育的专家。这样，杜殿坤与苏霍姆林斯基的名字，紧紧地联系在一起了，在我心中留下了深刻的印象。我心中有着结识杜殿坤先生的强烈愿望。

第一节　导师：引入教育科学研究的殿堂

1984年，我在新华书店看到了一部苏霍姆林斯基的著作《给教师的建议》，分上、下两册，由教育科学出版社出版。我拿起该书，封面上“杜殿坤编译”五个字立即跃入我的眼中。“啊，杜殿坤先生的译著！”我喜出望外，立即掏钱买下，真是如获至宝。回到家中，我连续用了6个晚上读完了这本书。

读完《给教师的建议》一书后，我对苏霍姆林斯基教育思想有了基本的了解，崇敬之情也随之产生。为什么崇敬？

首先，我之前从来没有看到过能这样吸引我的教育著作，它竟然让我迫不及待地读完！

其次，苏霍姆林斯基所有“建议”的立足点，是教师和学生的苦恼和喜悦，是由此引起的关心、担忧和思考，是从心底里流淌出来的对孩子真诚的关爱，是对教育事业有无比重要性的深刻体悟。他的这种思考、关爱和体悟，让人从心里感到温暖、亲近。读着他的书，让人感到当代学校应有的文明气息，感到教育理应充溢的人性芬芳，感到教育事业真真切切的至高无上。这些，对于曾经泛滥过“读书无用”论的中华大地历经“文化大革命”劫难的我国基础教育来说，无疑十分有益，难能可贵。

再次，苏霍姆林斯基的“建议”，是他数十年坚持在第一线从事教育实践和教育科研的结晶，它们朴实无华，针对问题，言之有物，拿来可用，似乎不啻是高明的教育策略和技巧。掩卷沉思，就会感到：苏霍姆林斯基把研究的注意力集中于具体的学生，对准着学生的心灵，聚焦学生人格的整体生成，真正在“实事”之中“求是”，破解着那些“敲打着你的心”的问题，创造着把教育艺术和科学结为一体的“活的教育学”。它确确实实独一无二，它比很多其他外国教育著作要高明得多！

于是，我开始从心底里崇敬这位苏联教育家，开始比较集中地关注他的著作思想了。从此，苏霍姆林斯基这个名字与我结下了不解之缘。

1985年底，在全国教育改革和研究热潮风起云涌之际，我们无锡市教育科学研究所决定邀请杜殿坤先生，做关于“借鉴苏联教育改革经验，积极推进教育的整体改革”的专题报告。

12 月中旬，一个阳光明媚的冬日上午 10 时许，我代表市教育科学研究所去火车站迎接应邀前来讲学的杜殿坤先生。

初次与杜殿坤先生面对面交谈，印象很深——这位闻名全国的苏联教育问题专家给我的印象是：平实、儒雅、谦和。

杜先生身高 1.76 米左右，身材瘦削，他脸色黝黑，戴着深度近视的黑框眼镜，目光中显露出宽厚和睿智，脸上总是挂着长者和善的笑容。他穿着一套深色中山装，风纪扣一丝不苟地紧扣着，外罩浅灰色呢大衣，敞着怀，脚上的黑色皮鞋虽已略显陈旧，但干净铮亮。他迈着稳健的步伐，浑身上下透露出中国传统知识分子的谦谦君子风范。

与杜殿坤先生（右 1）合影

杜殿坤先生的这次讲学，面对的是全市的中学校长、书记。他就我国教育整体改革的现实，结合他对苏霍姆林斯基教育思想的研究，提出了诸多有效的建议，听众们反映非常好。

在报告中，杜先生用大量的篇幅介绍了苏霍姆林斯基的教育科研经历和成果，特别介绍了苏霍姆林斯基教育思想的基本要点（根据记录整理）。

一、实践出真知：永远的真理

杜殿坤先生介绍道，苏霍姆林斯基主张，搞教育必须得从事科学研究，而搞教育科研则一定要坚持联系实践，最好同时当教师或校长，起码也得有此经历。

苏霍姆林斯基只活了 52 年，他是壮年夭折。自 17 岁起，他就当了老师，除了第二次世界大战 时上战场两年参加卫国战争，他的教龄是 33 年，其中 26 年当校长，而在著名的巴甫雷什中学当校长的时间，则有 22 年。在这 22

年里，他从来不离开学生，不离开教师，不离开课堂。他边工作，边学习，边研究，边思考，边写作。他以校为家，以教育科研为导向，埋头苦干，硬是把一所普普通通的农村中学建设成为受社区人民欢迎、受学生爱戴的、教育教学质量很高的世界名校，他自己也成长为国际知名的教育家，成为苏联教育科学院的通讯院士。这一切都要归功于教育实践和教育科研！

苏霍姆林斯基撰写的著作内容十分充实，有理论概括，有独到见解，并佐以详细的实例说明，语言简朴、平实和充满情感，非常有说服力。读他的书时，你仿佛看到了一幅幅鲜活的教学情景，因此总会忘记时间，被深深地吸引。这充分证明，在教育科学研究中最有发言权的，是始终不脱离教育实践的人，而并不是整天坐在书斋里的“学者”“教授”，不是那些从不到学生中去却自称是“教育家”的人。只有实践才能出真知，只有实践才能检验真知。

二、热爱学生：校长最重要的品质

杜殿坤先生在报告中指出，苏霍姆林斯基在《巴甫雷什中学》一书中写道：对于校长来说，“最主要、最重要的品质（不具备这个品质，就不能当校长，就像不是任何人都能当教师一样）就是：深深地热爱孩子，有跟孩子们在一起的内在需要，有深刻的人道精神，有一种能力——深入儿童的精神世界并了解和觉察每个学生的个性和个人特点的能力”，因为世界上没有也不可能有抽象的学生。

苏霍姆林斯基说，学校采取的任何教育教学措施，归根到底都是为了促进每个学生的个性发展，而且是整体的、和谐的发展。因而，教育的基本立足点是：教师要一心一意为学生服务，而不是学生为教师服务。学生不应成为教师和学校争名逐利的手段。这是教育的基线。

为此，苏霍姆林斯基一再强调：爱学生是贯穿教育实践和理论的主线。他经常说：“教育学说到底是人学”，要“把心献给孩子们”等，这些教诲意义非常深刻。

三、校长秘诀：最重要的是思想领导

杜殿坤先生在报告中告诉我们，处在教育改革热潮中的中国教育工作者一定要记住苏霍姆林斯基的如下论述：对学校的领导最重要的是思想领导。这不仅仅是指校长要摆脱烦琐的事务，要抓大事，更主要的是指校长要形成自己独特的办学思想。

什么是办学思想？称得上“思想”，应当是很不简单的啊！

要做到有办学思想，校长除了应当重视实践、注意调查研究之外，还要多读书，要努力学习马克思主义哲学、中外教育名著、教育的基本理论、科学的方法论，在此基础上深入思考，逐步形成自己的一系列想法，并构成一个系统。

在这方面，苏霍姆林斯基给我们树立了榜样。

我们要像苏霍姆林斯基所说的那样，“要精通教育科学，并使其成为科学地领导教育及组织全校师生活动的基础……要在精神上不断丰富和更新……”

四、办学目标：培养合格公民

杜先生在谈到学校的培养目标时特别提醒我们，苏霍姆林斯基在著述中反复提出了“公民性”的概念，这值得我国教育工作者特别关注。

苏霍姆林斯基认为，教育的基本目标，就是为社会培养合格公民。各条战线上的各种人才，首先是社会的合格公民，是家庭中的丈夫、妻子，是某一单位的成员。应当从基本目标出发，从小在学校培养公民素质，这是基础教育之本。

什么是“公民性”？它的内容包括：

- 有良心，关爱生命，与人为善；
- 有主人意识，有责任心，做好自己的工作，做出成绩；
- 说真话，讲诚信，遵纪守法；
- 求真理，有与不良行为作斗争的勇气；
- “三热爱”——热爱劳动、粮食和祖国……

很明显，苏霍姆林斯基在此关注的是，作为基础教育的中小学校，应当切切实实地培养学生的“公民性”，使学生实实在在地打好“做真正的人”的基础，在此基础上再求得进一步发展。

教育目标不可设定得高不可攀，教育不能好高骛远。

五、教学改革：注重“发展性教学”

杜殿坤先生在谈到教学改革时介绍道，苏霍姆林斯基认为，正因为学校的主要工作是教学工作，所以应当特别重视教学改革。但是，教学改革中仅仅重视基础知识和基本技能，已经远远落后于时代了，应当十分关注“发展”。所谓“发展”，就是在重视“双基”的同时，必须重视学生三方面的“发展”：

- 激发学生的学习兴趣，形成学习动机；
- 重视发展学生的各种学习能力：观察力，思维力，记忆力，意志力，创造力；
- 丰富学生的情感世界，使学生有归属感、成就感等。

这才是对“发展性教学”的全面理解。所有这一切，都应纳入教学目标，通过课堂教学改革，采取相应的教学措施，争取逐步实现，以整体提高每个学生的智力、道德、体质、审美等方面的发展水平。

现在看来，苏霍姆林斯基对“发展性教学”的研究和作出的贡献，一点也不逊色于与他同时代的苏联著名学者赞科夫（《教学与发展》的作者）。

六、开垦处女地：重视班集体的专题研究

杜殿坤先生在报告中特别指出，重视集体教育是社会主义教育的主要特征。苏霍姆林斯基在他的前辈马卡连科研究成果的基础上，对此作了进一步的研究，成果丰富，值得我们借鉴。

但遗憾的是，我国教育界对集体教育研究却缺乏兴趣，至今很少有人作专题研究，班集体建设等课题还带有处女地性质。

其实，在现行的班级授课制条件下，班集体的发展水平、一个班级的班风和学风，对学生的学习水平和道德水平的提高、对“公民性”的形成、对个性的发展，都有着很大的影响，这是苏霍姆林斯基经常指出的，也是大家所公认的道理。

但是，怎样借鉴苏霍姆林斯基的研究成果？怎样根据时代的要求和我国的学校实际研究与此相关的许多具体问题？例如：怎样带好一个班？怎样培养好一个良好班集体？怎样形成良好的班风和学风？怎样使学生感到班集体对每个人的个性发展起着不可或缺的积极作用？这些都应当作为教育科研的

重要课题，结合各地教育的具体情况，开展系统而深入的研究。

杜先生指出，现在，无锡市教育科学研究所开始从事班集体建设课题的研究，着手开垦这块处女地，这非常好。这里，苏霍姆林斯基的很多成果可以借鉴。

七、解放思想：人人动手搞教育科研

杜殿坤先生在报告中指出，苏霍姆林斯基在世界名校巴甫雷什中学工作了 22 年，取得了令世人佩服的卓著成绩，靠的就是两条：一是校长和教师热爱学生的精神，二是坚持在实践中开展教育科学研究。

苏霍姆林斯基认为，教育科研绝不是教育理论工作者和高校教师的专利。处在第一线的校长和教师应当破除迷信，积极参与教育科研。只有广大校长和教师参与的教育科研，才是真正有价值、有生命力的教育科研。

在巴甫雷什中学的 22 年中，苏霍姆林斯基带领全校教师悉心研究了很多值得深度关注的重要课题，并结出了累累硕果，给我们树立了榜样。

归结起来，苏霍姆林斯基涉及的一系列研究课题之中主要有：

- 教育“爱”的含义及实施；
- “大写的人”及其成长的年龄特征：儿童期、少年期、青年期；
- “发展性教学”及教学过程的优化；
- 儿童集体的特点及其培养方法；
- 中小学的劳动教育与初期职业技术教育；
- 情感教育的要义及实施；
- 家庭教育的改善与“家长学校”；
- 道德教育的含义及其走近心灵的途径；等等。

很明显，在苏霍姆林斯基那里，“苦干”与“巧干”（即指教育规律办事）结合起来了，而且结合得很好。唯有这样，才能结成硕果，育出人才。

所以，我们应当解放思想，一起动手积极开展教育科研，把教育改革推向新的水平。

杜殿坤先生这次所做的朴实无华但认真深刻的报告，条理清晰、内容翔实、观点鲜明，到会的各中学的校长和书记听得十分专心。特别是杜先生对苏霍姆林斯基及其教育思想的扼要介绍，使大家大开眼界，非常受益。

杜殿坤先生平易近人和善良谦和的作风，一下子拉近了一位名学者与我们基层教育科研工作者之间的距离。而当他以似乎难得的热情介绍苏霍姆林斯基教育思想时，我从内心真真切切地感到：站在我面前的就是苏霍姆林斯基式的学者，从今之后，我将与杜殿坤教授结下不解之缘……

与杜殿坤教授的初识，开启了我人生的转折。如此初识，因可贵而难忘！

第二节 介绍：揭示译介《给教师的建议》的过程

自从认识杜殿坤教授以后，我头脑里总是萦绕着一个想法：希望与杜先生进一步交往，最好能登门拜访，加深了解，以便能在他的帮助和指导下，从事苏霍姆林斯基教育思想研究，提高教育科学研究水平。

正好，我们无锡市教育科学研究所决定聘请杜殿坤先生为学术顾问，唐迅所长希望我与他同行，去杜先生家拜访。

一、邀聘顾问，筹备“现代教育理论研讨会”

杜先生的家在华东师范大学教师新村中的“专家住宅区”。那是一排三层小洋楼，赭墙红瓦，绿树映衬，很是雅观。杜宅就在其中一幢的一楼。我们在颇为精致的红漆木门前确认门牌号码后叩门，杜先生应声开门，欢迎我们到来。显然，杜先生一直在等候着。

跨进杜宅，杜夫人十分热情地把我们领进客厅，沏上茶水，笑容可掬地招呼我们坐下。杜先生的书房与客厅合一。南面靠窗是一张大办公桌，桌上堆满了书籍、稿纸等。面对沙发的整面墙壁，被高及天花板的大书柜占据着，一眼望去，书柜中的藏书有一大半是俄文书籍和资料。我看后暗暗思忖道：“文化大革命”结束至今，不到10年，杜先生居然又购置和收藏了这么多图书资料，这不就是一个“爱书如命”的中国知识分子那打不垮的脾气和本性的真实写照吗？联系近几年杜先生发表的译著和文章，思及他付出无数心血和孜孜不倦的笔耕精神，让我打心底里佩服！

这时，唐迅所长不失时机地取出大红聘书，站立起身，双手捧交杜殿坤先生，说道：“杜先生，我们无锡市教育科学研究所非常年轻，规模也小，今天有幸请到您做高级学术顾问，是我们的荣幸！盼杜先生常来指导！”

杜先生也当即起身，双手接下聘书，微笑道：“很高兴当你们的顾问，我一定尽力而为。你们对我有什么要求，请一定直说。”

随后，我们与杜先生商讨了准备在无锡举办的“现代教育理论研讨会”的各项具体事宜：①时间：1986年6月；②地点：无锡市；③主办单位：无锡市教育科学研究所、华东师范大学比较教育研究所；④出席对象：江苏省各地市教育科学研究所所长与科研人员、无锡市中学校长和书记等；⑤研讨主题：现代教育的发展与我国教育的整体改革；⑥讲课人：华东师范大学校长刘佛年、教授杜殿坤等。

杜先生在讨论临近结束时说：“请刘佛年校长出席，我已经约好了。开始他说很忙。我向他比较详细地介绍了你们的工作热情后，他答应了，到时他会携夫人前去讲学。刘校长年岁大了，但对教育实践很感兴趣。请你们提前一个月把会议日期告诉我，我再与刘校长接洽，具体商定与会的行程安排、住宿等细节和建议。”

我们听后连声道谢。

二、听取介绍：编译《给教师的建议》的过程

随后，唐迅所长说道：“杜先生，您编译的苏霍姆林斯基《给教师的建议》在我市广大中小学教师和校长中影响非常大，大家十分喜欢读这本书。您在下次讲学中能否专门花一段时间介绍苏霍姆林斯基的教育思想？我们这次打算把您编译的这本大作作为研讨会的主要阅读材料，做到与会者人手一本。”

杜殿坤先生（右2）和刘佛年校长（右4）

杜先生随即说：“谢谢！向大家概括地介绍苏霍姆林斯基的教育思想，应当是有意义的一件事。我想大家也会感兴趣的。”

我插话道："当然，当然，大家非常欢迎！杜先生，您可否讲讲编译《给教师的建议》这本大作的过程？"

杜先生抽着烟，兴致勃勃地说道："好啊。回想起来，我编译苏霍姆林斯基的《给教师的建议》，是花了好多心血的，前后花了将近一年时间。当时，我手头有他的俄文本《给教师的一百条建议》，看后觉得他写书的方法很好，容易引起读者的关注。后来，我又得到了俄文版的《苏霍姆林斯基选集》五卷本，翻阅后觉得苏霍姆林斯基教育思想非常丰富，就形成了一个想法：可以通过筛选，编译一本全面反映苏霍姆林斯基教育思想的《建议》来，目的是涵盖苏霍姆林斯基教育思想，让教师们可全面领会，读了好用。这样，我便以苏霍姆林斯基的《给教师的一百条建议》为基础，提取其精华部分，再从他的其他著作里选择合适的内容，构成比较精彩的条目，作为补充。当时，我所主要阅读和摘选的苏霍姆林斯基的相关著作还有：《和青年校长的谈话》《我把心献给孩子们》《怎样培养真正的人》《公民的诞生》《培养集体的方法》《巴甫雷什中学》《苏霍姆林斯基教育论文选集》。如此，全书仍然保持了一百条建议的体例，每条建议也都力求有苏霍姆林斯基所举的生动实例，有他所做的精辟的理论阐述，保持原汁原味。由于这本书并非对苏霍姆林斯基原著逐字逐句的翻译，但内容全是他的，我只是作了筛选和重新编排，所以就称作'编译'了。我这样做的出发点，就是让我国教师能尽快地全面了解这位非同一般的苏联教育家的思想，能喜欢他，能用于工作，有利于我国的教育教学改革。"

我听后说："杜先生，您太用心了，太辛苦了！经过您精心编译，这本苏霍姆林斯基著作，受到了我们广大校长和教师的特别欢迎！"

唐迅所长感慨地接着说："杜先生，您为了使我国广大教师迅速了解苏霍姆林斯基及其教育思想的全貌，在翻译原著过程中呕心沥血，通过合理筛选和科学编排，创造性地编译出版了这本通俗易懂、人人爱读的专著，为我们树立了严谨治学和面向实际的榜样。在这次研讨会上一定请您作一场相关报告，介绍您此书的编译过程，解读苏霍姆林斯基的教育思想。"

杜先生谦虚地说："谢谢你们的鼓励！那我试试吧，应当没有问题。"

三、再听介绍："文化大革命"前后的奋斗历程

接着杜先生话锋一转道："既然已经是朋友，我得主动作一自我介绍，

使你们两位对我有个基本的了解。”

他点燃一根烟，深深地吸了一口，慢慢说道：“我生于 1931 年，比你们年长不了多少，十岁左右吧。我老家在河南省的灵宝县[①]，地处河南、陕西、山西三省交界，离陕西潼关和山西运城都不远了，在黄河之畔。所以，我是喝着黄河水长大的。不过，现在喝上长江水了，成了上海人。”

杜先生稍作停顿继续说：“解放初期，我正好高中毕业，当时我国正大张旗鼓地向苏联学习，急需培养大批俄语人才，我考进了哈尔滨俄语专科学校，学习三年，毕业后被分配在教育部，当苏联专家的翻译。1957 年，苏联专家陆续撤回，我就来到华东师范大学，从此就在上海落户生根，成家立业了。

“到了华东师范大学，我没有去外语系，而是从事苏联教育研究。1964 年，根据周恩来总理指示，教育部决定：我校建立外国教育研究机构，这在我国是最早的。我是老人马之一，‘文化大革命’前，我搞苏联教育研究就有十多年了。

“‘文化大革命’结束，教育与科学的春天来了，我们很高兴！很快，我们得到了一大批新的苏联报纸杂志，那时，我就开始阅读、研究、写作了。1980 年，我校成立了‘比较教育研究所’，我是创办人之一。那时，在刘佛年校长领导下，我们研究所恢复出版了杂志《外国教育资料》，我当主编。工作忙起来了，我们的成果也有地方发表了，当然工作起来更有劲头了。不久，又设立了比较教育专业的硕士点，我当了导师，开始带了研究生。这样，我们这里的学术活动就逐步兴旺了起来。

“也就在这段时间，我比较用功，出了点成果，都是介绍苏联教育的，其中包括苏霍姆林斯基著作的编译。当时，只顾埋头干活，没想到拿出来的东西还挺受大家的欢迎。这样，我也很高兴。

“我有一个有利条件，刘佛年校长对我的工作很支持，很关心。尤其在订阅苏联的报纸杂志和购置原文的图书资料方面，他全力支持，只要能办的，他一定批准。他是我们比较教育研究所的强大后盾。”

此时，我插话问道：“杜先生，您有得天独厚的条件哪！这么说来，贵所一定订了很多俄语报纸和期刊吧？”

① 1993 年 5 月，灵宝撤县设市。

杜先生答道："是有不少。现在我们订的苏联报纸有《真理报》《教师报》《共青团真理报》，期刊有《苏维埃教育学》《国民教育》和《科学与宗教》等。"随即，杜先生用俄语重复了这些报纸杂志的名称。

唐迅所长马上说："杜先生，在今后的课题研究中，也希望得到贵所在情报资料方面的支持。"

杜先生即答："没有问题。本来也应当充分发挥这些情报资料的作用啊。"

唐迅所长接着说："谢谢杜先生！今天造访您家，收获很大。一是您答应做我们所的高级顾问，对我们的工作将作长期指导；二是商定了今年6月在我市举办'现代教育理论研讨会'的重要议程，邀请您并通过您邀请刘佛年校长到会讲学；三是听您介绍了编译苏霍姆林斯基的《给教师的建议》的过程，深受启发。回家后，我们一定认真传达，研究落实……"

我补充道："今天还听到了杜先生的奋斗历程，收获很大！谢谢！"

临近中午，为不打扰杜先生一家，我们及时结束了这次访问。

第三节　比较：评点教育家的特点

初次造访杜殿坤先生之家后，我心中就形成了确定的想法：杜先生在日常交往中恰如我们的兄长，在教育科研中就是我们的导师。面对兄长加导师，我就尝试给杜先生写信了。杜先生每次接信后，都会很快回信，且字迹端正、措辞诚恳、内容翔实，针对疑问常用商量的口吻，这一切使我深受感动。

我给杜先生去信的内容主要包括两个方面。一是询问：怎样理解和实践苏霍姆林斯基的教育思想？他在教学改革方面有哪些与众不同的地方？如果把苏霍姆林斯基的成果与另一位苏联教育家列·赞科夫相比较，那么，他们各有哪些方面值得我们借鉴？二是请教：怎样合理而有效地推动我自己在教科所承担的研究课题——"科学地培养班集体与有效地促进课堂教学改革"？苏霍姆林斯基和列·赞科夫等的研究成果中有哪些可作借鉴？

由于我向杜殿坤先生请教的问题范围比较大，内容也比较多，在通信中难作详细表述，总觉得需要当面请教。1986年金秋10月，我向杜先生提出：

可否单独再去华东师范大学拜访一次？杜先生欣然同意。

10 月下旬的一天，我再次来到杜宅拜访。杜先生夫妇一如既往地热情接待了我。

一、令人佩服：译稿竟一气呵成

在杜宅的书房，我看到书桌上摆着几本俄语大词典，几叠俄语资料铺陈于桌前，书桌正中是一叠 8 开的大方格纸，上面一页已写满了杜先生工整的译文。

我问道："杜先生，您译介俄文文献时，手稿用这么大的稿纸啊！"

杜先生答道："我翻译东西的习惯是：不急于动手，而是先通读整篇文献，取得全局印象，做整体考虑，一旦动手，就一次成文，书写在这样的大方格纸上。之后最多校对一遍，润色一下，稍加修改。我是从不写第二遍的。这样做，就是要求自己提高水平，达成'信、达、雅'。事实证明，开始是觉得慢一点，实际上，最后反而是快了。"

听了杜先生的一席介绍，我惊呆了：杜先生翻译经典著作，竟然一气呵成！回想自己翻译某些文稿时，常常推敲不定，往往几易其稿。我与杜先生比，差距何止千里啊。杜先生不仅治学严谨，而且聪明过人！

看着杜先生桌上的一堆译稿，联想起他给我回信时的字迹——架构严谨而笔力苍劲的行书，联想起他在信中的诚恳教诲，我对杜先生的敬仰之心油然增添几分，我为找到了这样的导师而庆幸！

从此，我暗暗下决心：认认真真向杜先生学习！

二、比较异同：了解两位苏联教育家的方方面面

为抓紧时间，我马上转向杜先生请教，请他谈谈两位苏联教育家——苏霍姆林斯基和列·赞科夫的教学论思想，并作比较和分析。

杜先生抽着烟微笑着说："您在信中多次提到这方面的问题，说明你已经研究过他们两人的著作了，今天我先作点介绍，谈点个人的看法，不一定对，咱们一起讨论。

"对于这两位苏联教育家，我都是花了大气力的。我译介列·赞科夫的成果，是在翻译苏霍姆林斯基著作之前。'文化大革命'结束，改革开放开

始，在邓小平召开全国科技和教育座谈会以后，国门真正打开了。我们看到了首批苏联教育科研成果的文献资料。经翻阅，我发现列·赞科夫的著述占的地位比较突出，于是马上组织人员，分工协作，以便及早翻译介绍给大家。我与其他同志紧赶慢赶，把他的代表作《和教师的谈话》和《教学与发展》翻译结束，在 1980 年由教育科学出版社出版了。在这之后，我转而关注苏霍姆林斯基的著述，花了不少精力编译成《给教师的建议》，在 1984 年也由教育科学出版社出版了。”

我一面做着笔记，一面插话道：“杜先生，把这两位苏联教育家作比较研究，您应当是最有发言权了，因为您掌握并研究过他们的第一手文献资料。”

杜先生答道：“他俩的文献资料我是接触较早，也不少，但深入研究不够啊！我试着说说他们的异同吧。

“苏霍姆林斯基比列·赞科夫小 17 岁，他出生于 1918 年，在十月革命初期。有一点是相同的：他俩都生长在农村，也都在 17 岁时就开始当乡村教师了。

“苏霍姆林斯基是中等师范毕业，后来一面当教师一面函授语言文学专业，在马卡连科的母校——乌克兰波尔多瓦师范学院获本科文凭。而列·赞科夫在莫斯科大学心理系读书，后留校工作，并师从著名心理学家维果茨基，继续攻读博士学位，后来转入苏联教育科学院，开始从事儿童缺陷学研究。

“苏霍姆林斯基一直当中学校长，直至 1970 年逝世。而列·赞科夫一直当教授、院士。所以可以说，苏霍姆林斯基是实践型教育家，而列·赞科夫则是理论型教育家，或称之为教育理论家更为合适。

“从他们所处时代看，他们两位开展教育科研的高峰期，都在赫鲁晓夫时期，正值苏联思想界解冻之际，在苏联人造地球卫星上天后，在苏联科技和教育大发展时期。

“从研究领域看，苏霍姆林斯基关注的重点是怎样办好巴甫雷什中学，怎样在德智体美劳诸方面实行改革，怎样促使学生个性的和谐发展。而列·赞科夫更多地关注教学论研究，研究教学与发展的关系，研究教学对发展的促进作用。

“从研究的学生对象看，苏霍姆林斯基研究的学生年龄跨度大，从学前阶段至一年级，从一年级到十年级、十一年级（高中毕业），即从儿童期（包括幼儿）到少年期、再到青年前期。而列·赞科夫研究的学生都是小学生，即一年级到四年级（后来是一年级到三年级），属儿童期的孩子。

“从研究方法看，苏霍姆林斯基非常强调教育科学的人文性，所以他在教育研究采用的，是常态条件下的综合实验法，不是严格意义上的学院实验。他有他遵从教育规律的道理，而且容易操作，易为大家接受。而列·赞科夫的研究所采用的方法，则是比较规范的实验研究法，他从 1957 年至 1970 年的 12 个学年度中开展了三轮实验，有实验班、也有对照班，实验班的范围即样本也逐步扩大。

“从研究结果看，苏霍姆林斯基更多地重视巴甫雷什中学的毕业生的整体发展水平，重视这些毕业生的公民素养、科技素养、文化素养和身体素养，重视毕业生的创造素养，重视社区和高校对他们的认可程度，所以是以定性评价为主的。而列·赞科夫的实验研究有很多定量测试指标，他对于低年级学生的‘一般发展’的水平，作智力的、道德的、情感的、意志的和体质的等各方面测定，因而可以说，列·赞科夫的实验研究是以定量评价为主的。”

此时，我插话道：“能否请杜先生从研究成果角度对两位杰出的苏联教育家作一些评点？”

杜先生稍作停顿道：“从总体研究成果看，他们两位各具千秋。苏霍姆林斯基在 1970 年逝世，52 岁，可以说壮年夭折，很可惜。第二次世界大战结束后，他放弃了区教育局长的职位，主动要求到巴甫雷什中学当校长，一待就是 20 多年，直到逝世。在这 20 多年时间里，他一面工作，一面研究写作。他付出了难以置信的劳动，写下了十分丰富的著作，真是让人惊讶，让人佩服！就说《苏霍姆林斯基选集》五卷本吧，那是多大的工作量啊！这还是‘选集’，不是全集呢（此时杜先生起身，从书橱里拿出一册五卷本‘选集’的第一集原文版给我看）。目前，我国只是翻译出版了苏霍姆林斯基主要著作，也只是以单印本的形式出版了，我想今后，我国教育界一定会组织力量，翻译出版他的五卷本‘选集’的。现在，我国教育界已有不少同志十分肯定苏霍姆林斯基的贡献，称他的书是‘教育学宝库’，是‘活的教育学’。我本人赞同这一评价。

“当然，列·赞科夫所作的贡献也不可小觑。他于 1977 年逝世，活到 76 岁，一生执着于教育科学研究，在长期的教育教学实验基础上，写成了

20 多部专著和 150 多篇文章，尤其是他的《教学与发展》，不仅在苏联，而且在国际教坛产生了巨大的影响，我想，可能是这本专著的学术性比较强的缘故。”

此时，我在认真记录之时插问道：“杜先生，从影响角度看，这两位苏联教育家的著作，比较受我国教育工作者欢迎的，还是苏霍姆林斯基吧。我想，从您编译的那本《给教师的建议》的销售情况中可见一斑。”

杜先生答道：“是的，相比之下，苏霍姆林斯基的著作更受我国广大教育工作者的欢迎。我在编译《给教师的建议》时，真没想到它会这么受欢迎，它一版再版，有点供不应求呢！”

我继续问道：“您能否从教学原则角度分析分析这两位苏联教育家的异同？”

杜先生再点燃一支烟后答道：“列・赞科夫提出了五大教学原则，这您是了解的。由于他是苏联心理学家维果茨基的学生，他的实验在某种程度上也在验证导师提出的‘最近发展区’理论。所以他的五大教学原则表述为：①高难度原则；②高速度原则；③理论知识起主导作用的原则；④使学生理解教学过程的原则；⑤使所有学生都得到发展的原则。这五大教学原则与传统教育学中的教学原则相比较，如与‘量力性原则’‘循序渐进原则’等相比，有很大的突破。而列・赞科夫本人在 1956 年也参与了凯洛夫主编的苏联《教育学》教科书的编写工作，这本教育学在我国的影响是非常之大的……”

我接着说：“这么看，列・赞科夫的五大教学原则也是对自己的突破，很是难能可贵。杜先生，您可否概括一下苏霍姆林斯基的教学原则？”

杜先生翻开自己的笔记本答道：“您在信中就给我出了难题了。确实，翻遍苏霍姆林斯基著作，我们找不到他对教学原则的专门论述。我细读其著作，尝试作如下初步归纳：①引起需要的原则；②克服困难的原则；③发展思维的原则；④精神内化的原则；⑤取得美好体验的原则等。请给我点时间，允许我再学习、思考这个问题。”

我道谢后接着说：“杜先生，我再提一个问题：相比之下，您是否更加欣赏苏霍姆林斯基？我是在听您的报告和与您交谈之中有这样的感觉。不知对不对？”

杜先生说：“您说得对，是的！当然，这两位都是世界闻名的、杰出的苏联教育家。但是，我总觉得，苏霍姆林斯基更让我佩服。为什么？因为他是从整体上研究教育，提出的更多的是教育之‘道’，他视野宽阔，立意也高，但又很平易、通俗。而赞科夫的研究更侧重于‘术’，受西方学者重视、欢迎，当然，他的研究成果也非同小可。

“还有，我以为，真正杰出的教育家，是与他创造的教育样板紧密联系的。苏霍姆林斯基就有巴甫雷什中学，这是他呕心沥血工作 20 多年创造的样板，这所学校至今还吸引世界各地的教育工作者前去参观。这太不容易了！咱们将来一定争取机会，去那里参观参观！”

要请教的东西很多。由于已占用了杜先生两个多小时了，我只得匆匆告辞。

告别杜夫人后，杜先生执意要送我一程。我们漫步在华东师范大学校园之中，边走边谈。杜先生还说：“关于苏霍姆林斯基的教学原则如何概括和表述？如何将其运用于我们的教育实践中去？让我们再进一步读读他的书，认真思考思考，下次见面再讨论吧！”

第四节　师表：诚恳的点拨和帮助

1986 年底，杜殿坤先生又应邀来无锡市教育科学研究所讲学，指导我们的科研课题的实验研究。

当时，我们单位正在从事“现代教育中班集体建设的理论和实践”研究，并准备申报国家教委教育科学研究“七五”规划的重点课题。其间，我承担了这一课题的子课题研究——班集体建设与课堂教学改革。怎样搞好这一子课题的研究？苏霍姆林斯基在这方面有哪些论述和实践可资借鉴？

一、引导点拨：解读苏霍姆林斯基的集体教育思想

正当我很纠结之际，杜先生来了，我又有机会请教他了。

杜先生作为我们的教育科研导师，相当重视我们从事的班集体建设理论和实践研究，对我承担的子课题尤其感兴趣。他以前曾说过，在我国，“班集体建设”的研究，属于带处女地性质的研究领域。

当我请杜先生谈谈苏霍姆林斯基在这方面的论述时，杜先生掏起笔记本，

滔滔不绝地讲述了如下意见，给我以很大启发。

苏霍姆林斯基在分析学生集体的特点时指出，组建班级的主要任务是为了开展教学，学生进入班级的主要目的是学习，这是与成人集体最基本的区别。所以，那种认为“建设班集体只要通过那些与教学过程无关的活动”的想法，是大错特错的，这是思想方法上的偏差。建设良好班集体离不开教学过程的优化，教学质量的提高也离不开班集体水平的提高。苏霍姆林斯基历来就把这两个方面联系起来考察和研究的。

杜殿坤先生（右 2）在无锡市教育科学研究所

苏霍姆林斯基也批评过“掌握学习材料完全是个人的事”这一观点。他主张，认识过程从一开始就是一种社会过程，儿童头脑中对客观事物的概念，对自身的认识，就是在交往过程中形成的、与小伙伴协作过程中形成的，儿童入学后在认识活动中的成长离不开他所在的班级及其中的群体，他的交往和协作水平直接影响其学习和发展水平。儿童对于交往有着特殊的需要，对于那些认识兴趣没能得到激发的儿童来说，这种交往的需要甚至就是学习的动机及动力。苏霍姆林斯基向学校教育提出了新的任务：如何指导学生在班集体中学习交往？如何适度干预学生的交往？如何促使学生学会交往？这是个全新的教育科研课题。

苏霍姆林斯基在著作中特别强调：要在学校和班级中逐步建立人性化的人际关系。通过在校内的各种交往，师生交往和同学间的交往，正式交往和非正式交往，就会积淀成一定的人际关系、正式关系（马卡连科称之为“责任依从关系”）和非正式关系（即朋友关系、私人关系）。而这些人际关系之间是否协调，就直接决定了学生在班级里是否感到舒服，他是否愿意在这个班里继续学习，也就是这个班级对学生是否有吸引力。而学校的现状是：很多班级在交往和人际关系中缺乏人性化因素，而使班级变得对学生越来越没有吸引力。想要改变这种现状就得改变交往和人际关系，就得研究班集体建设工作的改革。

苏霍姆林斯基非常关注培养学生的劳动态度，这里的劳动包括学习。他在《巴甫雷什中学》一书中特别强调，学生把劳动看作什么：仅仅是获取物质福利的手段，还是形成精神生活——有充分价值和丰富内容、且饶有趣味的精神生活的条件。应当是劳动（包括学习）本身使孩子感到快乐，使孩子在劳动过程中得到满足，为达到这种目的，就必须：使劳动充满丰富的智力活动，使科学和技术渗透其中，使劳动具有创造因素，并蕴含公民精神。这里，苏霍姆林斯基向我们提出了在班集体中科学地开展劳动（包括学习）的要求。

苏霍姆林斯基提出了班风建设的要求。什么是班风？班风就是班内交往及人际关系的主流倾向和大部分学生对学习为主的劳动所取的态度，就是班内精神生活的价值趋向。好的班风，一定是教师和学生都把责任心和情感性很好地融合在一起的风气。建设好的班风可以改善交往，优化人际关系，培养正确的劳动态度及协作精神，引导健康的价值取向。所有这一切都应当也可能在建设班集体过程中实施。

苏霍姆林斯基在教学改革中关注学习小组的建设，他主张可以在课内和课外组织全班学生参加各种（科）学习小组，课外学习小组甚至可以跨年级，使学生取得尽可能多的自我展示和相互帮助的机会，使每个学生都有最喜爱的学科、最喜爱的课外读物、最喜爱的劳动创造项目，从而使学校、班集体具备丰富而多方面的智力生活和精神生活。这样做，也使班集体的组织基础和智力基础更加丰富和扎实。

苏霍姆林斯基在重视集体教育的同时，反复教导我们：不可忽视个别教学和个别指导，不可忽视学生的个性发展。他说，搞好教育和教学离不开集体的建设，但集体不是目的，它只是手段。建设集体的根本目的，就是使每个孩子的个性都得到发展，都感到快乐！

杜殿坤先生对苏霍姆林斯基关于班集体建设思想的详细解读，让我眼睛一亮，真有茅塞顿开的感觉。

于是，我们在“班集体建设与课堂教学改革”这一子课题研究过程中，努力运用苏霍姆林斯基教育思想，于 1987 年 8 月确定了如下实验操作变量：组织课堂学习小组——同质小组，每组 4 至 6 人，每组力量均衡，各科的人员构成不同；每堂课（主科）都开展小组学习——据教学任务确定学习任务、展开方式和评价要求。在测定实验效果时，我们增加了班内交往和人际关系的测试，增加了在特定情境下学生自我感觉的测试，增加了学生个性品质的测试等。

经过一段时期的实验研究，我们的实验班普遍取得了良好的效果。

二、无私帮助：推荐翻译原著，亲自撰写“序言”

在同一时期内，杜殿坤先生为支持我们的课题研究，促使我们了解更多的国外信息，于 1987 年秋给我寄来了苏联学者的最新著作《中小学集体教育学概论》（俄文版）。这是以苏联当代的集体教育理论家柳·诺维科娃为主编的集体创作，它集中反映：苏联教育界已经把“集体及集体教育与个性发展”作为独立的教育科学分支，从现代教育学的怀抱中脱胎出来，自成理论体系，形成了“集体的教育学”，它概括了这一领域历经奠基阶段（马卡连科为代表）、转折阶段（苏霍姆林斯基为代表），而进入当代系统阶段的研究成果。

得到了杜先生给的《中小学集体教育学概论》后，我向市教科所的同事们作了概括介绍，大家感到，此书可以拓宽眼界、打开思路、增长见识，认为杜先生此举无疑是雪中送炭，同时建议我译成中文，争取出版。

在杜先生和同事们的鼓励下，我欣然动手，在做好所内工作的同时，昼夜用功，在三个月内完成了该书的翻译工作，随即打印出初稿，供课题组的同志们参考。大家争相阅读、研究，很感兴趣。

随后，我积极联系出版社，募集出版资金。1988 年春夏之交，工人出版社终于同意出版：1988 年 9 月出书，印数 11 430 册。

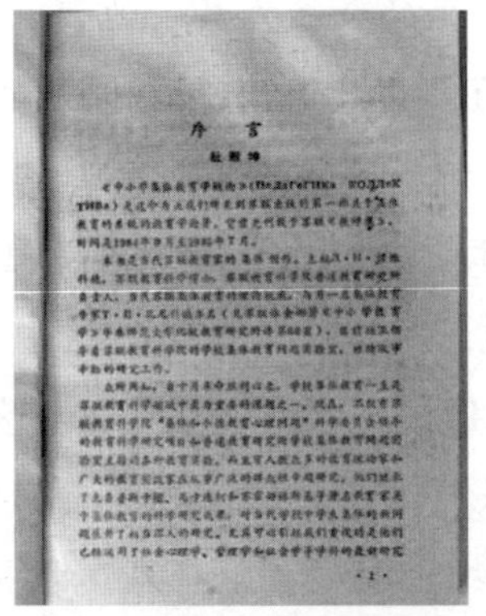
序　言

杜殿坤

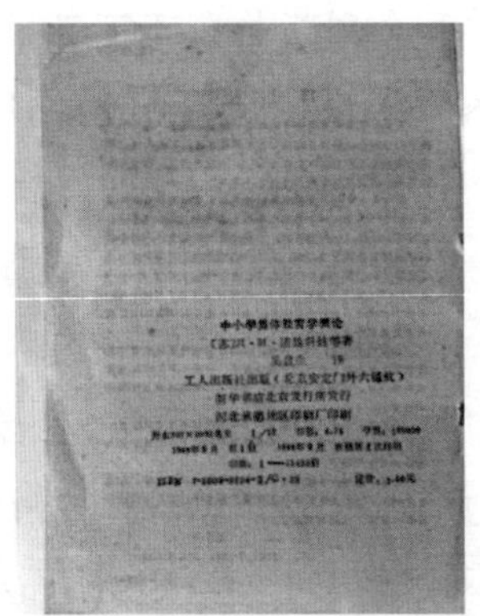

《中小学集体教育学概论》序言

之前，杜殿坤先生听到此书将出版的消息后，非常高兴。当我请他为此书写个“序言”时，他欣然同意。

现附上杜先生为我写的“序言”全文。

序 言

杜殿坤

《中小学集体教育学概论》是迄今为止我们所见到苏联出版的第一部关于集体教育的系统的教育学论著。它首先刊载于苏联《教师报》，时间是1984年9月至1985年7月。

本书是当代苏联教育家的集体创作。主编柳·诺维科娃，苏联教育科学博士，苏联教育科学院普通教育研究所负责人，当代苏联集体教育的理论权威，与另一名集体教育专家孔尼科娃齐名（见苏联休金娜《中小学教育学》华东师范大学比较教育研究所译，第60页）。目前她正领导着苏联教育科学院的学校集体教育问题实验室，继续从事辛勤的研究工作。

众所周知，自十月革命胜利以来，学校集体教育一直是苏联教育科学领域中最为重要的课题之一。现在，不仅有苏联教育科学院“集体和个体教育心理问题”科学委员会领导的教育科学研究项目和普通教育研究所学校集体教育问题实验室主持的各种教育实验，而且有人数众多的教育理论家和广大的教育实践家在从事广泛的群众性专题研究。他们继承了克鲁普斯卡娅、马卡连柯和苏霍姆林斯基等著名教育家关于集体教育的科学研究成果，对当代学校中学生集体的新问题展开了相当深入的研究。尤其需要引起我们重视的是他们已经运用了社会心理学、管理学和社会学等学科的最新研究成果，对学校集体教育问题展开了综合的、整体的研究，在理论和实践的结合上取得了长足的进展。

本书就集中地反映了苏联现代教育科学研究领域内关于学校集体教育这一课题的最新研究成果。归纳起来，本书的十二章内容可以综合为六个方面的问题，这就是：（一）学生集体的本质特征；（二）集体的活动——学习、劳动和游戏——及其对个性的影响；（三）集体内的交往和人际关系及其对个性发展的作用；（四）集体的自我管理；（五）教师集体；（六）学校集体的环境。通过这六大问题，本书在论述诸如集体教育的要求、方法、途径等诸多方面，发表了相当有益的见解，在建立现代教育学的新分支——集体教育学方面做了有益的尝试。

本书贯穿一条主线：重视集体教育是教育改革的方向。因为集体是社会主义思想体系的特定概念和独特产物，是净化人们的灵魂进行共产主义道德教育的主要途径，是促使个性充分和谐地发展，造就社会主义建设人才的摇篮，也是减少内耗，提高管理效能，并促进社会生产力高度发展的伟大工具。因而，社会主义学校必须给予集体教育以十分重要的席位，以适应社会政治经济制度的需要，促进学生个性的发展，全面提高教育质量。倘若学校不重视集体教育，其共产主义理想和道德的教育就只会停留于口号和形式，开发学生智能的工作也会受到很大的限制，它们不仅会抑制学生个性的发展，而且会对社会道德面貌的完善和生产力的发展，直至对社会主义共产主义制度的完善构成潜在的威胁。这种学校充其量不过是挂着社会主义的招牌而已。本书把重视学校集体教育的问题始终作为苏联“学校改革的一个极为重要的方向”看待，可见集体教育的价值是非常重要的。

此外，本书面向广大中小学教师和师范院校师生，内容深入浅出，既有严谨的理论阐述，又掺用散文笔法，并佐以不少实例，因而好读易懂，易为广大教育工作者借鉴，对于理论工作者来说，也不失为一本较好的读物。

通览全书，可以这样说：本书从内容、视角到提法都给人耳目一新之感，因而值得借鉴。

为了发展我国的社会主义教育事业，提高对集体教育的认识和开展集体教育研究的水平，并建立我们自己的集体教育理论体系，了解苏联乃至其他国家在这方面的最新研究成果自然是不无裨益的。“洋为中用”，这正是介绍这部教育著作的宗旨。

三、精辟概括：苏霍姆林斯基的教学原则

我单独拜访杜先生之家后，过了 1 个月左右，我接到了杜先生的电话。

他说，关于苏霍姆林斯基的“教学原则”，近期经翻阅原著，反复思考后，觉得应该做如下归纳，这些原则是：

- 相信每个学生的原则；
- 引起学习兴趣的原则；

- 指导交流讨论的原则；
- 课内课外结合的原则；
- 个别指导的原则；
- 争取成功鼓励创造的原则；
- 师生情感交融的原则。

我认真做了记录，并请杜先生重复一遍，并校对文字。

对着记录本，我的心久久不能平静。我看着杜先生总结的“苏霍姆林斯基教学原则”，仿佛看到了这“原则”背后他付出的心血，看到了他的学者人格——负责、严谨、高尚。

杜殿坤先生总结的“苏霍姆林斯基教学原则”，一直指导着我，鼓励着我。杜先生是我研究苏霍姆林斯基教育思想的导师，是引导我在教育科研道路上前行的恩师！

杜殿坤先生在我国教育界被公认为译介苏霍姆林斯基著作第一人。他编译的苏霍姆林斯基著作《给教师的建议》，是迄今为止在我国发行量最大的外国教育专著之一，苏霍姆林斯基至今在我国教育工作者心目中仍然享有崇高威望，其影响可谓经久不衰，这与杜先生作出的贡献是密不可分的。

杜先生以自己的一言一行证实：他本人就是身体力行践行苏霍姆林斯基教育思想的典范，他本人就是苏霍姆林斯基式的学者。

第四章

Chapter 4

人性化的校园氛围

——访问巴甫雷什中学印象之一

自从 20 世纪 80 年代初读到苏霍姆林斯基的著作开始，我就梦想到世界名校巴甫雷什中学去参观。很荣幸，从 20 世纪末至 21 世纪初的前后十几年，我有 8 次机会到巴甫雷什中学参观访问。

期间，我一次又一次地亲眼看到了巴甫雷什中学的实况，反复接触了那里的教师和学生，呼吸了校园里不同季节的纯净空气，感受了那里特有的文化氛围，领略了世界教育样板的人文风采。

我的梦想实现了！

8 次到达巴甫雷什中学，我亲眼看到，到此参观访问的，有来自世界各地的教育工作者。

人们可能要问：巴甫雷什中学为什么那么令人魂牵梦绕？国际教育界同行为什么争相前去求经取宝，甚至有人如“朝圣”一般？

因为巴甫雷什中学是真正意义上的学校——人类文明的摇篮！

因为它是孩子们打心眼里喜欢的学校！

所以，它成了 20 世纪国际基础教育界公认的“四大名校”之一，与英国伊顿公学、夏山学校和美国道尔顿学校齐名。

第一节 绿色：生态校园的典范

到了乌克兰首都基辅市后，再去巴甫雷什中学，并不是件容易的事。由于没有高速公路，主干道路况不佳，从基辅出发，自驾小车单程也需 3 至 4 个小时。

学校所在的巴甫雷什镇，位于乌克兰中部，属基洛夫格勒州的东部边缘地区，东距著名的第聂伯河 15 千米。去巴甫雷什镇最便捷的方式是乘大巴车，由基辅出发，一路向东南，沿第聂伯河左岸的主干道，直达克列缅丘克市。到达该市后，再坐出租车向西，过第聂伯河奔西南，半小时即可抵达巴甫雷什镇，学校就在镇的北部。

现在，巴甫雷什镇的经济有点萧条。这儿虽然有公路穿过，但镇上商店不多，甚至没有像样的旅店。所以，来到巴甫雷什中学参观的团队或个人，一般都得在当天离开。如此，即使起早摸黑，在学校停留的时间最多也只有三四个小时。因此，这种参观往往只可能是“走马看花”。

与巴甫雷什中学校长和师生在一起

我之所以荣幸，是因为我有三次在这里住宿的经历。第一次到巴甫雷什中学，校长就安排我住在学校校园里，在低年级教师的值班室里，而且还住了两个晚上。另一次是我有幸住在学生雅娜的家里，与学生家长（亚历山大·芬格林科先生）有了点交往。还有一次是住在离镇不远的区政府所在地的小宾馆里，住了两个晚上。这三次难得的住宿经历，使我有时间较为详细地考察这所名校及其周围的社区，较为真切地体会学校践行苏霍姆林斯基教育思想的神韵。

八次来到巴甫雷什中学，虽然季节不同，但每次看到的基本是：林木环抱，绿树成荫，花团锦簇，鸟语花香，环境优美，景色宜人。每次也总能感到空气清新，沁人肺腑。这里既是一所学校，又仿佛是精心打理的公园！

学校应当拥有怎样的生态环境？学生需要怎样的学校环境？巴甫雷什中学给出了最好的答案，为我们提供了生态文明的范本。

这里的一切都为学生健康成长考虑，就连种树栽花也不例外！苏霍姆林斯基认为：校园应当成为孩子的“绿色王国”。

巴甫雷什中学是巴甫雷什镇所在地区的唯一的学校。据考证，巴甫雷什镇始建于 1910 年，系哥萨克首领巴甫留克奠基，故得此名。

“绿色王国”的校园

该校的学制是中小学 10 年一贯制，后改为 11 年（今后逐步过渡为 12 年）一贯制，属于义务教育制学校。学生从小学一年级起，到十一年级中学毕业，都在这儿学习。从 20 世纪 50 年代末和 60 年代初起，苏霍姆林斯基就率先在苏联乌克兰地区创办了学前幼儿班，时间为 1 年。这样，学生从 6 岁开始入学，到十七八岁为止，就一直在这所学校里学习、生活和成长，度过自己的童年期、少年期和青年前期，前后共达十一二年时间。所以，这里的老百姓把学校称作是学生的“第二家庭”，一点也不过分。

巴甫雷什中学占地面积不小，包括校外的运动场在内，总面积为 5 公顷（75 亩）。学生总数一般在 640 人左右，这已是整个地区适龄学生的总数了。如果计算人均占地面积，这就如同整个东欧平原的人口分布那样，给人以地广人稀、宽敞舒适的感觉。

据传，早年的巴甫雷什中学并不在现在的地方。1948 年，当苏霍姆林斯基毅然辞去区教育局长职务，主动请缨来到巴甫雷什中学当校长时，原来的学校已被第二次世界大战的战火糟蹋得只剩残垣断壁了。

面对满目疮痍，必须从重建校舍开始。经过反复考察，苏霍姆林斯基看中了学校原址西面 1 千米的一片山冈，那里有 5 公顷土地，面积足够建所学校。

此地离第聂伯河的支流奥麦尼克河很近，紧挨着一座东正教教堂，应当是个重建学校的好地方。于是，苏霍姆林斯基从建校劳动入手，在这块土地上开始了长达 22 年的校长生涯。

苏霍姆林斯基从一开始就提出：“学校应当建在大自然的怀抱之中，那里必须是树木繁盛，绿草茵茵，近旁有丰富的水资源，且校园周边应当有绿色防护林带——这就是学校开展工作最为有利的条件。”“学校应当最大限度地关注学生机体防病能力的增强，因为关心学生的健康，使他们不致生病，使他们的机体能抵御疾病，这与关注他们的智力发展和道德水平的提高，是一样重要的。”（俄文版《苏霍姆林斯基选集》第 4 卷第 14—15 页）

就是遵循这样的指导思想，在第二次世界大战的废墟上，苏霍姆林斯基带领全体教师和高年级学生一面参与校舍建设，一面在校园内外大搞植树造林，有计划、有步骤地营造生态文明。

今天，当我们来到巴甫雷什中学时，就真如走进了大自然的怀抱，来到了“绿色王国”！

校园中的浓密树林

放眼望去，学校低矮的围墙之外，四周都矗立着一排排高高的白桦树和橡树，构成了严严实实的防护林带。不仅如此，紧挨着它们还可看到第二道绿化带，那是低矮的灌木林和各种花卉，其间还夹杂有几颗可爱的花楸树，它们以低一层次的带状植物衬托和支撑着防护林带。这都表露了设计者独特的美学品位和精心保护学生的良苦用心。

一、增加“植物杀菌素”

走进巴甫雷什中学，你立刻会看到：教学主楼四周耸立着几十棵参天大树，几乎都是橡树。橡树在东正教文化中是永恒和强大的象征。它们的树龄一看就知道超过半个世纪了。经询问，原来这些橡树就是苏霍姆林斯基在建校初期带领师生们种植的。站在树荫下，仰头端详这些橡树的树冠，在蓝天白云的背景上，我们仿佛看到：缔造这所名校的教育家在云端向人们招手，他的眼眶中随阳光喷涌出来的是心底的暖意和无际的大爱。

人们常常认为，为保证学生的身体健康，需要的是丰富的营养、积极的锻炼和合理的作息制度，至于学生所处的自然环境和教室里的含氧量等，似乎就可以忽略不计。

苏霍姆林斯基却认为：身体处于快速成长期的青少年们，十分需要呼吸到高质量的空气，它应当“含氧丰富”，并“含有大量的植物杀菌素”（每个学生需要10棵大树所制造的植物杀菌素），这样才能保证孩子们大脑清醒，提高脑力劳动效率，才能保证他们不容易疲乏、不容易生病。

这所学校建校时就重视绿化，且构思缜密，实施有序，分布恰当。正如苏霍姆林斯基所写：“校园里到处都种植着核桃、樱桃、杏子、橡栗等树木，还有很多针叶树林，它们都是以散发植物杀菌素见长的树木。”

校园中的橡树林

事实表明，校园内高质量的空气创造了奇迹，出现了令苏霍姆林斯基异常高兴的局面：“孩子们变得简直无法辨认，他们红光满面，生气勃勃……”

今天，你再去巴甫雷什中学，依然可以享受到那满园树木制造出来的沁人肺腑的清新空气，依然可以看到这所学校可爱的学生们，他们是那样的身体健壮、精神抖擞、满面红光！

在今天，这是多么难能可贵！

二、囊括乌克兰的所有树木

在巴甫雷什中学校园里，苏霍姆林斯基努力做到，凡是乌克兰地区已有的以及可以生长的树木、灌木和花草，校园里都会种植。

为什么这样？为了使学校的每个学生都能辨认得出乌克兰的所有树木花

草，并在10年（或11年）学习生涯中观察最感兴趣的植物，了解它们的生长过程，了解它们有益于人类健康的机制和效果。

校园中的植被

苏霍姆林斯基在著作中具体地写道：由于重视绿化，学校内外形成了一个“特殊的森林小气候”。相比于邻近地区，“最热的月份气温要低3~4摄氏度，而在最寒冷的季节则会高出2~3摄氏度”“无论夏季还是冬季，我们这里比周围地区的降水总要多一些，露水和霜的浓重程度则更是如此……”

就这样，通过劳动及平时潜移默化的教育和诱导，这里的每一个学生从小就会努力认识和关注校园内所有的树木和花草，就会努力弄清哪怕是校外见到的植物的名称和特性。在此过程中，学生不仅增长了大量的自然科学知识，而且能从生态文明的角度审视环境，逐步提高敬畏大自然、保护大自然、与大自然和睦共处的人文素养。

三、组织植树护花劳动

苏霍姆林斯基在绿化校园过程中，十分注意组织学生参加各类劳动，其项目包括：翻地、挖坑、育苗、嫁接、选树、栽种、浇水、除虫、护卫、管理，等等。而且，从一年级开始，就人人动手，让各种年龄阶段的学生，参加力所能及的集体劳动。这样，学生在绿化劳动中就能增进交往、相互了解、凝聚集体、感知各种道德规范，在收获劳动成果时产生积极的情感体验，有利于逐步内化诸如遵守纪律、积极工作、相互协作、关爱生命、服务他人、保护环境、热爱劳动等道德要求，逐步树立道德信念，使自己的心灵变得高尚。

很明显，如此，劳动教育与德育过程不断融合，既务实，又相当有效，因为它避免了一种倾向：离开了学生参与劳动、离开了集体的共同活动而空谈道德教育，让德育过程流于形式，让学生习惯于空谈。

苏霍姆林斯基说得好：“劳动传统在我们的集体生活中占有特别重要的

位置，由于这一传统，劳动已具有浪漫色彩，并伴有鲜明的情感和体验。”

四、让学生处处都感到美

由于常年关注植树栽花，并组织师生用心照料，巴甫雷什中学的校园一年四季都显得非常美丽。

当师生们和家长来到学校时，就立即会看到：优雅地盘绕着葡萄蔓藤的学校正门和院墙是美的，绿荫浓浓、花草相间的校园全景是美的，在树木和花草点缀下的教学楼和其他建筑物是美的，两旁种满蔷薇和绿草的甬道是美的，在大树绿荫的伞盖下伴着四季花卉的几处凉亭是美的，在校园中漫步和穿梭着的同学们是美的……一切都让人惊叹，让人赞美！

苏霍姆林斯基指出：“感知和领会美，是审美教育的基础和关键，是提高审美素养的核心。你一旦对美发出惊叹，你心灵之中就会产生美的绽放。”

是啊！面对处处如画的优美环境，呼吸着不能再好的清新空气，孩子们心中是惬意的，印象是美好的。由于这种美的感知在学生心中日积月累，加上他们会体会到自己曾为此付出过劳动，内心就会增添一种参与创造的愉悦和自我实现的满足。

巴甫雷什中学美丽的生态校园堪称典范，它从又一个侧面展示着苏霍姆林斯基教育思想的文化底蕴和巨大魅力。

第二节 表扬：低年级学生的福音

一到巴甫雷什中学，你就会看到：这里的学生个个面带红晕，生气勃勃，十分健康。不仅如此，特别引人注意的是，他们眼睛里都闪烁着喜悦和睿智之光，显得天真、自信、充满朝气。

当你深入课堂考察这里的教学改革情况时，就会立即发现这里的学生不仅丝毫不害怕学习，而且非常喜欢上课，他们在课堂上积极主动、思维活跃、踊跃发言、兴奋欢快。你会马上感到这里的孩子们在课堂上也沉浸在老师真诚的关爱之中，他们由衷地热爱老师、热爱学校、热爱学习。

众所周知，让学生喜欢学习，是件相当不容易的事。但巴甫雷什中学做到了，它靠的就是苏霍姆林斯基的独特的教学思想！现在，这所学校正继续贯彻和发展着这一教学思想，在教学改革的道路上不断前行。

苏霍姆林斯基早就指出：学校应当充满着一种精神——尊重人的尊严、师生相互信任、相信人的那种精神。他很早就主张废除那种“降低学生人格”的教学方法，并从取消对学生的消极评价开始做起。

巴甫雷什中学在这方面有以下特点：

一、没有分数压力——欢乐童年

低年级取消分数，这是巴甫雷什中学教学改革的重要举措。

这里，学生从入学开始，在一至二年级两年时间的学习过程中，老师是从不打分数的。就是说，低年级学生是在没有分数压力的情况下开始学校生活的。由于没有分数压力，孩子们的学习生活自然就变得轻松、从容和愉快了。

低年级教学评价取消分数，似乎有悖于常规。从近代班级授课制的教学方式诞生之初起，世界各国的基础教育学校几乎都采用了分数作为评价学生成绩的主要手段。在教师和学生家长眼里，分数的高低甚至成了学生学习好坏的唯一标准，如此，便形成了这样的传统：“考考考，老师的法宝；分分分，学生的命根。”分数在不知不觉之中竟然成了老师、家长和学生追求的目的了。

而这里的老师们，通过自身的教学实践确认：分数在小学低年级的教学中所起的作用，往往是消极的，是弊大于利的。

那么，这里低年级的教学评价是怎么进行的呢？

首先，期中期末时低年级学生只评出：“优秀”和“良好”，没有“不好”，更没有“不及格”。

其次，在课堂上和所有的公开场合，老师从不对任何学生作消极评价，杜绝了否定性评价，它被看作一根红线，不可逾越。

还有，面对教学大纲规定的“读、写、算、说”等方面的统一要求，老师在课堂教学的操练环节中坚持以鼓励性评价为主，常用：

- “好样的！”
- “优秀！”
- “好！很不错！”
- “不错，你回答得还可以好一点。”

- “有进步，而且进步很大！”
- “进步了，你还有潜力，再努力一下！”

再有，老师有意识地为每个学生创设展示自己天赋和优点的机会，使他在公开场合获得良好的评价，感受成功，增强自信。

而对那些一时达不到教学要求的孩子，怎么办？学校提倡一定要根据苏霍姆林斯基的思想多做个别辅导。此时，教师必须满面笑容地、认真而耐心地做好“一对一”的工作，鼓励孩子放松心情，消除情绪障碍，让他多想一想、练一练，有的放矢地给予指导和帮助，使他能逐步弄懂问题、正确解决、达到要求，甚至稍稍得到提高。在此基础上，再适时地让他在班级中展示，并给予“好样的”评价。在此过程中，这类学生明显增强了克服困难的勇气和信心，他们会逐渐赶上其他同学，随后会欢快地投入学习。

二、为学生着想——教学的基本立足点

这所学校为什么要在低年级取消分数呢？这一措施有什么根据呢？

考察巴甫雷什中学的教学工作就会发现，低年级取消分数的措施，完全是遵循苏霍姆林斯基教育思想，从“为学生着想”的基本立足点考虑问题的。

归纳起来，这一想法至少可表述为以下方面：

1. 手段应当服务于目的

教师手中的分数，仅仅是一种手段，是衡量学生当前的学习效果并促进其有效学习的手段之一，它压根儿就不是教学的目的。巴甫雷什中学的领导和老师们谨记苏霍姆林斯基的教诲，学校教学的主要目标是让学生有学习兴趣，喜欢上学，喜欢上课，喜欢学习老师所教的学科；而教学的根本目的，则是让学生保持学习的冲动，使学生在学习中体验到成功的欢乐，使他们逐步学会学习。如果在一、二年级这个学习的初始阶段，就采用分数来评价学生的学习效果，随后在班级内外作比较，向家长展示，这样做甚至很难达到近期的教学目标：让每个学生弄懂并掌握与当前教材的有关内容，初步学会本课本节的主要东西。

那里的老师们说：大量事实证明，低年级就用分数评价学生，会产生很大的负面作用，与原先的设想相去甚远，甚至常常有南辕北辙、适得其

反之感。

2. 应当善待孩子

天真烂漫的孩童就如十分娇嫩的花蕾，他们带着好奇和憧憬来上学，希望得到教师的鼓励和赞赏，他们需要的是阳光和雨露，是关怀、爱护和体贴，他们经不起风霜，更经不起暴风骤雨。而差分数（不及格），对于初进学校的孩子们来说，就是风霜，就是暴风骤雨，它意味着老师的否定性评价和同学们的“瞧不起”，带来的可能是家长的责怪、惩罚甚至是打骂。如果老师头脑中有着用分数来“控制”学生，甚至“惩罚”学生的想法，那他在教学过程中就自然而然地会把分数变成对付孩子的“绳索”，甚至是“皮鞭”，分数随即成了束缚学生发展的手段，成为摧残娇嫩花蕾的工具。这样做，对于发展速度不一的幼小学生是很不人道的，也是很不公平的。

怎样爱护这些娇嫩的花蕾？苏霍姆林斯基教导我们：应当善待儿童！在低年级取消分数，就不失为人道的关爱之举。

3. 区别对待孩子

分数从何而来？我们知道，分数是根据整齐划一的教学要求，在特定教学过程结束时，对学生学习结果作数量化测定后的结果。而天真烂漫的孩子们高高兴兴背着书包来到学校时，每个人都希望得到好成绩。他们并不知道，面对整齐划一的教学要求，他们各自有着多么不同的起点，有着多么不一的前进速度，有着多么巨大的差距！

巴甫雷什中学的老师和领导多次指出：应当按照苏霍姆林斯基教育思想，研究儿童们相互间客观地存在着的诸多差距，直面孩子们相互间存在千差万别的实际：

● 家长文化水平，家庭经济条件，家庭对儿童的启蒙；

● 儿童早期的健康水平，母亲妊娠期的健康，儿童大脑发育，幼时染病；

● 睡眠时间，进食偏好，生活习惯；

● 性格特征：安静或躁动，合群或独处，忍耐或暴发，倾听或拒绝，关注或漠然；

● 言语能力，开始讲话的迟早，对自身需要的表达，讲述与小伙伴交友或发生矛盾的要点的能力；

● 对客观事物的感知能力，注意力集中程度，观察周围事物时对颜色、形状、动作、过程的关注水平，对活动经过和所见事物的记忆水平；

● 对两种事物之间的异同或关联的关注，对事物间因果关系的思考，联想和类比能力；

● 爱问“为什么”的程度；等等。

面对低年级孩子，教师的责任就在于，发现他们身上诸如此类的差别，认真研究和分析，找到每个孩子的特点和长处，找出调动每个孩子积极性的节点及教学措施，采用他们喜闻乐见的教学手段，用鼓励性评价启发他们自信心，引导他们逐步接近统一的教学要求，直至超越。

4. 保护学习愿望

巴甫雷什中学的老师们认为，在学习的初始阶段，教育和教学的重点，应当放在培育幼童的学习愿望上，其中特别要关注保护学生的好奇心，激发学习兴趣。

苏霍姆林斯基多次强调：兴趣是学习之母，没有浓厚的兴趣就不可能有良好的学习状态。为了激发和保持低年级学生在学习中的“好奇和惊讶”，巴甫雷什中学果断地取消了对低年级采用分数评价的手段，着眼于激发学生的学习兴趣，努力培育小学生的学习愿望——这朵“十分娇嫩的花儿”，避免它被不良分数等消极因素所伤害，从而“使学习愿望成为他们脑力劳动最主要的动力”。

5. 增强自信心

学生从启蒙阶段开始学习，就应当充满自信心，他需要相信自己能学好，这一点非常重要。而打分数这一做法，往往会挫伤大部分学生的自信心。这里的老师们和领导牢记苏霍姆林斯基的教诲：“在教育工作安排不当的情况下，学校生活中可能产生……一种不幸：一个学生在掌握知识过程中，在前进道路上遇到了难以克服的困难，成了失败者（不及格者），而对自身的力量丧失了信心……每欲前进一步，儿童的意识常被一种想法弄得稀里糊涂：我不如别人，我干什么都不行。我们成人对儿童因此感到的痛苦却并不了解……”这里的老师们认为，教学从一开始就要求创设良好的教育情境，使学生在此情境中可能发现自我，取得成功，增强自信。就是说，学生的学习过程，从一开始就应当是每个孩子对自身优点的发现过程，就应当使他们亲自感受到自己至少在某个方面具有潜力和天赋，或可称为小天才，就应当使他们相信：我不比别人差，我可以学得较好，甚至学得很好。

由此可见，取消分数，实际上就是取消那种消极性评价，避免和取消对低年级学生学习自信心的打击，就是为了给每个孩子以学习的自信和不断成长的梦想，就是让学生们从入学开始就喜欢上学习、喜欢上老师、喜欢上学校。

这就是——为学生着想。

三、抛弃惩罚——教育教学改革的难点

巴甫雷什中学的老师和领导认为，低年级取消分数的指导思想，则是要办苏霍姆林斯基倡导的“没有惩罚的教育”。他们十分自豪地说：“我们敢肯定，我们学校的学生不知道什么是惩罚。这首先是因为他们内心中都有创造的渴望，有为他人做好事的喜悦，这都成了他们童年时期起就形成的欢乐源泉。我们在班级里和其他活动场合，从来不对学生当众呵斥、敲后脑勺，从来不讽刺挖苦学生，更不可能当众抖搂隐私。不仅如此，我们力求通过‘家长学校’彻底根除家庭中的惩罚。”

他们认为，学校作为文明的摇篮，就应当在学生最初的学习生活中取消分数，取消惩罚。当然，做到这一点不容易，这是教育教学改革的难点，难就难在教师必须与自己身上的传统的习惯势力作斗争。

学校最担心的灾难是：学生在小小年纪就变得心灵粗野，对善和美感觉迟钝，甚至品行不端。而这些都与他们幼年时的家庭教育有关。事实证明，惩罚——会使人的心灵变得粗野、凶狠和残暴。如果儿童从小就经受惩罚给予的震撼，那他内心中成为好人的愿望和力量会锐减。如果屡受惩罚，甚至往往理由不当，那他到了少年时就不会害怕什么收容所、劳教所和法庭，他们会越走越远，变得越来越可怕。

学校的责任，还在于全体教师与学生家长一起，在学习上和其他各方面都采用正面表扬的方式，鼓励孩子上进，以此点燃孩子心中求知的火花，点燃“我要成为一个好孩子、优秀孩子”的火花，并让这火花变成明亮的火炬，越烧越旺。

惩罚就是往这一火花上泼冷水，这是教育的失误，是不可容忍的。

巴甫雷什中学在努力，它做得很好，实践证明它成功了。

第三节　探索：蓝天下的课堂

现在，巴甫雷什中学的教学教育工作别具一格，生动活泼，且卓有成效，其原因是真正“接地气”，为学生喜欢。

仔细考察，发现这里工作的特点至少有以下几点：

一、把教育家的教导放在心上

这里的老师们说，他们在备课、上课、批改作业、组织课外活动及组织考试和评定成绩过程中，每个人都能牢牢记住苏霍姆林斯基的如下教育思想要点：

蓝天下的课堂

从你的学生身上首先要看到活生生的人。教师要看得见人，并常常自问：我看得见人吗？我的学生是什么人？

教学最重要的任务之一，就是防止学生对所获得的知识采取冷漠态度，认为知识内容与他毫无关系。切不可引导学生死记硬背，应当千方百计地激发他的求知欲，因为求知欲不只是教学得法的结果，而且是科学世界观形成的本源。

情感如同快乐的土壤，知识就播种在这个土壤里……要让年幼创造者的快乐感永远都不消失，并变得更加强烈……

教学不仅是为了学生能在未来劳动中运用知识，而且也是为了充实精神生活——善于珍惜文化艺术财富。

教学的任务不仅仅在于传播知识，而且还应当为每一个毕业生，哪怕是最为普通和智力发展最为困难的人，打开他精神发展的特有领域，以使其在这方面能获得最好的发展，能展示自我，证明自己“大写的我”，能从人格尊严的源头汲取力量，并感到自己并非先天不足，而在精神上是富足的。

评价教师教学工作的标准，绝不是分数，而是：有多少学生喜欢你教的学科？有多少学生在学习中体验到成功的快乐？有多少学生在毕业后愿意选择与你相关的专业（学习或工作）？有多少学生在20年以后还记得你或你的课？

那么，巴甫雷什中学的老师们今天是怎样继续和发展苏霍姆林斯基的教育思想的呢？

二、带着孩子到大自然中去上课

走出教室，到大自然中去，在“蓝天下的课堂”上课，是苏霍姆林斯基的一大发明，它至今仍将继续惠及巴甫雷什中学的学生。

这里的孩子们，从学前教育阶段开始，就由老师领着，走出教室、走出校门，到大自然中去，到“蓝天下的课堂”上课：去寻找、观察、发现、探索，去增长见识、发展思维、陶冶情感，去发展个性、完善人格。

“蓝天下的课堂”内容包含校内校外的有关场所：

● 校内：

校园花圃、葡萄园、苹果园、养蜂场、养兔室、气象站、拖拉机站、老橡树下、温室之内、凉亭之中……

● 校外：

邻近的小河畔、开满野花的山冈；附近的田野、草原和小水库旁；不远处的牛奶场、农业机械站、水力发电站；远处的森林、河谷、山崖、田野……

学生们去的时间有长有短，去校外或半天，或一整天，有时甚至在野外露营一晚。季节不限，或春暖花开时，或烈日炎炎时，或硕果累累时，或白雪皑皑时。有时在晨曦中踏着露水，有时在艳阳下穿越树林，有时在晚霞里沐浴雾霭，有时在星空下幻想苍穹……学生们在大自然里观察与思考，伴随相互交往而讨论问题并增强情谊，他们沉浸在幻想之中，享受着思考的欢乐！

上述“蓝天下的课堂”的种种安排，都早在学年度的教学计划中就确定位置，它们根据学生的年龄特征和各年级相关学科的教学要求而设定。这种安排，逐步积累，不断完善，构成了这所学校特有的教学子系统，成了整个教学过程不可或缺的部分。

这所学校的长期实践，证实了苏霍姆林斯基的论述：“孩子们周围的环境首先是大自然，它包含着无穷的、取之不竭的、极为丰富的现象，它展示着宏伟壮丽、令人惊叹而变化万千的美。大自然正是儿童智慧的永远的源泉。”

三、把“思维旅行”搞得有声有色

学校的老师们深切体会到：在大自然中上课，在蓝天下上思维课，可以引导学生们仔细观察周围的各种事物和复杂的现象，发现它们的千变万化，关注它们相互之间的关联，从而激发学生的好奇心和学习兴趣，启发他们提出各种问题，并力求自己通过钻研教材和阅读课外书籍，寻求相关答案，或与老师一起讨论……这一过程，在这里常常被称为生动活泼的“思维旅行”。

就是在这种“思维旅行”中，这里的学生从低年级开始，就努力学习独立阅读大自然这部令人惊叹不已的百科全书了，就在感知并思索它那一页又一页之上书写着的丰富内容了。就是在这种特有的阅读中，学生不知不觉地培育了自己的学习兴趣和学习愿望，同时拓宽着科学视野和发展着自己的思维能力。如此，孩子们学习逐渐变得主动、生动、活泼、有效，自然就在情理之中了。

事实证明，“蓝天下的课堂”，就是最接地气的课堂，是深受“学生们喜爱的课堂”，它作为通常状态下的室内课堂的重要补充，成了巴甫雷什中学教学改革中的显著特征。它作为学校传统正被继续传承和发扬。

第四节 发展：第二教学大纲

巴甫雷什中学还有一大法宝，这就是“第二教学大纲”。

第二教学大纲，是由苏霍姆林斯基生前倡导并实施的重要的教育教学改革项目。他在名著《公民的诞生》的“智育和教学”一章里，就专门作了简要论述。它至今仍在很好地实行。

一、第二教学大纲的要义

第二教学大纲，就是在实施教育部所颁布的统一的教学大纲和教学计划时，对各年级主要学科的教学提出补充性要求和内容，从而形成的辅助性的系统的教学纲要，其目的是使学生在学习必修课程时，了解并选择非必修课程，并参与按计划开展的各种各样的课外教学活动。所有这些不属于统一大纲的相关要求、课程和活动，统称为第二教学大纲。

第二教学大纲有哪些效用呢？可以概括为以下三点：

● 扩充和丰富必修课的内容，扩展科学和人文视野；

● 对必修课内容加深理解，在应用中巩固；

● 在课内外结合中开发创造性思维和发展实际应用能力。

那么，第二教学大纲在哪些年级实施呢？它的实施分两个阶段：一是准备阶段，这是 10 年一贯制（现在已是 11 年）义务教育的小学阶段，一至四年级；二是从五年级开始，即初中阶段开始，全面实施。此时学生们的身心发展已经进入了转折期——从儿童进入少年期了。

二、第二教学大纲的作用

巴甫雷什中学的老师和领导认为，第二教学大纲的根本作用，就在于促进每个学生个性的发展。

苏霍姆林斯基亲自提出的并为他的长期实践证实了的论断，至今仍然符合学生们的实际，仍然行之有效。这些论述的基本点就是：

1. 苏霍姆林斯基称第二教学大纲为“看不见的线索”，这是指可以借此把学生的精力“由课内教学引导到课外兴趣、需求和爱好上去”

苏霍姆林斯基从长期的教育实践中总结道：当学生进入少年期时，他们的智能生活乃至整个精神生活，会呈现出一种质的改变，他们强烈需求积极参与教学过程和所有活动，展示多方面的兴趣，尝试自己解决问题，追求自我肯定。此时，如果学校里除了课堂教学和完成规定的作业之外，别的什么活动也没有，他们会觉得生活很单调，很乏味，会很不满足。就是说，无论教师怎么努力地把课堂教学组织得多么有趣，多么完美，少年们仍会感到自己的智力需求被局限于课堂和作业，一切都听凭老师安排，他们对上课就不会感兴趣。他们企求着除上课以外的东西，他们期待着那部分可以自己做主的学习生活。

2. 这可提高教师的“教育智慧”水平——把两个大纲很好地结合起来的教育艺术水平

苏霍姆林斯基指出：“我们说必须上好课，它的含义首先是，使少年的智力生活不仅局限于课内学习——提出‘第二教学大纲，一点没有降低课堂教学作用的意思，而是强调以课堂教学的两项教育性任务：一是传授一定的知识；二是启发少年对知识的渴望，启发他们努力跳出课堂教学的范围，去阅读、研究、思考’，从而使‘课堂教学成为少年精神生活所期望的源泉，教师成为这一源泉的友善的开掘者和保护者，而书籍则成为文化的无价宝库’，把课内与课外有机地结合起来，就是基本的‘教育智慧’。”

巴甫雷什中学数十年的教学经验证实：一个少年，在课外阅读书籍读得越好，他就越是重视一切知识，越是尊重智力劳动、尊重教师、尊重课堂教学、尊重人类文明。

三、第二教学大纲的实施

1. 准备阶段

在准备阶段，面对一至四年级的小学生，巴甫雷什中学开展的课外教育教学活动有：

（1）到大自然中旅行。这与“蓝天下的课堂”同义，它更多的安排是去校外开展班集体活动，或是跨年级活动（如三年级与一年级班集体一起，四年级与二年级班集体一起），它常常被称为“到思维和语言的源头去旅行”。有时，它伴有游戏，能克服脑力劳动中遇到的困难，并体验其中的欢乐。有时也在校内的“绿色教室”中进行旅行。老师们努力避免使旅行变得单调，引导学生在每个角落寻找新奇的、富有特色的东西。有时，旅行伴有观察、思考与联想，让学生所学的知识进入意识，融入他们的精神生活。

（2）绘制图画，编成画册，或是编写带插图的小作文。学生们的画作有：串串红梅花、沉睡的湖泊、美丽的夕阳、清晨的草地、冰封的河流、欢乐的鸟群，等等，甚至还有：第聂伯河上的水电站、贝加尔湖的美景、乌拉尔神奇的矿石、西伯利亚原始森林景观、英雄城市斯大林格勒（今伏尔加格勒）一角，等等。

（3）收集和编制趣味性习题。这些习题有：谜语性的、逗乐性的和益智性的，并尝试解答。它们还常常公布在学校墙报上，甚至作为组织数学竞赛或语言竞赛的素材。

（4）运用童话故事。具体形式有：①老师讲自己创作的童话故事；②学生收集民间童话并讲述童话故事；③学生阅读童话文学著作；④学生创作小童话故事和连环画；⑤童话故事讲演比赛；⑥童话情景剧会演，剧目有：《青蛙公主》《驼背麻雀》《大手套》《狡猾的狐狸》《凶恶的妖婆》《蜻蜓与音乐家》等。

对于童话，这里的老师们似乎情有独钟。他们以苏霍姆林斯基亲自创作童话故事为榜样，每年都要出一本师生童话故事创作汇编。他们深有体会地总结道：

- 童话是“儿童思维活动、高尚情操和志向的生机勃勃的源泉”；
- 童话是一把钥匙，老师可以用它打开儿童思维和语言的源头，使其如泉水般涌流；
- 童话与周围世界之美、大自然之美是密不可分的，借助童话，孩子们不仅用脑力，而且用心和灵魂感知世界。此时，他们不仅在认识世界，还表达自己对真假、善恶、美丑的态度；
- 童话就是一阵文明的清风，它会把儿童思维、语言和道德的星星之火，吹得越来越旺。

苏霍姆林斯基多次强调：“离开了倾听童话和创作童话故事，不可想象还有什么学校的教学。”“童话言词常常活跃在年轻人的意识之中，当年轻人倾听着或是讲述着充满幻想形象的故事和场景时，他们的心几乎都要停止跳动了！”“在童话的每一句话中和每个人物身上，都呈现着富含人民精神的创造力。童话——是民间文化的精神财富，孩子了解童话，也就是用心在了解着自己的人民。”“童话应当成为哺育心灵、构建良心、触动隐秘心角的手段。”

（5）从事初步的创造性劳动和研究活动。一至四年级学生在老师指导下从事：叙述有关课题的内容，讲述亲眼观察得出的结果，研究不同物体和不同现象之间的空间关系、因果关系和功能联系等。

2. 正式实施阶段

在正式实施阶段，即从五年级（初中阶段）开始，执行巴甫雷什中学制订的第二教学大纲。具体做法有：

（1）为学习新教材而收集和提供背景知识和相关资料。先把国家规定的必修大纲及教材按学科归纳为若干大课题，各科老师分别带领学生阅读文献，收集相关资料，进行归纳整理，抓住基本原理，突出知识结点，并简明扼要地向班内同学介绍。

（2）数学学科。举办数学趣味晚会和创新晚会，制作数学模型，开展结构设计，出版学生数学杂志，召开数学小组交流会，举办数学竞赛和问答游戏等。此外，还有学生根据自制模型编制几何习题，根据在校内园地和车间劳动中建立的联系和发现的规律编写代数方程式等。

（3）物理、化学和生物学科。组织趣味电子学晚会、化学元素讨论会及相关内容的问答游戏，开展专题实验，召开把数学应用于理化生学科的讨论会，介绍土壤学、农艺学和农业气象学常识，种植试验田，并进行跟踪观察，将实验结果或观察记录制成图表并展示等。

（4）人文学科（历史、文学、语言）。查阅历史资料，准备有关历史人物和科学家的系列讲座，举办有关民族传统和民族文化的晚会，开展文学名著阅读交流会、文学创作晚会、语法规则答题游戏、命题作文比赛。

（5）开设专供学生借阅的“少年金色图书馆”和“人类文化宝库”，开列专门书单，让学生人人了解，可以选择。从七年级开始，老师根据学生研究的独特专题，向学生推荐科学文献和补充书目单，提倡学生与书本及其作者“经常开展精神交往”。

（6）开展“最喜欢的学科”和选择“研究课题”的系列活动。在这里，自五年级（初中）开始，每个学生都要确立自己最喜爱的学科，随后逐步确定。从七年级开始，每个学生都会在最喜爱的学科中加入特定的课题研究行列，并参加学校高年级的“学科创造性活动小组”。供这些小组的活动场所有：学校图书馆、学校车间、校园种植基地、学校科研实验室等。

（7）组建学校“科研实验室”。这是学习研究活动的最高形式，往往是学科创造性活动小组结合自己的研究课题，开展研究活动的最佳处所。它可能在历史或文学的专用教室，可能在相关实验室——物理、化学、数学和

巴甫雷什中学的温室

天文等专用教室或实验室，也可能在学校的温室、苗圃、果园、试验田、养蜂场、养兔场等。在这里，知识要成为“解决创造性问题的钥匙”“劳动以其理性的改造力量吸引着学生”，并体现脑力劳动与体力劳动的和谐结合。其共同目标就是：使学生在连续4年以上的科研实验活动中，亲自动手参加劳动实践，长期观察与思考，持续分析与研究，让智力和意志力表现得越来越活跃，使学生的学习状态和整个精神生活提高到崭新的水平，俨然是一个科技小专家或小社会科学工作者。

必须重复强调，巴甫雷什中学的实施第二教学大纲的目的，正是为了更好地执行统一的教学大纲而准备良好的智力背景。这里的教师和领导认为：

第二教学大纲培养着学生的如下品质：对脑力劳动的需求、自律、工作成就感、独立自主精神、积极性、自觉阅读能力、实践性、对人生自我定位的感知、选择职业的准备等。这些品质补充着统一的教学大纲培养的各种品质——基本的公民精神、基本的智能水平、意志基础、劳动习惯、勤奋精神、责任感、成熟度等。

需要说明的是，在巴甫雷什中学，两个教学大纲是有主次的，是统一的，缺一不可的。

第五章

Chapter 5

“真”教育的人文风采

——访问巴甫雷什中学印象之二

漫步在巴甫雷什中学校园之中，你可以看到：除了许多常见的树木，还有不少在乌克兰地区少见的树种，更有不少罕见的常绿树，如红松、罗汉松、雪松等，它们在一年四季中始终以喜人的绿色，把校园装点得生机勃勃。

置身于满目生机的校园中，你在感到心旷神怡的同时，最为关注的还是学校的神韵——学校的人文氛围、学生的价值追求和精神面貌。这里特别吸引人的是：学生们举止文明，崇尚读书，学校到处散发着浓浓的书香。

这里，虽然没有新建的教学大楼，更没有气派豪华的大门，但是，苏联时代的教学建筑，依然散发着苏霍姆林斯基教育思想的人文气息，教师们毫不动摇地高举“教育学是人学”的大旗，自小就受到尊重的各年级的学生们在“浓浓的书香”中，享受着真正有尊严的、愉快的学习生活……

啊！巴甫雷什中学在市场经济条件下没有变味，它依然是在办“真”教育！

第一节 自学：营造满校书香

考察巴甫雷什中学，重点当然是考察它的教学工作。在研究这所学校的教育教学工作的方方面面之后，你一定会发现：这里教学改革目标明确，其落脚点就是培养学生的学习意愿，鼓励学生自主学习，培养学生的自学能力，进而激发他们的创造能力。

一、“没有自学就没有真正的教育”

1. 自学是学校工作的生命线

自学，是巴甫雷什中学的师生们非同一般地关注的工作重点。

这里的师生们牢记苏霍姆林斯基有关自学的如下教诲：“没有自学就没有真正的教育”“如果在少年的生活中，自学没有达到一定的比例，那一切关于把教学过程变得有教育价值的考察和争论，都将是空洞乏味的。没有自学，没有为了认识和自我认识的需要而去集中智力和意志力，教学和教育就不可能具有教育作用”。

在巴甫雷什中学校门口

2. 自学唤醒自我教育

他们在学习了苏霍姆林斯基的教育思想后认为，学校是最文明的地方，必须千方百计唤醒学生自我教育的需要，唤醒人之本性中固有的积极方面，激发学生内在的进步动力。

他们深刻地理解，自学——既是焕发自尊的发动机，也是自我教育的不可或缺的重要方面。就是说，自学不仅仅是开发学生智力潜能、圆满完成学习任务的良好手段，而且也是使学生不断增强自信心，学习审视自我，在德智体美劳各方面不断提升自我，面对未来社会而不断要求自己进取，并逐渐趋向成熟的必由之路。

3. 学会自学才会主动面对未来

自然，自学也是学生弄清自己的特长或优势，寻求未来人生的自我定位，比较准确地为选择未来职业作准备的重要条件。

苏霍姆林斯基认为，如果把学生走上工作岗位时所需的智能水平看作1个“学习单位”，那么每个人面对迅速发展的社会、科技、经济，在未来的整个就业、劳动、生活过程中，就必须不断地自学，以给自己的智能财富的储存库再增加5到6个“学习单位”。由此可见，一个学生如在学校里没有形成自学的习惯，他就掌握不了学习主动权，将来他也一定会落后于生活和时代，一定会变得无所适从。

学生们在交流自学的体会

因此，在学校里，尤其在中小学，就必须培养学生对自学的需求，培养学生对新知识的渴望，培养对书籍的热爱，使他们真正学会自学。

苏霍姆林斯基多次指出，一个人倘若没有形成对知识的渴望，没有形成自学的习惯，那他就不可能有真正的精神生活、劳动生活和创造的生活，他长大后会不知道怎么打发时间，他就会寻求庸俗的刺激，甚至走上犯罪之路。

怎样培养学生自学的习惯呢？巴甫雷什中学的做法有不少。

二、培育自学的需求和热情

为使自学成为学生自身的需求，学校对学生从小就加以培养。

首先，巴甫雷什中学的教师非常注意指导学生自己阅读教科书，从低年级就开始学习阅读——读懂教科书并习惯于预先阅读它。在此过程中，教师不断鼓励学生的微小进步，让他们慢慢进入初步的独立阅读的状态。

其次，教师十分注意引导学生阅读课外书籍，他们爱护学生的求知热情——爱问“为什么”的热情，非常小心地在教学中不断激发学生的好奇心和学习兴趣，并介绍一定的课外阅读书目，鼓励他们多看课外书籍，随后经常组织课外阅读的交流活动，使他们互通有无，持续产生继续阅读、探求未知世界的意愿和热情，从而逐步养成自己读书求知的爱好，形成自学的需求和习惯，并不断得到巩固。

最后，这里的教师常常提醒自己注意做到“六个不可”：

- 千万不可逼迫学生死记硬背、重复练习；
- 不可单纯追求分数、以分数来衡量学生的学习成果；
- 不可把教学局限于阅读教科书，要使课内与课外阅读之比达到1∶1；
- 不可在不经意中扑灭学生阅读课外书籍的热情，因为那样会扼杀学生扩大知识面的求知热情；
- 不可不检查学生的课外阅读情况，要及时表扬积极分子；
- 不可不组织交流、展示。

三、指导学生学习最喜爱的学科

学生一进学校，教师们就开始关注他们的爱好，研究他们初期的智力倾向。从五年级（即初中）开始，教师就有意识地培养和引导，使每个学生明确对某些学科的喜爱，即形成自己最喜爱的学科。从七年级起，则让学生做到：人人有各不相同的、稳定的学科爱好，无一例外。在高年级，学生对某些学科的喜爱，甚至会达到痴迷程度。

在整个教学过程中，相关学科的教师十分注意：指导学生科学地学习喜爱的学科，在拓宽加深上下功夫，同时适当限制其智力兴趣，不使其泛化，不使其偏科。

这样，学校就为学生的智力生活——全面而健康的智力生活，全力创设着良好的条件，打下扎实的基础。

四、创设良好的读书氛围和条件

现在，巴甫雷什中学从学生的童年期起，就鼓励低年级学生阅读童话故事、民间故事和儿童文学作品。每个班级、每个年级直至全校都大力提倡读书，让每个孩子都生活在书籍世界中，让每个孩子有自己的阅读生活，借以排斥网络游戏和虚拟世界的干扰。

巴甫雷什中学为自学、为阅读创设各种条件，组织各种活动：

- 每个学生在家中都有：个人藏书柜或家庭小图书馆；
- 建立学校金色少年图书馆（与“思维室”一起）；
- 建立“童话故事室”；
- 建立“少年书籍销售合作社”；
- 建立“崇尚书籍协会”（师生一起）；
- 举办“读书报告会”（每周一次）；
- 组织学科研究小组（跨年级）；
- 教师提供“推荐阅读书目”（结合各科教学和学科研究小组活动）；
- 举办“班级读书节”（每学期一次，对外开放）；
- 举办“学校读书节”（每学期一次）。

五、督促各类自学活动的开展

仔细考察可发现，巴甫雷什中学在重视培育学生自学的需求和热情时，还从学生的实际出发，提出十分具体的自学要求，开展切实的自学活动，并认真检查督促。

这里的自学活动的要求有：

（1）自主阅读——阅读教科书，阅读老师推荐的书籍，阅读与自己最喜欢学科相关的书籍。在高年级，特别关注的是阅读与第二教学大纲确定的课程单元和研究课题有关的参考资料，以有利于开展课题研究。

（2）自主研究——学生独立了解事实、现象及事件的前因后果，并指出其中的关系，教师则针对实际给出供自学的系列作业。

（3）独立思维——学生阅读相关的补充材料，并与观察、实验相结合，与制作样本、图像、表格相结合，积极展开思维，力求发现各种问题。

（4）自主提出任务——学生在独立思维的基础上，寻找相关的图画、表格和模型，寻找相关的实例，给自己提出阅读、计算、制作和小结等具体的学习和钻研任务。

（5）自主完成作业——对于课题研究中的综合性作业，能逐步分析作业的条件、手段和要求层次，通过比较、分析、归纳、演绎、实验等方法独立思考，独立操作，独立完成作业。

（6）自主总结——在独立完成作业的基础上，进行综合思考，通过概括和抽象，依据客观事实和结果，独立写出课题研究小结报告，作为研究成果的雏形。

（7）相互交流——自学决不排斥同学间的交流。这里的师生们认为，没有交流和相互切磋，自学仅是停留于较低层次。

他们牢记苏霍姆林斯基的教诲：“自学不是机械地补充知识，也不是自闭孤僻、与外界隔绝，而是意味着有鲜活的人际关系。”

自学中交流的方式有：班内交流、在学科创造性活动小组中交流、年级交流、全校交流。

自学中交流的内容有：已读的课外书籍和参考文献；研究的难点与问题症结；研究手段、工具和方法；时间安排与顿悟时刻；结论要点与需讨论的疑点；读书心得与研究体会。

六、对教师的具体要求

在学生自学过程中，巴甫雷什中学的教师深深体会到，自己的教育教学工作已不是一般意义上的认真负责就可胜任了，这里必须付出创造性劳动。其基本要求就是：

- 十分熟悉必修科大纲和第二教学大纲，了解这两个大纲的相互关联，总体了解它们对学生自主阅读的范围和要求；
- 给学生以一定比例的时间，专门为了自学；
- 指导学生自主阅读教科书以外的书籍和资料，并给出阅读时间；
- 指导学生把课外阅读与所承担的课题研究适当结合，带着问题读书；
- 在指导研究时，多介绍客观事实，说清事实的基本要素和过程，尽量少作概括，并做到言犹未尽，有所保留，即引而不发，以促进学生思考。

必须指出，巴甫雷什中学教师们倡导自学和阅读课外书籍时，着眼于学生的情感体验，着眼于学生的发展。他们绝对摆脱了功利，摆脱了分数等评价手段的牵制。

他们牢记苏霍姆林斯基的教导：“学生应该记住的东西越多，他越需要多读一点不一定要记住、而只要从中了解与体验一下认识的快乐的东西。就是说读书就是为了快乐，为了感受与书本交朋友的幸福，感受智力和美之享受的幸福。”

自然，这里也特别提倡：“每个少年都有一本或几本心爱的书，他自己会反复阅读这本或这些书并思考其内容，让自己激动不已。”

这里的老师和领导坚信：“学生的自我教育是从读书开始的，他会用人的最高尺度——那些忠于崇高理想的人、勇敢的人的生活——来衡量自己。”“真正的读书——这是一个吸引智慧和心灵的过程，它能激发起对世界和对自身的思考，促使学生认识自己并思考自己的未来。读书不会使人精神空虚。没有什么东西可以替代书籍。”

由于师生们的共同努力，巴甫雷什中学早已形成了浓厚的读书风气：学生们以读书为荣，以多读书为荣，以读书与思考相结合为荣。

所以，一进巴甫雷什中学校园，你就马上可闻及满园书香，就立即能感受到这所世界名校的精气神!

第二节　目标：培养合格公民

巴甫雷什中学的道德教育，是脚踏实地的，十分接地气的。其主要标志就是这儿一直遵循苏霍姆林斯基早就设定的德育目标——培养合格公民，培养“大写的人”。

在课余时间的学生

这里的教师不提那些不切实际的口号，不设那种好高骛远的目标，没有形式主义和教条主义的东西，他们真正在扎扎实实地做着基础性德育工作。这样，这里的学生们自然就有着良好的精神面貌。

这方面值得我们关注的至少有以下几个方面：

一、德育目标——坚持五条公民标准

这里的老师和领导认为，学校的德育目标，应当定得脚踏实地，行之有效，

这就是培养合格公民，培育“真正的人”。

苏霍姆林斯基在各种文章和著述中反复强调，学校的根本任务就是培养“真正的人”“大写的人”，培养“德智体和谐发展”而“有鲜明个性的人”，其本质就是培养合格公民。

怎样的人算得上合格公民呢？巴甫雷什中学根据苏霍姆林斯基的教导，提出了以下 5 条合格公民的标准。

1. 有人性

这里的教师们对学生说，你要敬畏生命，善待一切有生命的东西。你要尊敬父母和长辈，父母给了你生命，长辈们为你付出了心血，他们期望你成为正直的人、有用的人；要同情和关心弱者，帮助那些没有自卫能力的人；要善待他人，帮助那些陷入困境的同伴。

教师们认为：“学校最重要的任务之一，就是要培养每一个学生用仁慈、恳切和同情的态度来对待一切有生命的东西，因为他们体现着生命的伟大和生命之美”，这就是“起码的人性”！缺乏人性，就会缺乏同情心，就会对人漠不关心，就会唯利是图，直至残酷无情。

2. 有良心

教师们对学生说，你要做一个有良心的人。这就要求做到两点：一是讲真话，不骗人；二是懂感恩——你现在享受着别人为你们创造的福利，人们（很多公民）使你得到童年、少年和青年时代的幸福，对于这一切，你应当以良好的行为去报答他们，而不是认为理所当然，更不是不假思索地任意挥霍。

一个人是否讲真话，是否感恩，是他有没有良心的基本标志。

3. 有利他之心

教师们对学生指出，你生活在人们中间，你应当做有利于别人的事，你的每个愿望和行为都会对别人产生影响，你想要做的事和你可以做的事之间是存在界限的。你的行为应当使周围的人有利，感到高兴，而不是给他们带来不幸、烦恼和不便。

你不能做损害别人的事，不可做损害集体和国家利益的事。

4. 有事业心

教师努力教育学生，要爱劳动、勤学习；应当牢记生活中的一切快乐和幸福，都是由劳动创造的，而且只能通过劳动来创造。不劳动、好吃懒做、游手好闲是可耻的。你将来要用自己的劳动，成就自己的事业，你现在就要开始好好劳动——从事脑力劳动、努力学习。你现在去上学，就是去从事劳动。

如果你在学习中碰到困难就退缩，不认真奋斗，你就是个懒汉，将来会是一个没有事业心、没出息的人。

5. 有底线，有正义感

教师教导学生，做人一定不可突破道德底线，更不可触犯法律。你应当知道做人的底线，知道什么事是绝对不允许做的，如果做了就不是好人了。

同时，光是自己有底线还不够，你在别人突破底线时、在各种不良现象和坏人坏事面前不可妥协、畏缩。如果你是一个凭着良心去做好事的人，那你对一切损害大众利益和国家尊严的人和事一定深恶痛绝，与他们一定势不两立；对那些依赖父母过日子的人不可不闻不问；不应当容忍那些违反公共规则或对公共利益漠不关心的人；要憎恨那些挥霍浪费甚至盗窃国家财富的人。

上述标准，是这所中学对学生进行行为规范教育的基本要求，这里不仅有正面的准则，也有避免错误和犯罪行为的“不能”“不准”。这一点非常重要。

这里的师生们已有这样的共识：一个学生达到上述五条公民标准，包含着两层意思，正面和反面的要求。一个人只有在见到违反公共规则及其他恶劣行为时能表示愤慨，并采取蔑视和毫不妥协的态度，他才会经常去做好事，并把做好事确定为自己的行为准则。要是一个学生没有确立这个行动准则，那他长大后就会变成一个好说空话的人、蛊惑人心的人，那时他对别人做的好事也会不屑一顾。那样，就会出现十分可怕的局面了。

二、学生受尊重——被尊称为“您”

自五年级（初中）起，这里的教师开始用“您”称呼学生。老师们反复宣示：既然学生是学校的主人，那他们从小就要受到尊重。只有从小受到尊重之人，他才会逐步懂得必须同时尊重别人，他才会真正具有独立的人格。他们的做法有：

1. 用“您”称呼初中学生

这种做法的意义在于，使每个学生感受到：所有的老师都相信他是不可替代的，他在智力、道德、思想和美学方面的发展都会达到最高峰，相信他会发展成一个具有创造性的人，并对他的人格十分尊重。老师与每个学生打交道，就是在与他的一切长处和短处打交道，与他的个性打交道，此时总是应当让他深刻理解这一最普通而又最重要的道理：我们不仅看到今天您是怎样的一个人，而且看到将来您要成为怎样的一个人；我们不仅尊重您在老师帮助下已经取得的一切，而且尊重您将来通过自身坚持不懈的努力所取得的一切——将能达到的精神境界。我们尊重“您”，表示我们看到了一个人的发展前景——他是一位新社会的合格公民，是未来孩子的父亲或母亲，是未来的普通劳动者、能工巧匠、工程师、科学家、诗人等，总之，是一个有权为自己感到自豪的人。

2. 教学中不给学生打“不及格”

必须避开暗礁。是的，教学过程本身的逻辑决定，老师对学生的学习结果应当经常进行考查和测试，以获得信息反馈，这并没有什么问题。错误的是：有些老师会公布成绩，在班级里排名次，使学生相互比较，甚至通知家长，用家长的手“鞭策”学生。此时，大部分学生心中的感觉不会很好，尤其严重的是，一小部分分数较差的小学生和初中生，就会因成绩不好而感到“丢脸”，产生失望情绪，对自己失去信心，变得孤僻、冷漠甚至凶狠，就是说，此时隐藏着学生的精神状态变坏——心灵变得粗野，对别人不信任、充满怀疑——的危险性。慢慢地，有些学生会发展到用巧妙的办法欺骗家长和教师，而且欺骗手段越来越高明。这些学生的心可能变得近乎麻木不仁，他不可能独立解决问题，不可能靠自己努力去克服困难，他会习惯于“别人抽一鞭子”才走前一步。这时候，老师的教育教学就“触礁”了。

怎么办？这所学校的老师们相互之间约定：在小学低年级不给学生打分数。往后直至初中阶段，如果学生因为有些东西没有弄懂而没有完成作业或考试成绩不佳，老师就不马上给打分数，免得他心慌。一般来说，老师都不打不及格的分数，而是用心地对学生作个别指导，并充满信任地说：“如果你还没有搞懂，那就再思考一下，再钻研一下，你一定能独立完成。”老师们十分注意保护处在少年期学生的自尊心，在评价其智能劳动成果时非常注意分寸，充满对他的信任，这样，师生间就会建立起相互信任为基础的良好关系，受尊重的少年学生就会以真诚的态度和努力学习的精神，来回报老师对他的信任。这样，“暗礁”就被避开了。

三、坚持公正——不可或缺的原则

这里的老师们说，学生对于学校和班集体中办事是否公正，看得非常非常之重。在学生们看来，每个同学，不管家庭背景和外貌如何，都是平等的，因而在办同一件事情时，他们的待遇应当完全一样，这样才是公正、合理的。所以，坚持公正原则，是孩子们的内在需要。

确实，每个孩子的人格是平等的，他们应当享受到公正的待遇。老师如果人为地把学生划分成等级，并决定交往的亲与疏，甚至教育要求和具体指导也不同，那是十分错误的、十分有害的。这一切，孩子们都会立即感受到。

公正，就是人们相互关系中的美。只有感受到公正待遇带来的欢乐，学生的内心世界与他周围世界才可能协调一致。苏霍姆林斯基十分严肃地指出：“公正具有奇异的特性，它能擦亮儿童的眼睛和心灵去感受美。不公正则仿佛用冰制的铠甲裹住了年轻的心，使心灵变得迟钝，对美置若罔闻。在家庭和学校里，起决定作用的，是公正还是不公正，这一点决定着儿童的内心状态……”

学校中的公正态度，首先表现在对每个学生学习状况的评价上，尤其是对学生在劳动（包括脑力劳动）中的努力程度如何评价。由于这种努力程度的表现是多方面的，很细致的，处在一个过程之中，甚至不好捉摸，难以量化，因而切忌简单、粗糙地对待。有时，学生学习某种知识或技能作出了很大的努力，但却收效不大，甚至看不出效果，如果教师此时只看到暂时的不足而作出否定评价，学生就会感到：这极不公正！他们会喊冤、不满。这样会使学生的神经系统受到震惊，形成不良兴奋状态，然后转化为心境抑郁、无精打采。

为此，这里的老师总是特别地关注学生在劳动中的努力程度，全力以赴地对每个学生的这种努力作出公正的评价。

教师在工作中特别注意一视同仁，决不采用提高嗓门、大声叱责的方式，不使用“不许”“禁止”等话语。他们总是通过以身作则来鼓励每个学生，引导他们进一步努力，以完成劳动任务，成为一个更好的人。这些都是坚持公正原则所不可缺少的。

四、做到“三热爱”——热爱粮食、劳动、人民

苏霍姆林斯基在《给儿子的信》中写道：“我们语言中有成千上万个词汇，但是应当放在第一位的，我认为是这三个词：粮食、劳动和人民。这是我们国家赖以生存的三条根。它是我们制度的本质所在。这几条根又是如此牢固地彼此结合在一起，以致既不能把它们割断，也不能使它们分开。如果一个人不懂得什么是粮食和劳动，那他就不再是人民的儿子……只要是忘记了什么是劳动、汗水和疲劳，他就不会珍惜粮食。如果有人胆敢损坏这三条牢固的根中的任何一条，那他就不可能成为一个真正的人，他的内心就会生出霉菌和蛀虫。”

是啊！爱护粮食，掷地有声！一个学生在粮食面前要感到它的神圣，从小要有敬畏感。教师们记住苏霍姆林斯基的论述：“粮食，永远是衡量你和你的子女有没有良心的一把尺子！”要与浪费粮食的现象势不两立。

爱劳动，就是要：从小爱学习——现代人不可缺少的脑力劳动，做好力所能及的自我服务工作，管好自家屋前屋后的卫生，积极参加公益性劳动。要常常与自己的懒惰心态做斗争，这是做人的立足之本。

爱人民，就是爱老百姓，爱劳动人民。要真正懂得：物质世界全靠劳动人民创造，他们是你的恩人。特别要感恩那些从事艰苦劳动的人们，对他们若有半点轻慢，就是忘恩负义，不可饶恕。

巴甫雷什中学按照这样的要求开展着扎扎实实的道德教育，因为这里的师生记住了：苏霍姆林斯基倡导的“三热爱”，是一切社会制度的运行基石，也是一个合格公民的基本品质，是成为一个“真正的人”的前提条件。

五、提倡“四崇拜”——崇拜祖国、人、书籍和母语

一个真正的人、合格的公民必须做到“四崇拜”，这是苏霍姆林斯基在《我把心献给孩子们》中提出的教导。

请注意，这里用的是“崇拜”，而不是其他！“崇拜”的本意，是人在神面前进行的宗教礼仪，这里的意思就是——崇尚、敬畏、服从，达到五体投地的地步，愿意为之奋斗与献身。

巴甫雷什中学的老师和领导对我说：苏霍姆林斯基提倡的“四崇拜”，

就是一种教育文化，就是文化的核心。“四崇拜”的含义非常深刻，必须深刻思考和反复体会，非此不成。其中的主要含义是：

1. 崇拜祖国

祖国就是一个人的天，一个人的地，是一个人的根，是民族的神圣家园。为了祖国，可以也应当贡献一切。这是众所周知的。苏霍姆林斯基指出：“人首先是一种精神力量”，而“作为一种道德高尚的精神力量，则始于对神圣东西的一种信仰。我们力求做到使每个孩子在童年时代的思想意识中，都能确立对祖国和人民那种道德方面神圣东西的信仰，而且，这种信仰应是牢不可破的，毫不动摇的，坚定不移的。”

2. 崇拜人

这里的“人”，指的是“大写的人”，是“真正的人”，是“人类”。因为“人是万物之灵”。

苏霍姆林斯基作为伟大的社会主义人道主义教育家，经历了30年代大饥饿的磨难和卫国战争战火的生死淬炼，对生命的敬畏和体悟，是常人难以比拟的。他从对“人”的崇拜出发，提出了一系列著名论述，如“人是最高价值”“教育学是人学”“教育的根本目的在于人”等。

从教育角度看，就是提倡以人为本的教育。人，是教育的起点，又是其最高的和终极的目标。教育就是为学生成长为真正的人而服务。

从公民教育角度看，就是要求学生懂得：什么是人性、和平、权利、义务、发展、幸福，懂得怎样为人类和祖国人民作出自己的贡献，实现自己的价值。

需要指出的是，巴甫雷什中学在此前提下特别提出了“崇拜母亲”的要求，因为要做到“崇拜人”首先得从热爱母亲、崇拜母亲做起。

3. 崇拜书籍

书籍讲述着人类有价值的故事，承载着人类丰富的情感，阐述着人类深刻的思想，保存并传承着人类博大精深的文化积淀。因而，掌握书籍，实际上就是掌握人类文明，掌握人类自身。从这一角度看，学校的任务实质上就是教育学生从小就喜爱读书，学会坚持读书，有一本或几本自己特别喜欢阅读的书，真正做个以延续文化为己任的、有担当的人。

生活在书的世界，这就是进入人类文化最细腻的领域，认识精神财富的巨大价值，体验人类本身的无比伟大。苏霍姆林斯基写道：“一个人在少年和青年早期读些什么书、书在他生活占什么地位，这决定着他的精神生活是否丰富，决定着他的觉悟水平与他对生活目的之感受，决定着他的观点和情感的培养。而他对自己应尽义务的态度也与此密切相关。”“缺乏与书本间经常性的精神交往，现代人的生活是不可想象的。”“我认为，如果一个青年工人每天不读两三小时充满智慧的书，他的精神生活不可能是充实的。”“如果他完全不接触书本，或者只读一些侦探小说，那么他的内心世界就会变得冷酷无情，他会寻求强烈的刺激，并且在那种失去人格的地方找到这类刺激。”

巴甫雷什中学的满校书香，正是崇拜书籍的最好写照。

4. 崇拜母语

这里的母语是指祖国的语言。语言是文化的载体，是文化的体现，因而崇拜母语，实际上就是崇拜祖国的文化。学生只有从小就努力学好祖国的语言，逐步达到精通的程度，才可能很好地了解祖国的文化遗产或精通某一分支，进而增强崇拜祖国的情感。

崇拜母语，与崇拜洋文，从幼儿园就开始学习外语的潮流产生了尖锐的矛盾。巴甫雷什中学遵从苏霍姆林斯基的教导，坚持在崇拜母语、搞好母语教学上下功夫，寸步不让，毫不动摇。他们千方百计地教育学生理解、体悟和欣赏乌克兰语的博大精深和无与伦比之美。

这一点，对于独一无二的中国语言——汉语说来，排除不当的外语教学的干扰，坚持提高母语教学质量、加深对母语的感情，显得尤为迫切和重要。其实，众多精通某门外语的专家一致认为：缺乏本国语言的丰厚底蕴的人，最终也不可能真正精通某门外语。

至此，我们可以看到，巴甫雷什中学在培养学生成为合格公民方面做的各种工作，是扎实的、可行的，也是有效的，值得我们深思、效法。

第三节　传统：构建学校特色

什么是学校传统？学校传统是指一所学校特有的教育措施、教改特色和学风校风，并一直能保持下去的好东西。

巴甫雷什中学的优良传统，是由苏霍姆林斯基倡导而建立的，经60多年教育实践和时代变革证实行之有效的整套教育措施，它体现了这所学校的特色。

归纳起来，这里的优良传统包括如下方面：

一、植树种花

1.“我的小树”

每学年，小学一年级新生入学后，家长都要陪着自己的孩子，在校园里指定的地点，种好一棵小树，一般都是果树（苹果树、梨树等），学生在10~11年内都要照看好自己这棵小树，直至它长大，开花结果，如结了果实，第一批果实则一定送给自己的家长。高中毕业时此树留下，送给母校作礼物。

与学生合影

2.“咱班的玫瑰”

每年的小学一年级新生入学后，全班同学要在校园花圃中指定的地点种上一簇玫瑰（或芍药、丁香等），由全班坚持照看，直到毕业。

3.“妈妈苹果树”

每年，小学一年级新生在入学前后，都要在自家的屋前屋后或周围宅基地上，亲手栽上一棵小果树（一般是苹果树），并以一位学生家长的称谓（爸爸、妈妈、爷爷、奶奶）命名，称作“妈妈苹果树”等。栽好后得细心照看，直到开花结果。

六年级初冬，每人要带上这棵树上收获的苹果（或其他果实），聚集于班集体中，讲“我的苹果树的故事”，一起过“苹果节”。

二、崇尚阅读

（1）人人都有“个人藏书室”。小学生从入学前起，家长就要为孩子购买书籍，开始以童话故事为主，逐步增添童话文学作品和科普读物，慢慢再添购世界名著等。每个家庭从经济的实际可能性出发，建立各自规模的“个人藏书室”“家庭小图书馆”。

（2）学校设立除图书馆外的专门阅读室：

①童话故事室（主要为低年级学生）；

②金色少年图书阅览室（与“思维室”一起）；

③学校组织“少年书籍销售合作社”（学生为主）；

④学校组织“崇尚书籍协会”（师生共同参加）；

⑤“读书报告会”（全校性，每周一次）；

⑥“读书节”（每学期每班一次，全校一次）。

三、“我的最爱”

这里的每一位学生都有：

- 我最喜爱的童话故事（一至四年级）；
- 我最喜爱的一本书（五年级起）；
- 我最喜爱的学科（五年级起）；
- 我最喜爱的学科创造研究小组（五年级起）；
- 我最崇拜的英雄模范人物。

四、小辅导员

学校选派高年级的学生代表，到低年级班级去当课外活动“小辅导员”，参与德智体美劳诸方面的重要活动——参与活动的策划、准备和开展。通常，这些“小辅导员”从七、八、九、十年级（现在含十一年级）的各班中，挑选较优秀的、有特长的、有一些组织能力的学生担任，学校组织一定的培训、交流和观摩。

五、洗鞋进教室

20 世纪 50 年代，农村学生上学多半鞋上带泥，影响学校的卫生状况。学校专门在校门口和教学楼前放上水缸，让大家洗干净鞋，以免把泥土带进教室，确保教室干净、卫生，保证学生扫地时不会出现尘土飞扬现象。

现在，每逢下雨，此传统仍然保持着。

六、野外活动和露营

每年秋季，秋高气爽的时节，从低年级开始，老师与辅导员一起，带领孩子们,以班级为单位,到田野、草场、河谷和森林去,开展一整天的野外活动。

一般说来，各班选择一个晴朗而暖和的秋日，大家黎明前就集合，直奔镇区郊外，凝望绚烂的朝阳，倾听百鸟苏醒，感受大地生气。然后步行去附近的森林，采集各式野果，寻找最美丽的树叶。临近中午，大家在林间空地休息，辅导员生起火，男孩去拾柴提水，女孩架锅煮饭，围着火堆大家讲童话故事、唱歌、跳舞、做游戏，在欢声笑语中享受大自然之美，享受班集体团结友爱氛围之美。日落时分，观察晚霞、归鸟，等候星辰的闪现，欣赏田野、丘陵和山峦在雾霭中的变幻。夜晚，孩子们享受着宁静，观赏着繁星，倾听夜鸟的啼啭，关注着草虫的鸣唱。在夜色中，全班同学步行回家。

请看，这是多么丰富和难忘的一天啊!

从五年级起，学生们还开始组织野营露宿。

七、过节——各种节日

学校每学年都组织学生过各种各样的节日，它们是:

- 读书节（分班或全校）;
- 母亲节;
- 面包节（收获节）;
- 鲜花节;
- 苹果节;
- 音乐欣赏节;
- 名画欣赏节;
- 诗歌节;
- 科技创作节。

八、校风——自主、和谐、发展

良好的校风是巴甫雷什中学各项重要的传统的结晶，它贯穿于所有的教学教育活动始末，蕴含于学校的全部精神生活之中。

巴甫雷什中学的校风的内容是：

（1）自主——鼓励学生勤奋学习，学会自主学习，自我管理，自主确立职业定向。让每个学生学会做班集体的主人，有做学校的主人的意识；

（2）和谐——师生间与学生间充满友爱和温情，交往充实和愉悦，相互间的关系和谐，德育体美劳协调开展，校内校外工作相互结合；

（3）发展——鼓励师生发展个性，发展各自的创造力。重视各个班集体的健康发展，并使其为每个学生的个性发展创造条件，留有空间。

八次参观巴甫雷什中学，我亲眼看见和亲身感受到：

这里的教师努力在“把心献给孩子们”，他们确实按苏霍姆林斯基教育思想办学，努力把学校办成了孩子们打心眼里喜欢的教育机构。

这里的孩子们面容红润，活力四射，眼光清澈，诚实可爱，待人礼貌，充满自信。校园里处处可见师生相亲相爱，常常闻及欢声笑语，一派“快乐学校”的场景。

这里的教育，是“真”教育，它以人为本，朴实无华，不折腾孩子，不带任何面具，不追求各种功利，一切都显得真诚、实在，富有人性、良知。

也许，我作为外国客人，看到的只是正面的东西。那里也许难免还有不少不尽如人意之处。但不管怎样，通过我8次在此对学生们的观察，我亲眼所见的事实使我从心底里佩服。我想，能把当代青少年学生培养到这样的水平，太不容易了！

我看到了，苏霍姆林斯基的精神在这里发扬光大。巴甫雷什中学确实就是现代基础教育学校的样板！

第六章

Chapter 6

不朽的征程与精神

——参观纪念馆、墓地与教堂

到巴甫雷什中学参观，除参观学校本部外，校长一定会领你去两个地方：一个是苏霍姆林斯基纪念馆，另一个是苏霍姆林斯基的墓地。参观的同时，你也一定会听到从学校隔壁的东正教教堂传来的钟声，因此，纪念馆、墓地和教堂都是参观者定会关注之处。

苏霍姆林斯基纪念馆展示着教育家的整个人生轨迹。看到他的家庭背景，就会明白作为精神摇篮的家庭文化，对人的成长是多么重要；看到他在第二次世界大战中浴血疆场死里逃生的经历，了解他因被战争夺去好多亲人的巨大悲痛，就会理解他的人道主义教育学主张的深刻含义；到了他的办公室，就会看到他丰富的藏书，就会明白“崇拜书籍”的道理。

站在苏霍姆林斯基的墓地前，看着不远处的巴甫雷什中学校园，听着从教堂钟楼飘来的钟声，你的心灵在经受着洗礼，你仿佛感到：苏霍姆林斯基在天上深情地望着你，期待着你“把心献给孩子们”……

第一节　艰难的历程：苏霍姆林斯基纪念馆

到巴甫雷什中学参观，校长可能会请你首先参观苏霍姆林斯基纪念馆。

苏霍姆林斯基纪念馆建于20世纪70年代，在苏霍姆林斯基逝世后不久，根据“苏联乌克兰加盟共和国部长会议决定”而建立的。

在苏霍姆林斯基纪念馆的入口处

它有两点特别之处：首先，它不从属于学校，是个独立机构，有专门的人员编制，定额3人；其次，它没有独立的房舍，就设在巴甫雷什中学的校园之内，利用了教学主楼的北部一角，两层，包括苏霍姆林斯基一家原来的居室和苏霍姆林斯基的工作室。这样安排，可能是为了节约资金，也可能是为了方便来此参观的人们，使他们不用东奔西跑，可以一次了却心愿：既看到了学校，又参观了苏霍姆林斯基纪念馆。

走进苏霍姆林斯基纪念馆，立即可看到：在写着苏霍姆林斯基名言“我把心献给孩子们”的红色背景墙上，挂着苏霍姆林斯基的白色半身塑像，周围摆着鲜花，一切显得庄重而有生气。

在苏霍姆林斯基纪念馆内

随后，就可以听到专职讲解员生动而详细的介绍。

纪念馆内容丰富，主要有以下部分组成：

一、勤劳聪慧的家庭，精神奠基的摇篮

纪念馆第一部分展出的文字和实物，简要地介绍了苏霍姆林斯基的诞生地及家庭的情况。仔细观看，我们就不难从中领悟出这位伟大教育家成长的家庭环境及社会文化基因。

苏霍姆林斯基一家世居乌克兰基洛夫格勒州奥努夫利耶夫区的一个小村庄——瓦西里耶夫卡。普通而简陋的农舍、各种各样的农具、朴素的生活用品，照片和实物表反映了这是乌克兰农村中一个十分普通的家庭。但文字说明这个家庭的传统是：勤劳善良、做人正直、充满智慧。

十月革命前，苏霍姆林斯基祖辈家境贫苦。祖父曾是农奴，但稍识字，能阅读，后来有所改善，上升为贫农，便送孩子上了学，竟然还置了一个小书箱，收藏着几本名著。

苏霍姆林斯基的故居（经整修）

苏霍姆林斯基在家里 4 个孩子中排行老二，自小身体瘦弱，常常生病。据介绍，这在很大程度上影响了他的性格。一方面他自小就同情弱者，特别关心那些需要帮助的人；另一方面，这也促使他常常关注自我分析和自我学习，严格要求自己刻苦学习，不断丰富自己的认知储存和情感世界，使内心变得强大起来。

展品向人们说明：苏霍姆林斯基的童年和少年时期，正值苏联刚刚建国，是社会、政治、经济发生巨大变革的时期。在乌克兰农村，这是个非常复杂和艰难的岁月：1917 年十月革命风暴的余波，地区当权者的频繁更迭，平息白匪军叛乱的国内战争，带有强制性的农业集体化运动，还有 1932—1933 年的乌克兰大饥荒等——苏霍姆林斯基亲身感受了这一切。他看到：故乡的村庄之所以能在异乎寻常的困难年代存活下来，主要归功于他的父辈们；归功于这里的劳动人民那永不休止地勤奋劳作，最大限度地自我克制，从不怨天尤人；归功于他们对人类基本道德和家庭价值的忠诚，对劳动价值和地区

参观苏霍姆林斯基的母校波尔多瓦师范学院

传统的坚守——这些就是他们在艰难岁月能够坚持下来，始终没有垮塌的精神支柱。苏霍姆林斯基的家人，正是这个村庄里的中坚力量——坚守这种农村人文精神和乡土优良传统的中流砥柱。

由此我们可以看到，少年时代的苏霍姆林斯基，目睹了贫苦农民的翻身过程，感受着长辈们承受的艰难，学会了在困难中咬紧牙关生活。在自家的精神摇篮里，他沐浴着良好的家风，向往着人类文明的价值高地；他耳濡目染的是：男人们不畏艰难、勤奋劳作的阳刚示范，女性们博爱善良、睿智坚守的草根精神。这一切使他从小就始终不渝地乐于助人，在中小学异乎寻常地刻苦学习，孜孜不倦地阅读和吸收文化营养，每每以优异成绩展示着自己的非同一般。

到了青年时代，苏霍姆林斯基在父亲的积极影响下，一面在大学勤奋求学，一面继续关注着家乡的进步和苏联社会的巨大变革，他努力思考人生价值，积极寻找自己的人生定位。此时，他逐步确立了自己的信仰和志向——立志献身于人类最壮丽的共产主义事业。

二、浴血疆场战火，珍爱人道与和平

到了苏霍姆林斯基纪念馆的第二部分，赫然扑入眼帘的是：一件破旧的军大衣，一双带洞的军皮靴，好几枚战斗勋章，连同“二级残废军人证书”！当然，还有若干军事地图，好几组照片——它们向我们讲述着苏霍姆林斯基在第二次世界大战中保卫祖国的军旅生涯和悲壮遭际。

1941 年 6 月 22 日，德国法西斯悍然向苏联发动闪电式进攻，苏联卫国战争爆发了。那时，苏霍姆林斯基正在区政府所在地奥努夫里耶夫卡中学任教导主任，兼任乌克兰语言文学课教师。他作为苏联共产党的预备党员，做好了随时听从召唤、奔赴前线的准备。7 月底，他告别了怀孕不久的爱妻薇拉，毅然投笔从戎。他先在莫斯科军政学院培训班短期受训，随后以连指导员身份走上莫斯科保卫战的前线，立即投入了加里宁格勒战役的激烈战斗。1942年2月9日，在莫斯科西郊的勒热夫城下的激烈战斗中，苏霍姆林斯基身受数处重伤，浑身鲜血，在零下25℃的冰天雪地里，与大地凝成一体，昏迷过去，与牺牲了的同志们躺在一起。一位英勇的战地护士见他尚存一息，十分费力地把他从许多战士的遗体里抢救出来。

1942年7月，经过多次抢救，经过多次手术，他终于彻底摆脱了死神，可以出院了。他庆幸保住了右臂，虽然短了5厘米，但总可以不用去学左手执笔写字了。就这样，他带着固定的绷带，复员到后方的乌德穆尔特自治共和国。

他刚到乌瓦工人村中学当校长不久，就收到了哥哥伊凡的来信，信中告诉他两个噩耗，一是父亲去世了，之后不久，爷爷也去世了；二是在后方，他的爱妻薇拉连同刚刚出生不久的儿子，都被德国法西斯惨无人道地杀害，且抛尸荒野。噩耗如晴天霹雳，彻底击碎了他对亲人的期盼。他心如刀绞，欲哭无泪。

这场战争的残酷，在苏霍姆林斯基心上打下了深深的烙印！此时，苏霍姆林斯基进而严肃地思考着战争与和平，暴行与人性，死亡与不朽……他从又一次的切肤之痛中感悟：必须坚决反对战争，弘扬人道，保卫和平；必须热爱生命，保卫人类，尤其必须全力以赴地关爱下一代，关爱孩子们。

就这样，他主动放弃留在后方工作的机会，带着战争留在身上的创伤和弹片，穿着浸透着战斗硝烟和医院血泪的军大衣，登着蹚过血水和造访过死亡的军靴，最终回到了刚刚被解放的家乡。为了重建家乡，他真是迫不及待……

不久，他又主动申请弃官，来到了地处偏僻乡村的巴甫雷什中学工作，开始“我把心献给孩子们”的教育征程。他要以自己的教育真诚和热情，祭奠爱妻薇拉和万千为祖国牺牲的英雄的英灵，慰藉未曾来得及见面的幼子及千千万万死于法西斯战火的孩子们的灵魂，攀登人类的道德高地，实现自己的人生价值。

望着苏霍姆林斯基纪念馆陈列的军大衣和军靴，我们真切地看到了苏霍姆林斯基那常人难以比拟的悲壮人生。

我们看到了他终于走出了丧失战友及许多亲人的撕心裂肺的悲痛，我们感到了他对和平和人道的无限渴望，也体悟到了他那颗经受战火淬炼仍然热血沸腾的心脏所发出的强力律动和无限能量。

此时，我们似乎特别看到了：苏霍姆林斯基心中庄严耸立着一座丰碑——经过卫国战争疆场战火锤炼的丰碑，上面赫然用鲜血和生命写着："我把心献给孩子们！"

是的，这场战争没有使苏霍姆林斯基趴下，相反，练就了他的钢铁般意志，培育了崇高的人道精神，铸就了他的独特个性和伟大人格。

三、翔实的教育实录，珍贵的创作手稿

苏霍姆林斯基纪念馆中的主体部分，自然是苏霍姆林斯基在巴甫雷什中学22年教育改革及科学研究实践的实录，是他身穿那件军大衣、脚登那双破军靴，来到巴甫雷什中学后，把心血奉献给孩子们的一幕幕场景的实录。

这部分是对苏霍姆林斯基这些实践过程的创造性总结，是他起早摸黑笔耕不止、著书立说过程的再现。这里展现了学校教师和学生从事各种活动和发展个性的精彩画面。其中，有反映学校生活方方面面的图片和实物，如：学校早期旧址、建校劳动实况、"蓝天下的课堂"、快乐校园、学校的传统、学校节日、"第二教学大纲"、创造性科技活动小组、各个时期学生发展的面貌，等等。

苏霍姆林斯基未曾来得及答辩的博士后论文

给人印象特别深的展品，有以下四个方面：

1. 学校教育教学工作的记录文献

（1）学校工作计划；

（2）校长学期工作记载；

（3）"第二教学大纲"及其实施计划；

（4）备课教案（苏霍姆林斯基亲自上课：乌克兰语言文学及其他学科）；

（5）听课笔记及分析意见（苏霍姆林斯基每天坚持听2节课，共31本）；

（6）学生成长个案记载（3 700多页）；

（7）“家长学校”计划及讲课提纲；

（8）劳动教育计划；

（9）少先队工作计划提要及建议；

（10）共青团工作计划提要及建议；

（11）学校教师集体教研活动记录；

（12）教育与心理研讨会记录。

2. 苏霍姆林斯基本人部分写作手搞

（1）示范性作文（给老师们示范）；

（2）童话故事和儿童文学作品；

（3）博士论文手稿；

（4）发表于苏联报刊的各种文章；

（5）第一部著作《学生的集体主义教育》手稿；

（6）《我把心献给孩子们》部分手稿；

（7）最后一部著作《怎样培养真正的人》部分手稿；

（8）博士后论文（没来得及答辩）手稿：《全面发展的人的培养问题》。

3. 苏霍姆林斯基的部分通信手稿

（1）给儿子的信；

（2）给女儿的信（部分）；

（3）给友好学校校长的信；

（4）答读者来信（部分手稿）；

（5）与苏联有关学者讨论问题的通信等。

4. 王绮先生的留言（中俄两种文字）

特别需要提及的一件事，就是我国唯一见过苏霍姆林斯基本人的学者，原杭州大学的王绮先生，曾于1959年5月5日至12日，专

苏霍姆林斯基与王绮先生（1959年）

门到巴甫雷什中学，他当时就住在苏霍姆林斯基家里，做了整整一周的考察访问，与教育家全家建立了较深的情谊。纪念馆专门展示了王绮先生的留言（中俄两种文字）。

四、朴素的办公室和丰富的藏书，超常的阅读与睿智的思考

苏霍姆林斯基纪念馆的最后部分，是苏霍姆林斯基生前工作的办公室和他全家的居室。

走进居室，看到的就是带小厨房的起居间，此处兼孩子的卧室，再进去便是并排的两间地板房，靠南的是卧房，约 20 平方米，靠北面则是办公室，约 18 平方米。两室相通，向东处都有大窗户。苏霍姆林斯基一家吃住都在此，直至他离世。我们从这里可以看到，什么叫以校为家。

在苏霍姆林斯基原来的办公室内

走进苏霍姆林斯基办公室，你隐约感到，这里所有的一切，都是那么的简单和俭朴，但总是散发出舒适和温馨。

办公室靠窗处，是一张中等大小的木制办公桌，黄色的桌面仍然整洁如镜。如背靠窗户坐下，面对入口，来人会一目了然。办公桌左手靠墙处是一盏台灯，深绿色的灯罩配上白柱白座，宛如雨后林中的一朵漂亮的大蘑菇；办公桌右手边的小柜上放着一台老式的打字机，它记录了苏霍姆林斯基的大部分心血，苏霍姆林斯基全部著作的书稿就是在这台打字机上完成的；办公桌右后方则是一部电话机，黑色的话筒与黄色木制机座的反差，让人感到少有的不协调，很明显，这不是一部完整的电话机，它应当是经过拼凑或改装了的。往门口看，墙上挂着列宁像，展示着苏霍姆林斯基的伟大信仰。

再向两侧看，就会看到两边靠墙立着的大书柜，它们几乎占据了两侧的全部墙壁，不留一点余地，其高度竟直达天花板。墙角处还靠着一架木制小梯，一看就知道，那是供主人取下书柜顶层书籍用的。书柜中整整齐齐地摆放着各种书籍，没有一点空余位置，估计有近 2 万册藏书。多次仔细参观，记得

其藏书包括如下 20 类内容：

（1）马克思、恩格斯、列宁的经典著作；

（2）苏共中央文件汇编；

（3）苏联及乌克兰加盟共和国教育部文件汇编；

（4）世界文学名著；

（5）俄罗斯及苏联文学名著；

（6）世界教育史著作及世界教育名著；

（7）苏联教育名著（克鲁普斯卡娅、马卡连科等人的著作）；

（8）教育哲学；

（9）教育心理学；

（10）教育改革与实验研究；

（11）民间故事及民间文学；

（12）童话故事及儿童文学；

（13）中小学教科书；

（14）高校部分教科书；

（15）美术作品鉴赏；

（16）音乐作品鉴赏；

（17）科学技术新成果；

（18）农业生产及农业机械；

（19）劳动教育及教育与生产劳动相结合；

（20）世界及苏联中小学名校长。

就是在这里，苏霍姆林斯基埋头阅读，常常废寝忘食。他或是在书籍的海洋里遨游，或是浮想联翩，掩卷沉思……

每当他想起惨死的爱妻和幼儿，想起战场上那无比残酷的惨景，想起那么多牺牲战友血淋淋的遗体，想起野战医院里伤员们被截肢的惨痛，他心中的伤口就又会流血，久久无法愈合。撕心裂肺的悲痛，

苏霍姆林斯基工作过的学校

常常使他从睡梦中惊醒，以至泪流满面，夜不能寐。

他心里流着血！清晨 4 点，他怎么也睡不着了。这样，渐渐形成了早上 4 点起床的习惯。

就是在这间办公室里，苏霍姆林斯基一早就开始了阅读和写作。

他的阅读可以说已经达到了如饥似渴的地步。他博览群书：天文地理、数理生物、文学历史、科技发明、社会发展，乃至各年级的教科书，都广泛涉猎，认真阅读。

苏霍姆林斯基办公室里的藏书

他掌握了六门外语。为了搞清为什么德国法西斯那么惨无人道，他还专门攻克了德语，一段时间集中阅读德文资料。

就这样，苏霍姆林斯基置身于书籍的浩海中，尽情遨游，静静地思索。他在持续的阅读和思考中，环顾世界，考察人类，学习科技，深研历史，反思自我，探求心灵。他乐此不疲地阅读——他用阅读的享受和满足，冲刷心中的巨大悲痛，医治心上难以愈合的伤口；他用阅读的营养和幸福，历练自己的意志，丰富自己的心灵，升腾自己人生的立足基点。

这种阅读和思考，促成了他人格的升华，也为他的教育实践和研究奠定了无比扎实的根基。

参观到这里，我们就可以解读如下问题了：为什么苏霍姆林斯基提倡“崇拜书籍”，为什么他对教育问题的思考和研究是那么深刻透彻和超越时代，为什么处于当代的我们在他面前因感到望尘莫及而常常汗颜。

第二节　永远的相守：苏霍姆林斯基及夫人的墓地

苏霍姆林斯基于 1970 年 9 月 2 日溘然长逝，巴甫雷什中学和整个镇区沉浸在巨大的悲痛之中，人们失去了一位杰出的教育家，社会失去了一位真诚的好公民。从苏联各地赶来吊唁的人群络绎不绝，一路挥洒泪水的送葬队伍绵延数千米，随后，手捧鲜花前来墓地祭奠的人们总是没有间断……

他的离去，撕裂着人们的心。他的逝世，引起了太大的反响。他的墓地，震颤着万千教育工作者的心灵，吸引着他们前来祭奠。

我 8 次来巴甫雷什中学参观与学习，每次都会到苏霍姆林斯基陵墓祭奠。虽然季节和气候不同，结伴随行的同仁各不相同，但一到他的墓地，我总感觉到这里是那么的神圣和庄严，总伴随着泪花和沉思，总在肃然起敬中经受着一次心灵的洗礼。

一、苏霍姆林斯基墓地之巍峨

苏霍姆林斯基是世界知名教育家，又是巴甫雷什镇区的一位公民，他的根在巴甫雷什。自然，他被安葬在巴甫雷什公墓。

巴甫雷什公墓留给他的是最显要的墓穴，在公墓入口处左侧的最前面，面向交通干道，即由巴甫雷什镇向北，北跨第聂伯大河，经克列缅丘克市通往首都基辅的唯一公路，以表达当地人民对他异乎寻常的尊重和由衷的无限追思。

我们把他的墓地称作为“苏霍姆林斯基陵墓”。

参观苏霍姆林斯基墓地

“苏霍姆林斯基陵墓”唯一与众不同的是，坟墓前矗立着巍峨的纪念碑。纪念碑连底座高约 3 米，黑色大理石做成，质地上乘，通体晶亮，熠熠生辉，显得十分庄严。纪念碑顶部端放着苏霍姆林斯基的胸像，似由铜合金雕塑而成，高 80 厘米许。雕像面容清瘦，神态刚毅，目光炯炯，若从正面稍稍偏侧端详，总觉得始终与你对视，既传达着睿智和刚强，又递送着人道和慈爱。看着，看着，就有一种感觉——苏霍姆林斯基似乎还活着，他还在注视着故乡的生灵、学校的发展和社会主义人道主义的延续。

墓碑上部五分之一处，是金色的刻文，用乌克兰语写着：

“苏霍姆林斯基·瓦西里·阿列克桑德罗维奇，苏联社会主义劳动英雄，杰出的教育家，1918—1970”。

凡从墓地前面公路经过的人们，不管是步行还是驾车，都会放慢速度，或是驻足瞻仰。人们默默地向苏霍姆林斯基陵墓行注目礼，因为人们从老远就看到了这巍峨的纪念碑，因为人们熟知他不平凡的一生和杰出的贡献，大家都在追思这位杰出的故人。

“苏霍姆林斯基陵墓”占地面积稍大于其他墓地。铁制栏杆把墓廓围成四方形。墓旁种植着灌木花卉，随风摇曳的枝叶显得颇有生气。墓后长着两棵高高的白杨树，挺拔的树干显得那么的纯洁，也有几分刚毅。

当然，陵墓前还有一片 3 平方米左右的空地，水泥砖铺就，供人们前来祭奠和瞻仰时作活动场地。

这里就躺着苏霍姆林斯基，他在这里享受着人们的瞻仰和怀念。

他是智者，也是贤人，他揭示了教育的人道本质，展示了教育科学与艺术的永恒统一。他是圣人，他身体力行，达成了求真与至善的统一。他是历史理性的直接支柱，又拒绝做其假借的工具。他以宗教般的虔诚献身于教育事业，从事着“背负沉重十字架”的苦行，为可爱的孩子们掏心掏肺，把对人类的大爱洒遍大地。

站在墓前空地上，仔细端详就会发现：从这独特的纪念碑与塑像到人们常常献上的鲜花，从围有栏杆的静静的墓廓到作为背景的绿地和树木，勾勒出了一幅庄严而肃穆的独特油画，它表达的悲壮而凄凉之美，与乌克兰中部黑土原野的恒久之美融成一体。这浑然一体的美，伴随着不时飘来的悠远钟声——从南方不远处的、与巴甫雷什中学毗邻的东正教教堂传出的钟声，似乎显得那么凝重而又空灵，让站在苏霍姆林斯基陵墓前的人们总会经受着一次心灵的震撼，经受着一次难得的灵魂洗礼，以至想得很多很多……苏霍姆林斯基指点着教师的前进方向，指点着教育的美好希望！

二、苏霍姆林斯基母亲之墓的朴实

当你环顾四周时，陪同人员一定会向你介绍：“苏霍姆林斯基陵墓还包括两个部分：一是苏霍姆林斯基母亲之墓，二是苏霍姆林斯基夫人之墓。”

苏霍姆林斯基母亲之墓位于苏霍姆林斯基墓廓西北约 8 米处，像其他墓地一样，只有极其普通的一方石碑，高 1.5 米，呈灰褐色，造型平常，看起来似乎未经雕琢，上部镶嵌着苏霍姆林斯基母亲的相片：她头系方巾，面容周正，饱经沧桑，目光深邃，善良刚毅，笑容可掬，一副看透人生的睿智而淡定的神态。

相片下部 50 厘米处，刻着 3 行黑色文字，用乌克兰语写着："苏霍姆林斯卡娅·阿克桑娜·奥甫捷耶芙娜，1882.1.6—1987.1.16"。

这里的一切是那么的朴实无华，就如同墓主本人那样。

苏霍姆林斯基母亲的墓碑

苏霍姆林斯基母亲阿克桑娜是跨世纪的老人，她享年 105 岁，和她的婆婆、苏霍姆林斯基祖母玛丽娅（享年 107 岁）一样，在乌克兰是少有的长寿老人。

人们来"苏霍姆林斯基陵墓"祭扫，总也要给她献上一束鲜花。人们感谢这位普通的乌克兰女性——伟大的母亲，生养并培育了这样难得的好儿子——一位为全世界公认的伟大教育家。

自然，苏霍姆林斯基英年早逝，对母亲来说，失去最疼爱的儿子，是极其痛苦的。但她在 88 岁高龄时，居然经受住了"白发人送黑发人"的打击。这里，除了她自身的睿智和豁达外，也许是她儿子作出的巨大贡献和人们对她儿子的敬仰，给她增添了巨大的生命力量。

据说，儿子逝世后的头 10 年，她还常常由小女儿（苏霍姆林斯基的妹妹）搀扶着，到巴甫雷什中学参加纪念她儿子的重大活动。

苏霍姆林斯基的母亲逝世后，按她本人的嘱咐，就安葬在她儿子近旁，作着永远的陪伴。

三、苏霍姆林斯基夫人之墓的墓志铭

苏霍姆林斯基夫人之墓位于苏霍姆林斯基墓廓西北，从墓地入口处看，

苏霍姆林斯基夫人之墓

在其侧面稍远处，距离约2米。

苏霍姆林斯基夫人之墓同样较为简朴，唯一比较显眼的是墓前的纪念碑。墓碑系淡紫色大理石做成，高约1.78米，主体为长方体，上部呈半圆形。在半圆形稍下方，镶刻着一个大大的“十”字，黑色，立体状，特别抢眼。中下方是黑色贴板，上面用乌克兰文刻着墓主的姓名：苏霍姆林斯卡娅·安娜·伊凡诺夫娜；再下面是生卒时间：1918.2.15—2003.9.8。

为什么苏霍姆林斯基夫人之墓的墓碑上镶刻着“十”字？为什么苏霍姆林斯基母亲之墓那儿却没有？带着这一问题，我曾请教过巴甫雷什中学现任校长瓦·德尔卡琪女士。

校长答道：“苏霍姆林斯基母亲笃信东正教，这是众所周知的，但她逝世时间是1987年，那是苏联时代啊，人们信教被认为不光彩啊！”

校长曾一手操办了苏霍姆林斯基夫人的丧事，她补充道：“苏霍姆林斯基夫人安娜·伊凡诺夫娜生前曾多次关照，她过世后无须与丈夫同穴共眠，只要安葬在丈夫墓地的一侧就可以了。但是，一切必须按东正教的礼仪办理，墓碑要简朴，不用镶相片，一定要刻上十字……要知道在苏联解体乌克兰独立不久，苏霍姆林斯基夫人就开始信奉东正教了，她曾定期去教堂做礼拜，经常进行祈祷，为丈夫，也为家人……她被安葬在此地时，人们严格遵从了她的遗愿。于是，就刻上了十字。”

苏霍姆林斯基夫人的墓碑下方，刻着两行乌克兰文。这是什么意思呢？当我们问起校长时，她用俄语解释道：“这是苏霍姆林斯基夫人的墓志铭：

她从来不曾属于自己，

现化作星星一颗，升腾天际……”

哦！凝视着苏霍姆林斯基夫人的墓碑，默念那段墓志铭，我深深地感受到自身的灵魂又经受着一次巨大的冲击！同时，我顿时领悟：杰出的教育家苏霍姆林斯基身后站着一位“大写的人”——一位伟大的女性，这就是他的夫人，那位“从来也不曾属于自己”的女人！

此时，我油然回忆起 2001 年初对苏霍姆林斯基夫人的一次专访……①

站在苏霍姆林斯基墓前，我不禁想起了我国研究苏霍姆林斯基教育思想的权威学者朱小蔓教授的论述：苏霍姆林斯基是一位伟大的思想先锋、思想超前者、卓越实践的创造者，他留下的教育遗产在当代中国获得了广泛的传播和仍然具有持续的影响，在当今世界全民教育进程中恰似不熄的灯塔，对他思想和实践的诠释在目前依然具有巨大的张力和无穷的魅力。

第三节　攀登的高度：教育的信仰与文化

现在，你去巴甫雷什中学参观学习，一定会立即发现：学校北面一墙之隔，就是一座教堂，一座典型的乡村东正教教堂。

从校园举目向北望去，立即看到：教堂规模不大，但建筑较新，最高处的钟楼塔顶连同上面的十字架金光闪闪，熠熠生辉。同时，你也会不时听到从这座教堂发出的悠扬钟声，它不仅在向人们展示当地的风俗文化，同时也仿佛在与紧邻的现代学校对话。

近在咫尺，举步之遥。带着对东欧宗教文化的好奇，我曾 3 次走进这座巴甫雷什教堂参观。

- 为什么教堂紧挨着学校，它们之间有什么关系？
- 听说教堂在 20 世纪 90 年代才恢复工作，那以前为什么中断了呢？

现把我其他时间对镇区居民的访谈结合起来，整理成文。

一、学校由教会创办

据说，巴甫雷什东正教教堂已有 300 多年历史了，而巴甫雷什学校的历只有 100 年许。

当地居民中有好几位说道，巴甫雷什的唯一一所学校，是在十月革命前不久，由地方教会创办的。起初，学校不在隔壁，只是在第二次世界大战 后

①详见第二章内容。

巴甫雷什东正教教堂

重建学校时才成了邻居。开头，学校附属于教堂，教师也由神父兼任。那时，学校只是初小，两个班级，后来扩展到 4 个年级，相当于高小。据说，那时来此上学的没有穷苦人家的孩子，教学科目是基本的文化科学知识，当然也包括神学。而且，学校必须举行宗教仪式。就是说，学校起初是宗教学校。

据资料记载，十月革命后，苏联的整个教育发生了巨大的变化。学校全收归国有。1918 年 10 月，列宁签发了“苏联人民委员会”命令，规定学校一律与教会脱离，接受苏联共产党和当地政府领导，统称作“统一劳动学校”，面向全体劳动人民子弟。学校开设普通文化科学基础科目，宣传马列主义，废止神学进课堂，不可举行宗教仪式。1935 年，学校开始实行 7 年制（相当于初中）义务教育，后来逐步向 10 年制（相当于高中）义务教育过渡。

在苏联时期，时代前进了，教育发展了，巴甫雷什中学脱离了教会，改变了性质，也扩大了规模，建立了新的教育教学秩序。但是，在第二次世界大战之后，那座东正教老教堂因学校迁址而成了近邻。它虽然紧挨着苏联共产党领导的学校，却依旧从事着它的宗教活动。

二、教堂因学校而停办

很明显，巴甫雷什中学本来是附属于教堂的。现在独立了、相互间产生了矛盾，这个矛盾又那么不可调和……

在苏联，一切学校都是宣传马列主义和科学无神论的场所，是培养共产主义接班人的地方。巴甫雷什中学同样如此。然而，紧挨学校的老教堂，它定期组织的宗教活动，却总是在有意无意地与学校教育“唱着反调”。学校与教堂“对峙”着，教堂与学校“较劲”着……

20 世纪 50 年代，当地苏维埃政府终究不能容忍这种矛盾的现实，便以学校正常教育工作受到严重干扰、学校的师生意见很大为由，设法赶走了神父，停止了教堂活动。

从此，这座东正教老教堂便偃旗息鼓，其房舍和钟楼仅存留于荒芜和破败之中，时间长达 30 多年。

直到 20 世纪 90 年代初，苏联解体，乌克兰独立，乌克兰各地大大小小的东正教教堂，才陆续恢复起来。在此情况下，巴甫雷什镇上的教堂也重整旗鼓，修葺一新，开始了自身的活动。

这样，这座教堂的钟声和祈祷声重新响起来了，又飘进了巴甫雷什中学的校园……

三、教育研究之路——教育、哲学、信仰

苏霍姆林斯基夫人在 20 世纪 90 年代于古稀之年时终于走进教堂，可以看出她的人生轨迹的主线：教育实践——教育科研——哲学——文化，其中，根据她儿子谢尔盖的谈话，至少有如下几点值得关注：

1. 割不断的文化脉络

苏霍姆林斯基夫人同样出身于深受东正教文化影响的家庭。她到苏霍姆林斯基故乡及巴甫雷什镇后，见到了同样虔诚地信教的苏霍姆林斯基母亲和祖母，了解到她们对丈夫精神世界和人格完善所产生的巨大影响，特别是后来她从丈夫的遗著中常常看到，丈夫对其母亲和祖母心怀无限的尊崇和怀念，丈夫遗著中的很多教育词语竟然都与宗教用语相同，从而对文化的育人影响有着异乎常人的感悟。她深深地理解自己的丈夫，在当时的历史条件下，作为共产党员的校长，肩负着对学生进行马列主义世界观、科学无神论教育的责任，允许在自己眼皮底下任由宗教活动干扰教育，无疑是一种过错，如在当局多次指示下还执迷不悟，那就不可饶恕了。丈夫在那种局面下是出于无奈表了态。她清楚地记得，那时他们夫妇俩很纠结，很无奈。她认为，与其说丈夫是个无神论者，不如说他是个唯物主义者，因为他相信：历史积淀下来的经久不衰的文化现象，如果人民选择它，不屈不挠地认同它，这种客观现实不能不受到尊重。

2. 苏霍姆林斯基夫人眼中的丈夫是文化的使者

苏霍姆林斯基儿子谢尔盖曾不止一次地提到，他母亲在长期的研究中领悟到，父亲人格结构之中有很多与当地东正教文化相通的因素，例如：他特

别善良，对所有人都善而待之；他对孩子们施以彻心彻肺的爱；他清心寡欲，十分节俭，如同苦行僧一般；他能极大地忍耐和宽容一切，连对于那些一直责难他宣传“人性论”、处心积虑反对他、想方设法整他的人，也持容忍和宽恕态度。

3. 苏霍姆林斯基夫人眼中的苏霍姆林斯基教育研究之路：科技——哲学——文化

我的朋友，苏霍姆林斯基儿子谢尔盖，曾多次对我说过：“我母亲经多年研究和思索认为，教育研究可以分为三个层次：科技、哲学和文化。第一层次研究的是‘怎么做’，是教育的方法和技术；第二层次研究的是‘为什么’，是道理、规律，是作为主体的人的认知和情感的统一，这是哲学；第三层次研究的是文化信仰，是人的灵魂和精神世界，是他的信念。”

谢尔盖说，我父亲在《给儿子的信》中指出的“三个热爱”——热爱劳动、粮食和人民，在很多讲话和著作中提及的“四个崇拜”——崇拜祖国、人、书籍和母语，还有“人是最高价值”“教育学是人学”等，这些都可以看做从哲学和文化的高度作出的教育概括，它们实际上就是教育之道、做人之道，它们应当逐步升华为一种教育信仰。一个有文化信仰的人，才是“真正的人”。

我再次想到苏霍姆林斯基夫人墓地的墓碑，上面是庄严的十字，下面是耐人寻味的墓志铭：

她从来不曾属于自己，

现化作星星一颗，升腾天际……

此时，我掩卷沉思，仿佛又站在苏霍姆林斯基的陵墓前，在祭扫、崇拜……仿佛又听到了巴甫雷什那座东正教教堂的钟声，它那么神圣、悠远……仿佛看到了站在云端的苏霍姆林斯基和他的夫人，他们那么仁慈，又那么期待……

“教育学是人学”的教诲，久久在我脑海中回旋。

“登上嶙峋陡峭的山峦”——苏霍姆林斯基临终时刻反复念叨的话语，震撼着我们的心灵！

第七章

Chapter 7

努力与时代同行的后继人
——访巴甫雷什中学现任校长

瓦莲京娜·费德罗芙娜·德尔卡琪女士，巴甫雷什中学现任校长。我认识她已经 17 年了。

与德尔卡琪校长的长期交往，使我真切地感受到：这是一位忠实地继承和发展苏霍姆林斯基教育思想的好校长。作为女人，她是位善良雅致、稳健踏实、任劳任怨的女性，作为校长，她是位坚守良知、与时俱进、默默把自己奉献给孩子们、为了孩子们的欢乐和幸福而勤奋的好校长。

在市场经济条件下，德尔卡琪面临许多挑战，每种挑战都相当严峻。她沉着应战，以机智化解各种矛盾，严格保证学校沿着苏霍姆林斯基指引的方向前行。

第一节　结缘：17 年友谊在发展

她堪称苏霍姆林斯基的好学生。

德尔卡琪校长于 1954 年出生于乌克兰北部契尔尼科夫州的乡村。她自幼学习刻苦，成绩出众，立志当一名人民教师。1972 年，她考入苏联著名的波尔塔瓦国立师范学院（位于乌克兰），这是一所名校，两位著名的苏联教育家马卡连科和苏霍姆林斯基都毕业于此。在师范学院学习期间，她就十分关心苏霍姆林斯基的教育著作，一有机会，便认真阅读、研究。1976 年毕业时，她作为优秀毕业生，被选派到世界名校巴甫雷什中学任教，实现了自己的理想。

初出茅庐的姑娘德尔卡琪，就这样开始了在巴甫雷什中学的教育生涯。

在这里，虽然苏霍姆林斯基已经离世 6 年，但老校长的教育思想及由此形成的良好教育传统，作为学校的灵魂依然使学校充满“教育爱”的氛围，它让年轻的德尔卡琪时时沉浸于内心的温暖和激动之中。在谙熟苏霍姆林斯基教育思想的老教师们的悉心帮助下，她努力学习，积极实践，很快就在青年教师中崭露头角。两年后便被评为“教学法能手”。第三年，1979 年，她因工作出色，踏实沉稳而被提拔为教导副主任。又过 3 年，她被破格任命为副校长，那年她仅仅 27 岁。从此，她在副校长岗位上辛勤工作了 17 年。期间，她被评为“苏联功勋教师”，得到了青年教师难得的荣誉。

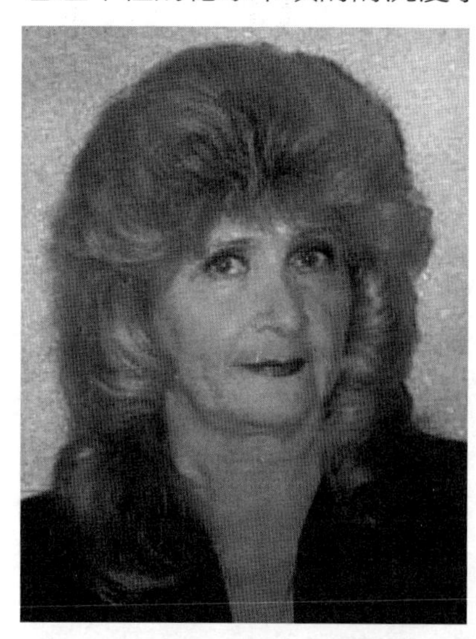

德尔卡琪校长

瓦·德尔卡琪在副校长的岗位上，始终以苏霍姆林斯基为榜样，严格要求自己，工作不骄不躁，积极学习和践行苏霍姆林斯基教育思想，不断取得进步。经过 17 年历练，她逐步趋于成熟。

1999 年夏，德尔卡琪女士 45 岁时，她被任命为校长。

在世纪之交的转折年代，她作为苏霍姆林斯基离世后的第五任校长，用女性柔弱的肩膀，挑起了全面领导巴甫雷什中学的重任，走向新时代。德尔卡琪校长勇敢地面对苏联解体后诸多挑战和种种困难，付出了非同寻常的艰苦、智慧和坚持，努力团结全校师生，使学校不落困境，持续发展，与时俱进，直至现在。

初见德尔卡琪校长，是1999年的事。这年8月，她刚刚担起巴甫雷什中学校长的重任。

那年深秋，我与老朋友——天津教育科学院研究员、我国教育部派往乌克兰的高级访问学者张谦先生一起，结伴前往巴甫雷什中学“朝圣”——参观、学习。

之前，我们专门拜访了苏霍姆林斯基的女儿奥丽佳，请她与她母校的校长联系。她欣然同意，并很快落实了一切。

当我们顺利到达巴甫雷什中学时，校长德尔卡琪已率师生手捧鲜花（学校温室养护的），微笑着在校门口迎候了。初次见面，校长简单而热心的接待，使我们立即感到了主人由衷的友好，体会到期待之中的同行礼遇和异国温馨。

一、初识印象：文静高雅中透着书卷气

初次见面德尔卡琪校长给我的印象是：淡然、稳健、雅致。

这位女校长身高1.67米左右，她面容慈善，目光柔和，笑容有度，栗色卷发，打理得体，别具一格，显示着中年女性的良好修养和个性。她行动从容、沉稳，显得文静、端庄；她言谈温和、淡定，蕴含着聪慧、高雅；虽身处农村乡镇，但穿着得体，品位不俗，浑身上下透着由善良和睿智发出的书卷气。她是一位典雅而深沉的乌克兰中年知识女性。

与德尔卡琪校长（右一）及教师合影

在校长办公室接待我们时，德尔卡琪女士简明扼要地介绍了巴甫雷什中学当前的工作状况。虽然时间不超过1小时，但言简意赅，重点突出，讲述内行，给人印象深刻。

这次介绍给我留下的特别印象有：

1. 她非常热爱孩子们

德尔卡琪校长一开始就缓缓地说："当前我们的教育正处于前所未有的困难时期，而我们克服困难的主要武器，就是我们老校长苏霍姆林斯基的教导：'世界就建立在对孩子的爱之上''如果有人问我，我生活中最主要的是什么？我会毫不犹豫地回答：对孩子的爱！'……遵循老校长的教导，有着对孩子们的爱，从心底里发出的爱，就会产生无穷的力量，就会看到一片光明。"

是的，德尔卡琪校长在校门口迎接我们时表现出来的态度——对孩子们慈母般的态度，与学生们之间的亲密的关系，连同她介绍时的言语和神态，一切的一切都表明：这位校长与孩子们的关系确实非常和谐，她对孩子们的爱是自然而然地从心底里流淌出来的。她热爱教师工作、热爱自己学校的情感溢于言表。此时，我们立即感到：她确实具备了苏霍姆林斯基反复强调的、一位称职的教师和校长应当具备的这一首要条件。

2. 她熟读了苏霍姆林斯基的全部著作

在介绍过程中，校长不经意地表现出她对苏霍姆林斯基主要著作是那么熟悉，对苏霍姆林斯基的主要教育观点可以信手拈来，如数家珍，并常常指明这一观点出自哪本著作。这立即使人感到，她是真下了大功夫熟读了苏霍姆林斯基的全部著作，使人感到她身上时时散发出的浓浓书卷气就源于饱读经典，使人感到她和缓的讲述中始终透出浓烈的教育情怀，感到她对各种重要的教育问题有着认真的思考和真知灼见。这一切，应当都与她平时勤奋阅读和不断积淀息息相关的。

3. 她深谙苏霍姆林斯基教育思想的要义

她在介绍中不时提及："尊重孩子"是多么重要，教育者必须时时处处"看得见人"，从心底里"关爱每个学生"，在教学改革中应当关注学生的"学习动因"和"情感世界"……这都表明，这位校长已经牢牢掌握了苏霍姆林斯基教育思想中最核心的成分——"教育学是人学"，她真正领会了苏霍姆林斯基教育思想的要义，抓住了学校工作的要害，努力在教育教学过程中实践着教育的人道主义。她从大局到细节，把握准确，提倡改善教师对学生的态度，构建和谐的师生关系，落实全力培养"大写的人"和合格公民的教育任务。

由此，我们立即感到：德尔卡琪女士拥有珍贵的精神财富，是坚守巴甫雷什中学这方净土的好校长。

那次，我和张谦先生在这所名校里共待了三天两夜，就住在校内的临时招待所内。期间的吃饭、住宿和参观，全由德尔卡琪校长和她的助手安排。校长接待热心，照顾周到，使我们很有点过意不去。

二、后续交往：在不断沟通中增加共同语言

进入新世纪以后，我又陆陆续续7次去巴甫雷什中学拜访。每次，德尔卡琪校长都亲自迎送，热忱接待，全程陪同，详细介绍，不厌其烦地解答提问，满足我们的各种要求。这样，每多见一次面，我与她都感到增进了一些了解。我们渐渐地熟悉起来了，成了热心研究苏霍姆林斯基教育思想的异国朋友。

除了我亲赴巴甫雷什访问外，促使我们成为朋友的，还有如下交往机会：

第一，我多次去乌克兰参加“全乌克兰苏霍姆林斯基教育思想研讨（年）会”，每次都在会上与德尔卡琪校长相遇，当然总会作详细交谈：一是互问各自国内形势和工作生活近况，讨论若干热点问题；二是讨论有关苏霍姆林斯基教育思想的学术问题，请教相关历史事实和细节。我们之间的谈话已经不带任何客套，做到了开门见山，有啥说啥了。

第二，有段时期，我每年总有几个时段出差在乌克兰首都基辅，有几段都是连续好几个月时间。期间，我曾数次邀约德尔卡琪校长到基辅见面：有时具体商谈我国有关中小学与巴甫雷什中学签订结盟协议、建立合作关系的事宜和相关细节；有时商谈组织相互交流访问的工作流程和相关条件等；有时还商谈我国教育界向巴甫雷什中学赠送传真机、电脑等教育设备的交接细节等。

与校长访谈

第三，转交现金4万美元——为在巴甫雷什中学新建带现代卫生设备的低年级教室而募集的资金。

2002年初夏，经我联系，江苏省江阴市教育局党委副书记吴志云同志率华士实验学校代表团，赴巴甫雷什中学访问。德尔卡琪校长照例热情接待了我们。我陪同参观时，大家看到：学校里如厕很不方便，教学楼里没有卫生设备，厕所离办公室和教室有一大段距离。雨天怎么办？低年级孩子怎么办？特别令人惊讶的是，教师和学生们的厕所竟然都非常原始，很不卫生。我们心里很不是滋味：已经到了21世纪，这所世界名校的卫生设备居然还是这么落后！当时，我们在场的几个人不约而同产生了一个想法：应当出手帮助——捐助一定数量的资金，为该校建一幢带卫生设备的新式小楼，作低年级的教室。华士实验学校的校长出于热诚的教育情怀，当场毅然决定慷慨捐助——由学校校办工厂出资3万美元。

当时，由于中乌两国间汇款渠道不畅，这笔资金不得不以现金方式设法带往基辅转交。带一大笔现金去乌克兰，其中含有相当大的风险！谁来具体操作？这一任务自然落在我身上了。怎么把好事办好？怎么把校长及全校师生的那份心意顺利带进乌克兰，一分不差地交给巴甫雷什中学？这是个不小的难题！

我思考再三，决定将这笔大额现金分拆成6笔，然后物色了5位赴乌克兰留学的同胞学子，请他们以学费名义带往基辅，我自己也带了一笔。到基辅，我把这些现金收集齐整后，就马上通知德尔卡琪校长来基辅取钱。德尔卡琪校长带着学校收据来基辅取款时，紧紧地握着我的手，眼中闪着泪花激动地说：“谢谢中国同志！你们急我们所急，想我们所想，真是雪中送炭！我想，苏霍姆林斯基的在天之灵也会感到欣慰！谢谢！谢谢！”

江阴华士实验学校资助新建的低年级教室

后来，由于物价上涨，资金还有一些缺口，学校自己没法筹措。我应校长之托，又请江阴华士实验学校追加了1

万美元。同样，带去基辅后，也由我与德尔卡琪校长在基辅交接。

由于是转交现金，而且数量不小，当时乌克兰的治安已开始出现问题了，我与德尔卡琪校长都感到责任重大，很是不安，唯恐发生闪失，不好交代。最后，由于我们考虑周到，操作细致，一切都很顺利，4 万美元分文没少。

后来，象征着中乌两国教育工作者友谊的小型新建筑，在巴甫雷什中学落成后，大家都非常高兴。当我再次去巴甫雷什中学拜访时，德尔卡琪校长专门陪同我去参观了这座新建筑——低年级教室，带卫生间。当我们两人面对这一新建筑，谈到当时交接现金时“如履薄冰”的复杂心情，都不禁相视大笑，这笑声凝聚着沉甸甸的责任和跨越国界的教育友情！

第四，邀她来我国访问和考察。至今，德尔卡琪校长来华访问共计 12 次，每次我都认真安排落实，全程陪同，并兼当翻译加导游。德尔卡琪校长来我国先后到过的城市和地区有：北京、上海、广州、佛山、香港、澳门、南京、济南、昆明、深圳、金华、苏州、无锡、常州、徐州、江阴、宜兴等。

与无锡市五爱小学签约结盟

在此期间，德尔卡琪校长参观了我国许多中小学校，并与热心于苏霍姆林斯基教育思想研究和实践的学校签约，建立“友好学校”，共计 35 所。

由于上述多方面的机会，我与德尔卡琪校长见面次数甚多，交往范围较广，持续时间也长，因而在工作中建立了友谊，相互间有了比较深入的了解，当然，也有了更多的共同语言。

第二节 领导：苏霍姆林斯基教育思想

40 年，是德尔卡琪女士在巴甫雷什中学工作的全部时间。其中，担起校长重担的时间已达 17 年。

德尔卡琪受命于艰难时刻。17 年，她是怎样挑起巴甫雷什中学校长这副沉甸甸的重担的呢？我曾在多次闲聊或访谈中变着法子向她提出过这类问题，在经意或不经意中，她断断续续作过回答。现据回忆至少可整理为如下要点。

一、读书——持之以恒地读苏霍姆林斯基著作

德尔卡琪校长牢牢记住了苏霍姆林斯基的至理名言："崇拜书籍。"她崇尚读书，把认真读苏霍姆林斯基的书，领会大师的办学思想，看作最为重要的法宝。

初当副校长时，她重读苏霍姆林斯基著作，读得最多的是《和青年校长的谈话》《给教师的一百条建议》和《我把心献给孩子们》等，常常是碰到问题时，有针对性地读书，希望从苏霍姆林斯基著作中找到答案，那时常有些许功利色彩。但是，读着读着，就慢慢产生了进一步的需要和渴望——再度通读苏霍姆林斯基的全部著作。她利用假期时间，认认真真地阅读了《苏霍姆林斯基选集》五卷本和他的论文集。由于有了长期的教育实践和科研基础，她对苏霍姆林斯基教育思想的全部要义有了更为深刻的理解和体悟，阅读对工作也产生了很大的推动。

此后，德尔卡琪坚持边工作边读书，差不多每两年就把苏霍姆林斯基著作通读一遍，特别精读了《巴甫雷什中学》《怎样培养真正的人》《给女儿的信》《给儿子的信》和《我把心献给孩子们》等著作。

自从担起校长的重担后，面对为全局负责的重任，德尔卡琪女士备感任务艰巨，便再次埋头通读苏霍姆林斯基的著作。她多次对我说："此时，越读越感到大师的学问是那么博大精深，越读越感到他对教育规律的揭示是那么的深刻和中肯，越读越感到他人格是那么的伟大和崇高，越读越受到灵魂

的震撼、精神的洗礼和人格的锤炼。”

德尔卡琪校长谈起读苏霍姆林斯基著作时曾不止一次深情地说：“我作为后任校长，接过大师传下的担子，总觉得他那双慈祥而睿智的眼睛天天在关注着我，天天在鼓励着我，他似乎在对我说：‘姑娘，你是好样的，加油，你一定会成功！’这样，我一边读书和研究，一边实践和思考，觉得自己每年都有一定的进步，有新的体会和收获。这时，我的内心就总会升腾起一股激情，我暗暗下决心：一定做苏霍姆林斯基的好学生，当好巴甫雷什中学校长，不辜负他的殷切期望。”

有一次，她曾特别与我谈到，读苏霍姆林斯基的书后，最为重要的并不在于学到了领导技法或教育策略，而是掌握了教育的根本道理，坚定了工作方向，确立了生活信念——为孩子们的幸福而生活。她说苏霍姆林斯基的如下教导令她终生难忘：“我亲爱的孩子们！只要我的心脏还在胸中跳动，我将永远为你们生活、工作。任何崇高的称号和职位都不会使我改变，我将一如既往。世界上最崇高的称号是大写的人！做大写的人，就是关心他人的幸福。”

她几次对我讲：“每天放学后，我都会绕着校园漫步一圈，享受着这里的新鲜空气，回忆着当天的工作，思考着明天的任务及未来的打算。然后，回到办公室，简要地做好笔记，就又打开苏霍姆林斯基著作，开始阅读起来了。阅读已经成了我生活不可缺少的组成部分。在实践中读书，读着大师的精品力作，想象着他在同一校园辛勤工作的情景——我仿佛看到了他早上 4 点前后就起床写作、奋笔疾书的情景，仿佛看到了他与教师们讨论许多教学教育课问题的情景，仿佛看到了他与孩子们十分欢快地交谈和游戏的情景……想着想着，我常常热血沸腾，热泪盈眶！想着想着，我常常思绪万千，不知黄昏已到……晚上，我接着阅读，已是夜不能寐了……但是，第二天我精神仍然很好，连我自己都感到惊讶。”

二、持本——坚守“以人为本”的理念

读书为了明理，为了解决关于做“真正的人”的问题，为了解决面临的实际问题。

苏联解体及乌克兰独立后，尤其是进入新世纪以来，巴甫雷什中学与其

他所有学校一样，面临着许许多多新问题，它们制约着学校的发展，影响着人的健康成长。这些问题，德尔卡琪校长是必须面对的。

她列举的问题至少有：

（1）乌克兰独立后怎样进行爱国主义教育，处理好在全球化条件下与独立后的原苏联各加盟共和国之间的国际关系；

（2）市场经济条件下席卷社会的价值观——唯利是图，即“一切向钱看”，与利他和助人的美德之间的冲突；

（3）现代化教育手段和方式的普及，与传统教育方式的运用的关系；

（4）互联网带来的汹涌的信息洪流，与学校教科书及世界名著等人类文化遗产的关系；

（5）世俗生活的现代化和便利化趋向，与苏霍姆林斯基倡导的“爱劳动、爱粮食、爱人民”等生活原理和教育真谛之间的矛盾，等等。

面对诸如此类的问题，女校长总会想到：“如果苏霍姆林斯基还在世，他会怎么想和怎么做呢？”

德尔卡琪校长坚定地认为，社会、经济和科技的发展，为教育的发展创造了新的条件，学校教育应及时吸取新的信息和元素，充实教育内容和方式，使学校与时代同行。但是，形形色色技术的出现，五花八门手段的运用，都得服从于培养“真正的人”的总目标，服务于人类的幸福。育人是根本，这是不可须臾忘却的教育真谛。教育是人类神圣的事业，在学校里坚持“以人为本”，宣传和崇尚真善美，反对假丑恶，把学生培养成新世纪的合格公民，使学生从小就感受到快乐和幸福，这是任何时候也不会过时的道理。

德尔卡琪校长曾经这样说过：“早在20世纪60年代，大师针对有人因计算机问世而说未来的世纪是‘数学的世纪’时，就大声呼吁：未来的世纪应当称为‘人的世纪’。他在1969年专门撰文提出了‘人是最高价值’的论点，这值得我们铭记。事实上，科技越发达，物质条件越丰富，人恰恰越容易被‘异化’。现在，市场经济已使得有些人自己也不知道自己是谁了，这很可怕。因此，在享用现代科技成果的同时，我们教师必需保持清醒的头脑，防止人的异化，自己坚持做‘大写的人’，并坚持对学生进行‘做现代好人’的教育，坚持大师倡导的基本教育原理，高扬人道主义的大旗，保证在花花绿绿的现实世界里不迷失自我。”

为了坚持“以人为本”的方向，德尔卡琪校长毫不动摇地保持和发展着学校的传统。现在，在她的带领下，这里的“读书节”“童话节”“收获（面包）节”“赛诗节”“植树节”“母亲节”等节日，还有“家长学校”等传统，都带上了现代的人文色彩，而且继续体现关爱儿童、敬畏生命的思想，遵循着苏霍姆林斯基制订的“一切为了学生的幸福”的方向而健康发展。

三、求美——追求人际关系的和谐之美

德尔卡琪校长深刻领会苏霍姆林斯基的美育思想，并从提高教师集体的文化教育素养入手，努力创造教师生活之美。她认为，教师必须具有：畅通的人际交往，创造性的团结协作，丰富的智力生活，共同的精神价值。校长则应当全力把一切有价值的教育思想和新时代的精神财富，巧妙地传达给教师集体，这里的中介就是共同语言——从心底里产生的对儿童的爱，它是学校教师内化时代价值的基础，是学校生活真正产生美的基础的基础。

她曾对我说：“对儿童怀有的爱，升华为睿智的爱，这是我们教育文化的顶峰，是教育情感和教育思维的顶峰。这里，对儿童永远持有善意，怀有合理的爱护，是每个教师对自身情感进行长期而艰巨修炼的结果。

校长认为，学校之美首先表现于课堂，表现于课堂教学之美——课堂教学中的人际关系之美。她效法大师，把主要精力用于坚持听课、研究课和分析课，同时组织教师们相互听课。在分析课时，她引导大家重点关注教师对学生的态度，关注师生关系之美，关注课堂教学的心理气氛之美。

此外，在实践中她还带领全校师生把学校内部的环境——校园、楼道、教室甚至是墙壁，都打扮得整洁、朴素、美观。你在任何一块地方欣赏，都会发现一切都那么的和谐，那么唯美！

不仅如此，德尔卡琪校长尤其重视校内人际关系的和谐。她说：“大师教导我们，人类之美应体现在人道精神和公正态度；一个人应该具有的美，就是细腻的情感和情感素养的美。”她还说：“培养师生的美学素养，就要求学校生活具有和谐交往与和谐发展的特征，这里，特别重要的是道德素养，把人看作是‘最高价值’，这是美学素养的基石。”

为了创造师生人际交往之美，她身体力行，积极提倡：

（1）尊重每位教师。她说，有了被尊重的教师，才有被尊重的学生。

德尔卡琪校长（右 2）与朱小蔓教授（左 1）等在一起

她牢记苏霍姆林斯基的教导："……校长应当善于在每位教师的工作中，发现他最有价值的特点，帮助他发展、深化，并通过交流，使其成为教师集体的财富。"

（2）尊重每个学生。教师从学生入学起就尊重每个孩子的自尊心、上进心，以真诚相待的态度对待每个孩子，这样，在相互尊重的基础上，才可能听到学生讲真话，实现通畅的师生对话，构建和谐的师生关系，创设和谐的气氛。

（3）力求公正。因为只有公正才能"拨开遮挡学生的眼睛和心灵的迷雾，使他们感受美"。"公正尤其要体现在对学生学习努力程度作出积极评价上"，简简单单打个分数往往有失公正，会伤害学生的积极性，会破坏本已存在的美。

（4）提高语言素养。教师必须注意提高与学生交往时的语言修养，积极排除师生沟通的障碍。同时，还要努力洞悉学生所说话语里的潜台词，体会其中蕴含的各种细腻的情感色彩，及时调整师生交往气氛。

现在，去那儿参观的人们都会感觉到：巴甫雷什中学的学校的外在环境之美，已经与师生的人际交往之美较好地交融在一起了。

第三节　文化：学校教育教学的精髓

2013 年，我邀请德尔卡琪校长来华讲学时，曾经专门以"教育改革与文化建设"为题对她作了访谈。

谈到文化，她显得兴趣浓厚，一旦打开话匣子，常常愿意倾听的她竟然刹不住车，一二三四，头头是道，仿佛在做学术报告，让我颇感意外。也就在此时，我发现了她健谈的一面，也更清楚地察觉到了她的文化底蕴。

于是，我不断引导她围绕“学校文化”打开思路，发表看法。我认真倾听着，不时做好笔记。

我记得，德尔卡琪校长反复讲的一句话是：“文化——学校教育教学的精髓”，这话非常经典。她所谈及的值得学习与思考的见解很多，归纳起来，有如下4个方面。

一、使命——不仅传承文化，还应创造文化

德尔卡琪校长指出，苏霍姆林斯基在校时就多次强调，学校应当是文化的摇篮，是地区文化的中心。学校在传承文化的同时，一定要全力以赴地从事文化的创造，尤其在精神文化方面。这样，我们的学校才能成为“文化创造型”学校。

德尔卡琪校长在介绍学校文化建设

而要做到这一点，必须遵循苏霍姆林斯基的谆谆教导：学校应当充满“四种崇拜”的氛围——崇拜祖国、人（母亲）、书籍和母语。巴甫雷什中学一直坚持践行着上述信条，这是学校抵御当代“精神缺失”现象的基本武器，是学校对于人类精神文化的真正传承。

不仅如此，随着时代的进步，传承精神文化，也需要在内容和过程方面有所创造，这同样是时代赋予学校的使命。于是，校长在教育教学过程中致力于“智力文化”的构建和创造，其内容为：语言文化、意愿文化、情感文化等。

校长说，我们牢记苏霍姆林斯基有关“语言文化”的教导，“语言文化是精神文化的镜子”“培养对语言极其微妙意蕴的敏感性，是促使个性全面发展的前提之一。从语言文化到情感文化、从情感文化到道德感觉及道德关系文化——这就是知识与道德趋于和谐的途径”。

她着重指出，学校努力开展教育教学改革，在班级里、在课堂中关注意愿文化和情感文化的建设，实际上也就在从事文化的创造。

二、价值——消除“精神缺失”的法宝

德尔卡琪校长认为，很多人都会问，什么是文化，而文化的定义有上百种，真有点让人莫衷一是。但是，从前人繁多的论述中，应当可以归纳出如下共同的要点：

（1）文化是由人创造的，文化的存在是为了人，文化是手段——就是人的发展和表达的手段，文化的世界就是人的世界，在文化世界中的人就是其目的和结果。很明显，谈到文化，就需明白，人是文化的核心，文化的目的是人，学校文化的目的则是学生——这是学校基本的价值取向。

（2）文化作为整个体系和人的活动方式，包括文化产品和文化工艺两个领域，并含有3个层面：物质文化、精神文化、艺术文化。学校的价值取向贯穿其中。

（3）文化必定体现着特定社会及阶段的主流价值，体现着时代精神。但学校教育的复杂性在于：你面临的文化现象往往包含有正负两种向量，它们产生着完全相反的效果。

这里，校长特别提到了消极文化的影响及“精神缺失”问题，提到了消极文化对孩子们的污染。她忧心忡忡地指出：看看我们周围的现实，商品经济的发展和科学技术的进步，带来了物质的丰富和手段的先进，结果却产生了一种怪现象——“精神缺失”，消极文化的蔓延，以及由此产生的种种怪事：斗殴、暴行、凶杀、偷窃、抢劫、强奸、赌博、酗酒、吸毒、卖淫等，它们像传染病一样蔓延，由城市影响农村，由成人祸及孩子，让人觉得十分可怕！这些怪事都是因“个性远离文化”导致“精神缺失”而形成的。面对这样的现实，整个社会及每个个人急需找到出路，急需积极文化的回归，急需正确价值引领的精神复苏！

怎样走出“精神缺失”的危机局面？最好的途径就是加强学校文化建设，加强教育的改革。我们能做的就是从孩子抓起，比如搞好教育教学改革，把学校生活变得富有情趣和吸引力，办好“家长学校”，等等。

德尔卡琪校长语重心长地侃侃说道：“学校的功能就是延续和创造积极文化。我们所说的文化，应当这样理解：文化就是对人之爱，就是使生活与美结合起来而产生的价值芬芳，就是那些十分精致的成果与道德高尚的东西

交互而成的审美合金；文化是情趣的向导，是和平的武器，是救赎的手段，是价值的家园；文化是健康生活的心脏，是正向价值的发动机，也是教育过程中创造型美育的细胞。”

校长还说道：“我们教育者，应该也可以通过自己的双手，传承和创造富含正向量的积极文化，引导学生在享用积极文化的过程中培植情趣，内化价值，学会拒绝消极文化，与社会上的种种丑恶现象做斗争，为扭转并结束因‘个性远离文化’而造成的‘精神缺失’的局面，作出应有的贡献。”

三、范式——在教育教学改革中建设文化

学校怎么传承和创造文化？怎样成为文化创造型学校？校长认为，学校应当顺应时代的发展趋势，全力开展教育教学改革，摈弃一切不利于文化建设的东西。特别要做到：

1. 重视文化的价值导向

校长认为，在学校里，每一位教师，一切教育教学活动，必须在传承文化中自始至终提倡真善美，反对假恶丑（当然，需要把这种教育意图巧妙地隐含于活动之中）。尤其是在日常的课堂教学中，一定得改去那种“只管教不管导”的倾向，哪怕有一点点也不行。这样，全体教师同心协力，与学生一起，就可能把真善美的文化及其价值趋向融入学校传统之中，并坚持下去。

这里，保持和发扬优良的校风和班风，非常重要，因为这是价值导向的重要途径，是学校文化的重要标志。

2. 坚持文化的人本基点

既然文化就是对人之爱，文化之目的就是人，那么，作为文化建设过程的学校教育教学活动的一切环节，都要充满对学生的尊重、关爱。任何背离这一原则的行为，都是对文化的亵渎，对文化价值的背离。

苏霍姆林斯基的名言“我把心献给孩子们”，就是学校文化的基点——人本基点，当然，也是学校文化的精神——人本精神。文化的复苏也好，文化的创造也好，都是为了人的发展。一句话：为了学生的发展，这是学校文化的出发点，也是学校文化的归宿。

3. 重视建设“意愿文化”

校长指出，在传统教育中，学生在学校学习，在班级活动，总是听候教

师吩咐，被动接受，认为那是理所应当的。至于学生“想不想”“愿不愿意”，根本无须考虑。实际上，这样的文化取向，是消极的。在这样的状态下从事学习和其他活动，其效率必定是低下的。

苏霍姆林斯基领导教育教学改革时，大力倡导“蓝天下的学校”“思维的学校”，开设“思维课”，实行“第二教学大纲”等，其主要目的之一就在于建设一种“意愿文化”，培养学生“对知识的渴望和掌握知识的意愿”，培养学生“我想”“我要”和“我喜欢”的意愿。

校长特别指出，往往可以发现这样的现象，儿童刚进学校时，总是满怀着求知的愿望和热情，但不久，这种热情却很快冷却了，随后产生的是对学习的漠不关心，是学习愿望的消失，这是教育教学最可怕、最凶恶的敌人。如果学生在低年级就丧失了学习愿望，那怎么指望他们在中高年级继续顺利学习呢？这里问题的症结在于没有关注“意愿文化”。

苏霍姆林斯基指出，学习愿望是学生学校生活这条长河的“涓涓之水”，必须不断疏导，决不能让它有丝毫堵塞。为此，教师应当千方百计培养学生的学习愿望，采用各种手段，使学生在学习中感到好奇、惊讶、怀疑，进而达到确认、神往、痴迷，这就是不断营造“意愿文化”。唯有如此，学校的学习生活才会生动有趣，富有吸引力，学生才会学得生动活泼，活力四射，教学和教育的效果也才会很好。

谈及“意愿文化”，校长还指出了另外的方面，就是需要引导学生注意节制自己的愿望，与人们和自己可能滋长的贪欲作斗争。这是自我教育中不可或缺的方面。

4. 密切关注“情感文化”

校长指出，苏霍姆林斯基在著作中多次强调了“情感文化”的重要性，提倡学校一定要重视建设“情感文化”。他说，情感是一种“神秘的力量”，是“人类超越动物界”的基本要素。“人的情感，就是通过特殊的文化形态、人的认识、劳动和多种社会关系，而变得高尚的”。

如果一所学校不重视“情感文化”的建设，那这里的德育必定会停留于干巴巴的道德说教，课堂上也总是单纯的知识传输、解答习题和考试计分，人就会如同学习机器，会出现对学习成绩暂时不好的学生总是施以批评、鞭策和无情嘲弄的现象……如果这样忽视情感教育，那怎么谈得上建立良好的师生关系和同学间的关系呢？怎么谈得上教育教学质量的提高？怎么谈得上学生个性的和谐发展？怎么谈得上积极文化的建设？

校长认为，“情感文化”建设的要领，在于改善师生交往和关系，优化班集体中的交往和人际关系，培养学生具有如下情感：

- 自尊感；
- 归属感；
- 关爱感——被爱或关爱他人；
- 智能感；
- 自由感与责任感；
- 成就感；
- 美感等。

与学校校长签约结盟

校长说：“由于巴甫雷什中学重视了‘情感文化’的建设，学校里就建立起了和谐的、富有人情味的人际关系，‘学校就成了学生们最感兴趣、最器重的生活场所’。”

“情感文化”的提出，确实是巴甫雷什中学的发明创造！

5.特别重视“美学文化”

校长指出，美，应当是人的价值本质的对象化。“美学文化”在苏霍姆林斯基的词典里，是最高境界的文化，他有很多阐述和表达。美学文化包括环境美、事物美、语言美、理智（知识）美、关系美、伦理美、精神美等。这些都需要通过教育教学改革途径加以实现。

四、行动——文化建设的环境、方式和准则

怎样建设学校文化？校长认为，答案是一句话：遵循苏霍姆林斯基教育思想，积极开展教育教学改革。可以努力的方面至少有3个：

1.建设方方面面的环境

要重视建设良好的文化环境，它包括：

（1）认知环境；

（2）艺术环境；

（3）刺激环境；

（4）信息环境；

（5）劳动环境；

（6）交往环境；

（7）生态环境。

2. 建设方式

（1）综合：一体化；

（2）合作：班集体、家校协同；

（3）对话：师生、生生；

（4）自由式：独立自省、合作负责；

（5）创造型活动。

3. 行动准则

（1）移情：设身处地；

（2）尊重：平等对待；

（3）热诚：像父母、亲人；

（4）关心：无微不至；

（5）灵敏：有求必应。

其中，热诚是核心。

德尔卡琪校长常说，苏霍姆林斯基关于“学校是文化的摇篮”的教导，一语中的，入木三分，值得我们思考和践行。

第四节　交往：继续“教育学是人学”之路

德尔卡琪校长领导着世界名校，在当今的信息社会里，她顺理成章地就成了交往的中心。

每个学年开始不久，巴甫雷什中学就都要接待一年一度的“全乌克兰苏霍姆林斯基教育学会年会”的代表们，他们一定会来学校考察，参观苏霍姆林斯基纪念馆，瞻仰苏霍姆林斯基陵墓。就是说，这些来自乌克兰各地的热心于苏霍姆林斯基教育思想的代表都是教育精英，他们都会与校长见面、交流，他们会带来对伟大教育家苏霍姆林斯基的追思，会带来乌克兰乃至世界教育改革和发展的各种全新信息，也会在无形中对巴甫雷什中学的教育和教学提出各种新的要求。与这些代表们开展对话，自然必须站在同一个平台上，这对德尔卡琪校长来说既是考验，也是促进。德尔卡琪笑容可掬地面对着挑战，显得从容，稳当。

德尔卡琪与北京市北京中学校长夏青峰（中）等在一起

在乌克兰国内，德尔卡琪校长除了接待来巴甫雷什中学访问的各种代表团以外，近十多年，她还大大拓展了个人及学校的交往范围。

一、与学生家长（父亲）交往

德尔卡琪校长积极继承苏霍姆林斯基办“家长学校”的传统，并有独特的创新——重视父亲的作用。

在家长学校活动中，她特别要求：学生的父亲一定要出席。

为什么？德尔卡琪校长认为：苏联解体后，由于教师工资偏低，学校中男性教师日益减少。在这种情况下，学校基础教育有明显的女性化倾向，它不利于孩子们的健康发展。

于是，德尔卡琪校长在家长学校活动时，在平时的工作中非常注意与学生的父亲们打交道。她诚恳地告诫家长：父亲们一定不可以把教育子女的责任推给妻子，自己乐得清静。那样，不仅父亲在孩子们心中的威信会下降，尤其会导致孩子的性格缺损——变得多愁善感，胆小怕事，不爱运动，怕苦怕累，没有担当……

德尔卡琪校长要求父亲们：“一定要采取积极的态度，与妻子协作，共同教育子女，一定要发挥自己在教育子女方面的优势，在教育期望、内容、方式、手段和时间等方面，作出认真的考虑和选择，付出精力，以使孩子们健康成长。”

德尔卡琪校长的做法，效果很好，让人佩服。

二、与中小学校交往

德尔卡琪校长很早就让巴甫雷什中学与基辅市苏霍姆林斯基实验中学签订了合作协议，双方每年都互派教师和学生代表团，参加各种教育活动，交流学习和继承苏霍姆林斯基教育思想的经验，交流开展课内外活动及运用创造性工艺的教学法措施，在教育科学研究中开展良好的、富有成效的合作，师生们从中获得了很大的教益。

巴甫雷什中学还与敖德萨州尤日内依市的第三综合实验学校建立了紧密的合作关系。校长让自己学校的教师们经常去那里听课，共同举办实践型教育教学研讨会，双方都得到了不小的收获，留下了深刻的印象。每年夏天，这所学校都会邀请巴甫雷什中学的师生代表，来学校做客，到海边度假，一应接待工作做得相当到位。现在，两校师生间已经建立了非常亲密的关系。

三、与高等学校交往

德尔卡琪校长于 2007 年与乌克兰国立尼古拉耶夫苏霍姆林斯基大学签订了合作协议。每年，在苏霍姆林斯基生日那天（9 月 28 日），这所大学的教授、学者和大学生代表，都会来巴甫雷什中学，与这里的高年级学生共同策划和举办各种各样的活动。

签订了类似合作协议的还有下列大学：国立波尔塔瓦师范大学、国立哈尔科夫大学、国立乌曼大学等。

而且，根据这些协议，巴甫雷什中学的毕业生有机会比较顺利地进入这些大学深造。

四、与国外同行交往

德尔卡琪校长积极参与国际教育交往。

现在，巴甫雷什中学已经与中国、德国、俄罗斯、澳大利亚、美国、白俄罗斯、哈萨克斯坦、阿塞拜疆、意大利、法国、奥地利、日本等国的学校建立了国际联系。

其中，巴甫雷什中学与中国学校的联系最为紧密。近期，校长差不多每年都要来中国一次，参与讲学、考察、研讨等活动。至今，她亲自签约建立合作关系的中国学校就已达 35 所之多。

德尔卡琪校长（左）在深圳

至此，我们可以看到，德尔卡琪校长作为一位女性教育家，她像苏霍姆林斯基那样以校为家，她正循着“我把心献给孩子们”的神圣教育之路，一步一个脚印地、坚定不移地前行。

不难看出，性格恬静的德尔卡琪校长，已把教育作为一种信仰融入了自己的生命。她是那么的淡雅、富足，她显得那么神圣。

德尔卡琪真是苏霍姆林斯基的好学生！

第八章

Chapter 8

心灵教育的园地

——访问基辅市苏霍姆林斯基实验中学

那么，城市中学怎么学习巴甫雷什中学呢?

在首都基辅市，就有一所始终坚持苏霍姆林斯基教育思想的普通中学，它越办教育质量越高，越办越受到基辅市民的欢迎，它在很多方面成了其他学校的榜样，因而被称作“首都的巴甫雷什中学”，它就是名闻乌克兰的“基辅市苏霍姆林斯基实验中学”。

这所学校原称基辅市 272 中学，位于首都基辅市新城区，第聂伯河左岸，是苏联解体前夕新建的普通中学，是地道的平民学校。就是这所中学，因为一开始就积极践行苏霍姆林斯基教育思想，并取得了很好效果，而被教育部命名为“基辅市苏霍姆林斯基实验中学”。

1996 年秋，我第一次参观这所学校。那是以中国外交官的身份，陪同江苏省地方教育科学研究所所长代表团前去参观的。此后，我一有机会到基辅，就会去访问。至今我到该校已有 20 多次了。

第一节 同心协力：培养每个学生的个性

瓦西丽莎·尼古拉耶夫娜·哈依鲁莲娜女士

这所学校的校长瓦西丽莎·尼古拉耶夫娜·哈依鲁莲娜女士，是乌克兰教育科学院通讯院士、教育科学博士、乌克兰“功勋教师”、全乌克兰苏霍姆林斯基教育思想研究会骨干，在乌克兰所有现任中学校长中，她是学术地位最高的。

哈依鲁莲娜女士，1943年5月19日生于乌克兰西部日托米尔州的乡村里，17岁中学毕业后即当教师，后入国立罗文师范学院深造，于1969年毕业，继续当中学教师。在大学阶段，她开始接触苏霍姆林斯基的著作和教育思想。1982年随军赴东德，在苏联红军驻东德随军子弟中学担任副校长，1987年奉召回国。

1988年起，哈依鲁莲娜担任基辅市新区第272中学首任校长。不久，该校因学习和实践苏霍姆林斯基教育思想成绩卓著，获教育部更名“乌克兰基辅市苏霍姆林斯基实验中学”。

1995年，哈依鲁莲娜在职通过学术论文答辩，获得了教育学博士学位。1997年，被选为乌克兰教育科学院通讯院士。由于哈依鲁莲娜校长的出色工作，她所领导的学校已经成为城市中学创造性地实践苏霍姆林斯基教育思想的典范。

哈依鲁莲娜校长性格直率，快人快语，待人热情，交往真诚，精力充沛，不知疲倦。她心中似乎永远燃烧着一团火——那是无限热爱孩子的火，是全力实践苏霍姆林斯基教育思想的火，是为了孩子的发展和幸福把工作做得更好的一团火。

一、“我们的孔子”：留下“教育百科全书”

哈依鲁莲娜校长常常说：“中国有世界闻名的古代教育家孔子。我们有世界闻名的现代教育家苏霍姆林斯基。在我眼里，苏霍姆林斯基就是我们的孔子！”

从当校长那天起，哈依鲁莲娜就抱定宗旨：全力以赴按照苏霍姆林斯基教育思想办学。每学期初，她总要自问：“假如苏霍姆林斯基健在，他领导咱们的学校，会怎么做？”她年复一年悉心钻研苏霍姆林斯基的著作，努力领会其思想要义，积极运用于教育实践和教育科研课题的研究之中。藉此她不断取得新的成绩，学校的教育教学质量持续提高。

哈依鲁莲娜常常对人们说：“近 30 年的教育实践雄辩地证实：当代学校教育中所遇到的所有难题，都可以从苏霍姆林斯基的著作中找到答案。因此，苏霍姆林斯基著作就是当之无愧的‘活的教育学’，它是适用于当代和未来的‘教育的百科全书’。”

在与这位校长的交往中，我深深地感受到她由衷的虔诚和热情。我多次听她说：“苏霍姆林斯基就是乌克兰教育界的‘上帝’，他的著作，即苏霍姆林斯基留下的‘教育百科全书’，就是每个乌克兰教育工作者必读的‘圣经’！这是我 55 年教育生涯的切身体会。”

她是这样想的，也是这样做的。她在一篇文章中曾表述了她的做法，这可以概括为“三心”：

- 悉心——悉心体悟苏霍姆林斯基教育思想；
- 全心——把整个身心都奉献给自己的学生；
- 同心——与教师同心协力培养每个学生的个性。

后来，我多次做客校长办公室时，就发现：她办公室的墙上挂着两幅画像，正对她办公桌一面挂着圣母玛利亚的圣像，办公桌左侧接待长桌上方则挂着苏霍姆林斯基的画像，而圣像下方的书柜中就摆放着数部《圣经》和苏霍姆林斯基的各种著作。此时，我终于领悟了她的比喻——苏霍姆林斯基及其著作是教育界的“上帝”和《圣经》。

1998 年 5 月，我再次访问该校时，向哈依鲁莲娜校长提出，希望她帮助我找到一套俄文版的《苏霍姆林斯基选集》五卷本，以能读到原汁原味的苏霍姆林斯基著作。她听后立即说：“我这儿就有啊！”说着她马上从书柜中取出“五卷本”俄文版，当即送给我，并郑重其事地说：“送给您，亲爱的中国同志！”

这是我多年盼望而没有得到的宝贝啊！我接过书籍，十分激动，在连声道谢后，请她给我写几句话。她认为，由她在苏霍姆林斯基著作上留言，肯定不妥当，便另外拿起一张白纸，马上写下了以下的这段话：

此书赠给吴盘生先生——一位非同寻常的大写的人，乌克兰教师的真诚的朋友。吴先生，您努力继承和发展苏霍姆林斯基教育思想，您不仅是位优秀的外交官，还是能干的组织家、教育科研工作者和爱国者……我们十分尊敬您，感激您的友情！

愿我们长期交流学习苏霍姆林斯基著作的心得体会！

愿苏霍姆林斯基教育思想鼓励我们探求、创造，增强信心，趋于完善，收获与同行交流的愉悦……

祝身体康健、工作出色、平安幸福、万事如意！

乌克兰基辅市苏霍姆林斯基实验中学校长、
乌克兰教育科学院通讯院士、乌克兰功勋教师
瓦·哈依鲁莲娜
1998.5.19

此时，我从她的言语和神态中就真切地感到：在校长心目中，苏霍姆林斯基完完全全就是教育界的“上帝”，这就是她的教育信仰，这种教育信仰给她带来了无穷的动力。这就是答案——为什么她身上总有使不完的劲！

至今，哈依鲁莲娜校长送我的《苏霍姆林斯基选集》五卷本，一直珍藏在我的案头，我经常阅读它。这珍贵的礼物将永远陪伴着我！

二、苏霍姆林斯基家人——“我的亲人”

在基辅市，像哈依鲁莲娜校长那样热忱对待苏霍姆林斯基家人的，恐怕再难找出第二个了。

苏霍姆林斯基夫人安娜·伊凡诺夫娜在世时，这位校长就直接把她当作自己的母亲。自 20 世纪 80 年代末从东德回国后，她就开始与苏霍姆林斯基家人交往，并日渐深入。如果说她与苏霍姆林斯基女儿奥丽佳之间更多的是学术性交往，那她与苏霍姆林斯基夫人间则更多的是亲情性交往。

哈依鲁莲娜校长的母亲早已去世。苏霍姆林斯基夫人正与她母亲年龄相仿，当时已年近古稀，特别是因第二次世界大战的磨难，加上超负荷工作和生活操

劳，身体健康状况较差。校长首先从生活上给予一定的关照，常打电话问寒问暖，特别是当苏霍姆林斯基女儿奥丽佳出差身边无人时，校长及时的关心对苏霍姆林斯基夫人来说倍觉温馨。此外，校长还经常向苏霍姆林斯基夫人讲述自己学校学习苏霍姆林斯基教育思想的情况和开展教育改革的举措，征求其意见。学校每逢开展纪念苏霍姆林斯基的重大活动，校长总会派车把苏霍姆林斯基夫人接到学校，学校师生对苏霍姆林斯基夫人的光临自然十分欢迎。

不仅如此，校长与苏霍姆林斯基夫人还有一个特别的共同点：她们都先后皈依了东正教，因而在参加宗教活动方面有很多共同语言。她们也常常一起去教堂做礼拜。有时，苏霍姆林斯基夫人甚至会把内心的某些苦衷向校长倾诉，希望得到校长的帮助，就如对待自己的女儿一样（可能因为苏霍姆林斯基女儿并不信教，校长此时正好作了补充）。此时，校长总是像对待自己的母亲那样，有求必应，尽心尽力。

例如，苏霍姆林斯基夫人曾经多次与校长商量：要否在教堂再让子女接受洗礼，如果有必要，怎么说服他们？在哪座教堂举行？

那年，校长在陪同我去医院探视苏霍姆林斯基女儿奥丽佳时就曾说过："在我心里，安娜·伊凡诺夫娜就是我的母亲，奥丽佳就是我的妹妹，我愿她们一切顺利，健康安宁！"

三、伟大的中国——"我的第二故乡"

哈依鲁莲娜校长对中国有着非常深厚的感情，特别是当她看到中国广大中小学教师是那么真诚崇敬苏霍姆林斯基，那么热心学习和实践苏霍姆林斯基教育思想时，当她亲眼看见中国的教育事业和经济社会蓬勃发展时，她简直佩服得五体投地。

访问张家港市的学校

哈依鲁莲娜第一次来到中国访问，是 1998 年 11 月底的事，那次她和苏霍姆林斯基女儿奥丽佳等到了北京、徐州等地讲学和考察。此后，她经常应邀来华，直到 2016 年止，她来华访问已达 12 次之多，到过的城市和地区有 30 多个，与她的学校签订协议建立兄弟学校关系的我国中小学也已有 30 多所。由于每次我都主持这项国际交流的组织工作，并全程陪同，所以我对她的情况可以说了解得越来越多，我们之间也逐步建立起了真诚的友谊。

每次访华回国前，在机场送别时，哈依鲁莲娜校长总是热泪盈眶地深情对我说："谢谢中国同仁！谢谢！恐怕世界上再没有第二个国家，像你们中国这样长时期地、大规模地学习和实践苏霍姆林斯基教育思想了！如果苏霍姆林斯基在天有灵，他一定会非常高兴。我们乌克兰教育工作者太受感动了！"不仅如此，她还常常激动地说："中国政府如此重视教育改革，如此鼓励教师学习外国的好东西，如此重视对孩子的教育，因此中国的发展才会如此惊人。我为你们，为中国而骄傲！我爱伟大的中国，她就是我的第二故乡！"

每次访华回国后，哈依鲁莲娜校长总会向本校教师们作一次访华报告，介绍在中国看到听到的新鲜事物，谈谈自己获得的新的体会和感受。据了解，她介绍的访华体会一般包括两个方面：第一方面是中国教育工作者践行苏霍姆林斯基教育思想的热情始终非常高涨，特别可喜的是青年教师也加入了研究和实践苏霍姆林斯基教育思想的行列。这充分说明，中国教育始终持开放心态，既有忧患意识，又注意博采众长，且坚持正确的方向，努力培养青年一代，由此可见，中国教育前途无量；第二方面是，目睹中国经济和社会建设的持续发展，每年都有大变样，让人赞叹不已。而且，中国广大中小学教师的待遇在国民收入的平均水平之上，退休教师收入稳定，中小学师资队伍有稳定的经济收入和社会地位作保证，对青年人有吸引力，中国的教育事业前途无量。

哈依鲁莲娜校长等在太湖风景区

另外，哈依鲁莲娜校长在乌克兰一旦受邀去他校或外地讲学或介绍时，她一定会讲到中国经济、社会和教育事业蓬蓬勃勃发展并取得辉煌成就的现状，也一定会讲到中国教育工作者热情高涨地学习和实践苏霍姆林斯基教育思想的现状。完全可以想象，当她叙述在中国的见闻时，也一定会是热泪盈眶，她也一定会深情地说：伟大的中国——“我的第二故乡！”

第二节　立足首都：创建城市学校教育改革的范例

在新时期，城市中小学怎样学习和实践苏霍姆林斯基教育思想？怎样在改革转型时期直面新问题，让教育与时代同行？这是哈依鲁莲娜校长和她的学校必须回答的问题。

从 20 世纪 90 年代初开始，基辅市苏霍姆林斯基实验中学就在学习苏霍姆林斯基教育思想过程中开始了富有创造性的探索。

一、特色分班，动态选择

从入学初开始，甚至在学前教育时，这所学校和家长就一起努力发现孩子在各种活动中表现出来的兴趣、爱好和特长，随后有意识地帮助和指导孩子做出选择，在学校开设的必修科目中选择自己最喜欢的科目，在学校开展的各种室内外活动中选择最喜欢的活动。学校在仔细观察和认真研究的基础上，把学生的爱好分为如下四类：①社会人文类，②数理科学类，③自然生态类，④语言文学类。

学校每学年招四个班一年级新生，每班 25—30 名学生。一年级上学期的中间，学校将学生按这四类实行特色分班，由学生及其家长选择。

按特色分班后，各班的基本教学活动当然都严格按照国家教学大纲开展，保证扎实地打好各种文化课基础，努力避免偏科现象。不同之处只是谨慎地、适当地强化和补充一点相关类别特色的教学内容和活动形式，随着年龄增长，这种特色逐渐慢慢增强。

班级确定后，学生和家长如果觉得兴趣和特长有变化，可以申请转班，就是说，学生有选择的权利和变动的自由。这就是“动态选择”。

一般说来，这种变动在一、二年级时会多一点，到三年级时就慢慢减少了。小学毕业直升五年级也可能有些变化，随后会基本稳定下来。这样，特色教学就与九年级开始的选修课逐步衔接。这就是该校的“早期特长发展及个别化教学体系”，也称“个性定向教学体系”的组成部分。

那么，这种做法，即这一“体系”的依据是什么呢？

哈依鲁莲娜校长讲了两点：

第一，苏霍姆林斯基曾经发表过如下思想：每个孩子诞生落地时，他的小手中就握着一颗天才的“种子”，而这颗“种子”只有遇上合适的土壤才会发芽和成长——学校和教师的天职，就是善于在每个孩子身上发现天赋，即发现孩子小手握着的“种子”——并为其生长和发育提供合适的土壤，而绝不可让它自生自灭。

苏霍姆林斯基认为，培养儿童天赋的课题，是一个最令人焦虑不安的问题。他写道：贝多芬 5 岁就写出了第一批音乐作品。但首先得指出，贝多芬童年时代是在非常适宜的条件下度过的，如果他生活在一个没有任何乐器，也没有人知道什么是旋律的条件下，他的音乐才能就可能永远都不会被激发出来。我坚信，成千上万个人正在失去与生俱来的天赋，而他们原本都有可能成为杰出的学者、诗人或是作家，如果他们童年的生活环境提供了激发才能的条件的话。

因此，校长认为，教师最主要的任务就是：了解人，了解人的早期天赋，了解人内心世界的范围，了解隐藏其中并在一定条件下会表达出东西的范围，教育就应当善于触及这些范围并加以培育。察觉人类无穷无尽内心世界的范围——这就是教育的艺术。

第二，校长认为：该校采取“特色分班，动态选择”措施的根据，还在于顺应时代发展。她说：“当代社会已进入了自由民主的全球化时代，我们学习 20 世纪的苏霍姆林斯基教育思想，一直注意让这一教育思想‘与时代对话’，而每次这样的‘对话’，都召唤着我们沿着他指引的方向思考，都激发我们产生新的想法、新的情感。教育要跟上时代，就必须进行改革，包括编制教学班的改革——还学生及其家长以选择权！”

苏霍姆林斯基在《给儿子的信》中就指出：人的自由之基础——就是社会利益与个人利益的和谐一致。你为了更好地学习，有可能选择数百种方式。

“这就意味着，时代给了我们更多的自由选择的可能性，但对于每个人应负的责任一点也没有降低要求。我们给予学生以自由选择的权利时，就意味着赋予学生以相应的责任，为此才能培育出合格的公民。我们动态编班的目的之一就在于此，让学生逐步学会把权利和责任统一起来。”哈依鲁莲娜校长如是说。

二、取消分数，鼓励为本

从 20 世纪 90 年代初期起，这所实验学校就率先实行一条非常重要的改革措施：小学阶段（一至四年级）取消分数评价，代之以鼓励性评语。

起初，先在一、二年级的部分班级试行，取消分数，取得经验后，逐步扩展到各个班级。接着，再在三、四年级的部分班级试行，再扩展到一至四年级即小学阶段的全部班级。

这种取消分数的评价方式，与远在农村的巴甫雷什中学所采取的教改措施——小学一、二年级取消分数，是相互呼应的。其中的不同处在于，这里实行的时间早，它起了带头尝试的作用。现在已经在整个小学阶段的 4 个年级的全部班级都采用了，效果很好。

那这一教育改革举措的根据是什么呢？哈依鲁莲娜校长回答道：“苏霍姆林斯基反复教导我们，‘别抓住孩子们的无知不放。分数不是惩罚，分数是欢乐。’是啊！为儿童创造幸福，就是我们教育的目的。对刚入学的儿童来说，我们开展教学的重点，是激发他们学习的兴趣和愿望，保护他们的好奇心，是使他们的学习生活充满自信和热情。因此，我们的教学评价必须改变，必须丢弃消极评价。取消分数，就是取消打击儿童自信心和窒息其学习热情的消极评价，取消‘不及格’，使每个儿童感到自己可以通过努力学会并学好。这就是扬长避短式的评价、标准参考类的评价、耐心等待式的评价，简单来说，可以称作‘点燃一把火’的评价。”

“点燃一把火”，说得多好啊！对于儿童早期的学习生活来说，一次成功给他带来的正能量是难以估计的，而一次挫伤则会熄灭他心中刚刚燃起的微弱的求知火苗，扑灭他自信和自尊的火苗。

苏霍姆林斯基曾写道：“我始终努力奋斗，以求做到：让学生从童年时期起就能在自己心灵中确立第一个愿望——在所有崇高愿望中名列第一的愿望，这就是感受到自身尊严的愿望，变得更好、趋向完美的愿望……”

校长在介绍这一改革措施的效果时说：“事实证明，以鼓励为主的评价，消除了孩子的恐惧，保护了他们的天真和童心，使他们感到：我是被爱的，我是可以学好的……同时也增强了他们的责任感，促进了他们的自由发展。学校多年的实践证明，这样做效果良好，行之有效，在学生、老师和家长中都很受欢迎。”

由于这项教育改革措施已经经过城市学校和乡村学校试行多年，实践效果很好，受到学生及其家长的欢迎，有利于广大小学生的身心发展，有利于教学质量的全面提高，21 世纪初，乌克兰教育部郑重决定：向全国发文件，要求各地城乡基础教育学校在小学一至二年级一律取消分数，用鼓励性评价取代。

由此可见，这所学校的这一改革措施，为全国基础教育学校改革作出了贡献。

三、缩短每节课的时间，变 45 分钟为 30 分钟

这所学校上课时间的安排，也是与众不同的。

这里，每门学科每节课的时间由 45 分钟改为 30 分钟，连上 3 节，共 90 分钟，构成一个教学单元时间，即把“45 分钟 +45 分钟”改为“30 分钟 +30 分钟 +30 分钟”。例如上数学课，30 分钟新授课，师生共同学习，随后学生休息 10 分钟；第二个 30 分钟着重理解、巩固，再休息 10 分钟；第三个 30 分钟，则由学生完成作业，教师巡回指导。

哈依鲁莲娜校长介绍说，这一措施至少有如下好处：

（1）学生注意力集中，听课专心，思维效率高，学习有明显改善；

（2）学生增加了休息时间，而且正好在感到疲乏的时候就休息，恰到好处，利于身体健康；

（3）作业基本能在课堂上完成，减轻了家庭作业负担；

（4）减少了学生每天学习的科目，减少了学科的频繁变更，学习目标相对集中、明确，实现了单循环，利于深度学习；

（5）教师们普遍欢迎，感到教学效果比原来有明显改善。

此外，这所学校的教学改革措施，不仅体现在改变教学评价和教学时间

安排等方面，而且在教学内容、形式、手段和方法等方面都作了相应的变革和探索。例如：

（1）继承巴甫雷什中学的教学改革传统，实施“蓝天下的课堂”“思维的课堂”、合作讨论式学习、快乐而高效的课堂等。

（2）组建“小科学院”。在高年级（八至十一年级），这一“小科学院”被命名为“研究者”。在小科学院里，学生们参与研究的各种课题，都是有现实意义、饶有趣味并有一定深度的。这里，辅导学生主持研究工作的，不仅有经验丰富的教师，还有从校外请来的学者。“小科学院”的活动是系统而多面的，它们包括举行科学原理研讨会、运用和验证科学原理、开展智力马拉松及其他智力游戏、参加校内传统的学科竞赛等等。现在，全校参与“小科学院”活动的学生已超过 350 名，且人数日渐增多。这是学校最具代表性的名片之一。

（3）任课老师与学生们还积极开展以下方面的工作：

- 根据孩子们与生俱来的才能，持续实行教学工作的区别化和个性化；
- 课后为每个学生提供较为系统的补充课程；
- 开展学科小组和兴趣小组工作；
- 让孩子们参与心理学家主持的活动课程；
- 举办年级或全校的学科竞赛、智力竞赛、问答游戏和其他比赛；
- 组织创新型课题小组的工作。

（4）开设选修课：在高年级（八至十一年级），学校开设多种选修课，作为“个性定向教学体系”不可分割的部分。所开设的选修课有：

- 教育学与心理学；
- 法学基础；
- 外国语言与文字；
- 计算机及编程；
- 生态学及当代生态问题；
- 数理统计；
- 科学发展史；等等。

总之，这所学校的教育教学改革活动是别具一格、生动活泼的，也是相当有成效的。

第三节　全力以赴：丰富学生的精神生活

在大力开展教育教学改革，实行“个性定向教学体系”，把学校教学搞得有声有色的同时，哈依鲁莲娜校长牢记苏霍姆林斯基的教导：“学校——首先是学生精神生活的家园。教师作为青少年精神的引路人，其使命正在于使他们在学校里充分展示个性精神世界的财富——智力的、情感的、道德的等方面的财富……”“这是个大问题，只有把学习和掌握知识的过程作为集体精神生活的一部分，置于道德教育的庞大计划中加以考察，才有可能解决之。”积极而有效地开展道德教育，能不断丰富学生的精神生活。

一、创建优秀班集体

在“特色分班，动态选择”的条件下，学校非常关注班集体建设工作，维护班集体的稳定性，关注班主任工作的改革。他们重点抓住：

（1）在班集体中积极创设良好的“智力—道德心理气氛”，营造热爱书籍、迷恋知识、独立钻研、相互关心、相互帮助的风气，从而使每个同学在班集体中有所进步、感到温暖、有集体认同感，以保持班集体的稳定性、吸引力。

（2）认真培养小干部，采取定期轮换方式，突出平等和公正，鼓励为同学服务，接受同学监督，增强学生的民主意识，提高自我管理水平，让每个学生在集体中找到自己的位置。

（3）积极开展班集体共同活动——学习、劳动和游戏等，指导学生在共同活动中逐步学习和展开深入的交往，完成特定的任务，建立和改善人际关系，优化班风，促进每个成员的个性发展。

（4）开展班内小组间的学习竞赛，鼓励小组完成共同的学习课题及任务，在学习上相互帮助，克服学习困难，强化集体荣誉感，提高每个人的学习愿望和水平。

（5）组织跨年级的班际交流活动，委派高年级小干部去低年级班集体当小辅导员。

（6）每学期在全校开展优秀班集体的测评、表彰。

二、点燃 3 支蜡烛——“善良、创造、愉悦”（心灵教育法）

学校每当开展全校性活动，如开学典礼、纪念苏霍姆林斯基诞辰、学校读书节、学生科技创造成果展示等，有一个传统始终不变，那就是首先要点燃 3 支蜡烛——“善良、创造、愉悦”。校长说，这是在践行苏霍姆林斯基的“心灵教育法”。

由谁来点燃蜡烛？每次活动原则上都挑选 1 名优秀教师代表和两名学生代表，学生代表由学生推选产生。如有贵宾出席活动，则减少 1 名学生代表。3 位代表上台，每人庄严地点燃一支蜡烛，记住这支蜡烛所代表的含义，向大家说出这方面的祝福。

（1）善良——校长认为，在“真、善、美”之中，善是最基本的，无善则无真，也不可能有美。这里要求学生做到：善待自己，善待同学，善待老师，善待小动物，善待大自然，多做好事，反对做坏事。

校长说：“苏霍姆林斯基指出，善良和识字一样，是需要教导的。每个人的善良都需要专门培养，也需要在班集体中的交往过程中培养。一个人在另一个人身上培养着善良，同时也在自己身上孕育着善良。”

（2）创造——校长认为，创造是学生个性发展的桥梁，是学生感到愉快的源泉之一，也是班集体形成良好“智力—道德心理气氛”的发动机。这里要求学生做到：大胆参与课内外各类创造活动；创作童话故事；创作小诗歌；创作谜语；参加集体性创作情景表演；多问为什么，多向老师提出问题；提出非同一般的解题思路；参加科技制作和课题研究活动；尝试搞小发明；赞美同学的小创造、小发明。

（3）愉悦——校长认为，愉悦是幸福的基础，让每个学生在班集体中、在学校里感到愉悦，有良好的精神状态，学生才能体验幸福，健康成长。这里要求学生做到：做使同学愉快的事，不做使同学不愉快的事；为别的同学能做成功一件事而创造一点条件；为同学排解苦恼；与别人分享自己愉快的事情；把自己的烦恼事讲给某个同学听，请求帮助；努力在学习中或其他活动中克服困难，取得成功；鼓励学生有幽默感，为班集体创造欢快的氛围。

由此可见，3 支蜡烛的含义，就涵盖了学校的教育目标，尤其是德育目标，或者说，“善良、创造、愉悦”就是这所学校的校风。

校长曾在一篇总结中这样写道：“思维的学校，蓝天下的学校，愉快的学校——苏霍姆林斯基就是这样称呼自己的教育体系的。他所创办的培养创造型个性的学校，已闻名于全世界，而他的‘心灵教育法’，则是20世纪下半叶教育工作者的指南，它适用于未来几代人。这看起来似乎非常简单，但这是最重要的学科——人学，最重要的做人标准——善良、创造、愉悦。你给予孩子们爱和善良，让孩子们变得快乐，他们就会开始创造，并在创造中体验愉悦和幸福，这就是我们的教育目的。从教育研究观点看，这似乎是众所周知的道理。但是，要将其付诸实践，在教育过程中一年一年坚持下去，取得成果，却必须付出仔细的创造性劳动，极其劳神费心，很不容易！”

三、制定学校“自我教育大纲”

怎样使每个孩子不仅学习好，而且从小就具备基本的道德品质，为长大后做一个合格公民打基础？这是在共青团和少先队等组织被取消后，哈依鲁莲娜校长思考得最多的一个问题。

她常常引用苏霍姆林斯基的如下教导：“一个人应当是非同寻常的、在精神上富有的、在生活的一切领域和方面都是高尚的。他应当准备好去照顾卧床的病人，当他在深夜听到一个孤独老人的呻吟声时，应当主动去帮助他，无须别人请求，纯粹是听从自己内心的召唤。他在亲生母亲面前应当是充满爱心的、真心实意的、关怀备至的儿子，否则，他在道德上就无权被称为人。他应当去阅读人们的心灵，善于看得见并善于以理智和情感去理解同胞的痛苦、悲伤和不安，并善于提供帮助。”

校长认为，要达到这样的要求，必须改变以往苏联时代学校的德育思路，提倡扩展眼界，提倡“大德育”，但要抛弃口号式的德育，着眼培养公民性；强调学生自我发展和成长，即启发学生自我塑造、自我教育；着眼学生幼小心灵和精神世界的建构，使教育深入其内心世界。

校长哈依鲁莲娜在总结中深刻地指出：“我们要领会苏霍姆林斯基教育思想的精髓，并应用于教育工作中去。每个人都有发展自身个性的权利。在德育中，人们常常寄希望于强制原则和外在规范，其实，它不能启动自觉，缺乏自由感，不能帮助学生展示自己的‘大写的我’，因而难以奏效……当然，在学龄阶段，学生希望的自由，有以何种方式实现的问题。对自由的追求，催生了保留孩子自由选择权利的原则。我们应当意识到，我们教师正在扮演着责任极其重大的中间人的角色：一方面是知识，千百年来饱受艰辛而获取和积累的知识，他们聚集在智慧宝库——书籍和人民的不朽精神之中；另一方面是孩子——小孩，一个个小公民，他们需要选择的自由，我们应当从人的需要出发，与他们一起，共同创造出一个个'大写的人'。这里十分重要的是，要能在一个个小孩身上预见到未来的公民，并要明白，一个人身上卓越的公民性，是从他童年时代所经历、感受、体验的一件件小事开始，逐步累积而成的。"

她多次与我谈及自我教育，说道："自我塑造是人的精神力量极度努力的结果。这既是生活的智慧，也是其技巧和艺术。我认为，苏霍姆林斯基的著作就是关于自我塑造艺术的百科全书。"

为此，这所学校制定了自己的德育大纲——"自我教育大纲"，它分为三个部分：

1. 初步形成个性的阶段（一至四年级）

（1）基本要求：善良、快乐。

（2）实现途径：

①通过班集体的各种活动，教会善良、培养情感，使班集体充满善意，如家庭般舒适；

②通过创造性教学系统（伦理课、童话课、游戏课、梦想课、综合课、研讨课及问答比赛课）发展每个孩子与生俱来的才能，培养学习兴趣，提振自信心，焕发同情心，使每个人在班集体中取得独一无二的位置；

③通过学校传统的教育活动体系（入学仪式、学校创办日、苏霍姆林斯基诞辰纪念日、跨班竞赛、春秋万花筒、乌克兰人文电影节、运动会、学校开放日、交往指导课等），培育学生愉悦的心态、良好的习惯和阳光的精神状态。

2. 逐步成长的阶段（五至八年级）

（1）基本要求：健康、好学、创造。

（2）实现途径：

① 进一步改革教学，保护学生的"好奇与惊讶"之心，发展其"怀疑与

义愤”，促使其对某学科进入“陶醉与痴迷”状态；

②组织和开展创造性活动，发展学生的想象力、主导性思维、关心他人的行动能力，改善对周围事物的态度；

③通过班集体活动和跨班活动，增加信息量，增强活动精力、精神性及和谐性，并使其转化为艺术形象、健康心智和聪明才智，在个性发展的基础上，促进互相帮助，提高分辨能力。

3. 成熟和负责的阶段（九至十一年级）

（1）基本要求：负责、团结、精神富足。

（2）实现途径：

①在实现个性定向教学系统时，开设选修课，使学生在选择中增强责任心，在学习中引导学生进入“确信与高尚”状态；

②组织合作性创造活动，通过课题研究和探索，培养合作精神，提高人文修养；

③组织社会调查活动（小组为单位），促进学生真诚交往、相互接纳、学有所长、心智成熟、精神富足，并提高与假、丑、恶事物斗争的能力。

这所学校的上述德育大纲——“自我教育大纲”，自 2009 年起实行，逐步修改完善，已经收到了较好的教育效果。

现在，这一德育大纲已经为乌克兰教育部所关注，由教育行政部门倡导，开始在部分学校推广试用。

四、切实开展心理健康指导

苏霍姆林斯基早就指出，学校应当为学生和教师提供心理咨询和服务。这所学校做到了。

学校建立了专门的心理咨询室，配备了两位专职教师——心理咨询师，负责为学生和教师提供心理服务。心理服务的基本任务包括以下几个方面：

（1）指明发展个性、创造潜能的规律性，这里不仅指学生，也包括教师的创造潜能；

（2）根据心理实验大纲，为发挥师生创造潜能提供适当的条件；

（3）系统地开展有关活动，在心理服务人员与教师之间建立高效的互动机制；

（4）提供心理保障——服务于学生个性发展；

（5）系统观测部分学生的认知范围和个性发展的变量，并进行监控；

（6）提供心理咨询——个别的和集体的，解答私人问题和有关开发潜能的问题；

（7）开展心理训练，包括语言能力、交往技能的基本要求及运用技巧，领导团体的技能，指导自我完善，即引导学生追求自我发展，发展自己的才能。

五、办好“苏霍姆林斯基博物馆”

自1996年起，学校创办了“苏霍姆林斯基博物馆”。这在全乌克兰普通中学里，除巴甫雷什中学外，是独一无二的。

从开始筹备起，这一博物馆的定位，就不是为了收集有关藏品和展出，而是作为教育基地——继承和发展苏霍姆林斯基教育思想的教育基地。因为关于苏霍姆林斯基的生平和事迹的藏品，已经集中在巴甫雷什中学的博物馆了，复制它们没有任何意义。它的主要功能应当是对学校教育和教学工作起到促进作用。

1.博物馆内容

（1）苏霍姆林斯基画像，生平事迹简介；

（2）苏霍姆林斯基在著作中提及的、他所崇敬的大教育家的画像，康·乌申斯基、安·马卡连科的画像挂在苏霍姆林斯基画像的左边，其右边则是著名教育家索菲亚·鲁索瓦和亚努什·高尔察的画像；

（3）对苏霍姆林斯基影响较大的乌克兰哲学家、诗人和作家的画像；

（4）苏霍姆林斯基家人（夫人、儿子和女儿）来学校参加活动的照片；

（5）苏霍姆林斯基在著作中提及的作为美育内容的著名油画作品（复制品）；

（6）本校教师历年来学习和实践苏霍姆林斯基教育思想的工作记录、研究成果汇编；

（7）学生在该博物馆上课和开展活动的记载；

（8）外校师生代表来校参观的活动记载；

（9）外国来宾活动记载。

2. 博物馆管理

（1）校长指导；

（2）管理员——专门聘请热心研究和宣传苏霍姆林斯基教育思想的退休教师担任专职管理。

与巴甫雷什中学校长（右二）在博物馆交流

3. 活动内容

（1）接待外校师生和来宾参观；

（2）举办基辅市教师学习苏霍姆林斯基教育思想研讨会、交流会；

（3）本校教师开展教研活动；

（4）上课：本校教师带学生来此开展教学活动；

（5）培训讲解员——学生学习讲解。

4. 特殊的篇幅

留给占有特殊地位的教育家，他就是对苏霍姆林斯基产生巨大影响的波兰教育家亚努什·高尔察克。

（1）苏霍姆林斯基生前反复阅读了亚努什·高尔察克的波兰语著作，对这位教育家推崇有加；

（2）博物馆专门留出一定篇幅，详细介绍了“伟大的教育家亚·高尔察克悲壮赴死的事迹”。

在第二次世界大战期间，亚努什·高尔察克在波兰华沙孤儿院当教师兼医生（原专业），法西斯分子要他留下为他们工作，否则，他将与孩子们一起被送到另一城市，关进煤气室窒息而死。他毫不犹豫地拒绝留下，拒绝让孩子们独自面对恐惧。就这样他与孩子们一起，悲壮赴难了。

亚努什·高尔察克的事迹对苏霍姆林斯基的心灵产生了巨大的震撼。受此影响，他把自己重要的一本著作的书名称为《我把心献给孩子们》。苏霍姆林斯基写道：“亚努什·高尔察克的一生和他的功绩激励了我。我明白了：

为了成为一名真正的儿童教育工作者，必须把自己的心先给孩子们。”

苏霍姆林斯基女儿奥丽佳对此曾肯定地说：“我父亲受到了这位波兰教育家真正的人道主义精神的深刻鼓舞，他十分赞同其关于‘童年的巨大价值和独一无二’的思想，赞同其关于必须‘提高’而非‘降低’对儿童的理解，同时也发展了这些思想。从《我把心献给孩子们》这本著作中可以看到，这位伟大的波兰教育家对我父亲的个性及教育观点产生了十分巨大的影响。对儿童的尊重，对儿童的无条件地支持——在我父亲那里成为绝对真理，他就是受其影响。而对于失去家园的困难儿童，对具有多种发展特点的儿童——对他们必须优先关注的思想，也是与从这位波兰教育家那儿得到的启发分不开的。”

这位波兰教育家对苏霍姆林斯基的影响不仅于此，校长哈依鲁莲娜说：“苏霍姆林斯基十分重视童话的教育作用，也得益于这位波兰教育家。在阅读亚努什·高尔察克的著作后，苏霍姆林斯基被这位教育家兼医生的思想所震撼，他指出：童话可以治愈孩子……治愈那些被贫困、战争和孤苦所摧残的孩子们受伤的心灵。于是，苏霍姆林斯基就带着那些饱受战争之苦的小学生们，走进森林，来到小河边，给他们讲述关于善良战胜邪恶的童话、关于正义和世界之美的童话和故事。”

5. 博物馆教学法——在博物馆上各种课

这所学校每月在苏霍姆林斯基博物馆展出一幅名画，是该校的“教育专利”。每个月，博物馆一定会介绍一幅世界名画。至今学生们已经接触了列宾、瓦斯涅佐夫、涅斯捷罗夫、库因吉等画家的画作。首先，当然是介绍这些画家的生平和作品，但他们做的远不止这些，正如苏霍姆林斯基带着孩子们走进大自然、聆听大自然的音乐、观察自然界丰富的色彩和画面那样，他们还努力做到：带领学生走进画作表达的另外的时代和陌生的环境，认识迥异的传统和体察画中人物的性格，了解所处的时代以及当时的风俗，感知画中主人公的行为，体会作者表达的情感，同时，还让学生欣赏那个时代的音乐。

这样，学校利用博物馆依次展出的名画和其他展品，直接在此上文学、历史、伦理、数学、物理等课。孩子们甚至可以从中发现，画作中空气动力学和万有引力原理在发挥作用，他们还利用展出的画作学习分数、几何、黄金分割法和透视法。十分重要的是，学生们通过在苏霍姆林斯基博物馆上的各种课，也逐步学习总结所学的知识，使其系统化，并将它们与在面前的名画提供的素材和信息联系起来思考，加上采用讨论的方式，使在博物馆上的课显得饶有趣味，颇具吸引力，取得了不错的效果。

为什么这么做？

哈依鲁莲娜校长说："学校办的博物馆不能只是供参观，尤其要充分体现苏霍姆林斯基教育思想，并发挥其教学和教育作用。我总想，苏霍姆林斯基已经离开我们40多年了，如果他还健在，这段时间中他会给我们带来多少有趣的新教诲啊！因而我们确认，在研究苏霍姆林斯基教育思想的同时，我们有责任根据时代的需求不断发展伟大教育家的思想。我们希望，这种在博物馆的教学方式，这样一体化的课程能帮助学生完整地感知世界，体会其全部的复杂性和矛盾性。孩子们在观赏绘画的同时也聆听音乐，这意味着，新的学习材料会激起情感和体验。此外，在谈及一体化课程时，我们不会忘记，世界上许多伟大的发明正是产生于不同学科的交叉点的啊！当然，诸如此类的非传统的教学教育方式，对我们的教师提出了挑战，提出了一系列新的要求，因为这比用传统方式上课要复杂得多。"

这里举办过很多教学活动，如教学研讨会、童话比赛（参赛者都是学校教师和孩子们），如学生与作家和名演员的见面会等。这就是博物馆教学法，它已在学校教学改革中占了重要地位。为此，可以说，这里的苏霍姆林斯基博物馆，确实非同一般，它孕育了独特的教学模式，它简直集中了作为该校教学和教育工作基础的最重要的、最有分量的一切因素。

据不完全统计，参观过该校苏霍姆林斯基博物馆的人数，至今已有超过80万，他们中有学生、家长、教师和科技人员——教授、院士等，定期来此的还有师范大学的学生，有乌克兰各地许多学校的同行。

不难看出，这所学校在全力以赴地根据时代的要求实践苏霍姆林斯基教育思想，努力帮助孩子认识周围世界，形成关于自然界和人类社会的概念。学校有责任为学生们解答那些现实生活所提出的问题，每位教师都应当通过自己所教的科目，给孩子传递有助于人生定位的知识和技能。如果学生学不到这些，那他就会丧失获取新知识的动力和能力。

这所学校认为，教学的主要目的——不仅是在课上给学生教授一定数量的知识，还要帮助学生形成关于周围世界的整体概念；同时，让他在这个世界中感知自我，促进自我塑造，以获得通过“个性定向教学体系”应当获取的良好效果。

第四节　抓住关键：在改革实践中创建教师集体

怎样保证学校各项工作符合苏霍姆林斯基教育思想，并具有时代精神？怎样建设“善良、创造、愉悦”的校风？怎样吸引家长了解并适当参与学校的改革进程？怎样保证学生在校 11 年的学习生活中得到健康的发展？这一系列的问题摆在校长面前，而解决它们必须依靠学校的全体教师。

怎样把近百名不同年龄、不同性格、有不同教育理念和不同诉求的教师团结起来？经考察，这所学校的做法有以下几点。

一、理解教师苦衷，像对待家人一样温情

校长哈依鲁莲娜认为，处在改革转型的时代，尤其是在国家经济发展迟缓、教师收入偏低的情况下，校长首先应当理解每个教师的处境，了解他们家庭生活的现实，起码在精神上要加以关心，并提供力所能及的帮助，以加强情感联系。这是校长应做的分内之事。

她说：“我们近百名教师，来到学校就组成了一个大家庭。那么，是否感受到家的温暖？这就决定于校长对待教师是不是如对待家人一样。这种情感联系非常重要。”

是啊！没有情感联系，教师间就难以建立正常的工作关系，难以形成学校的向心力和工作合力。在这所学校，教师间的情感关系和工作关系两方面结合得很好，表现出较高的水平。

第一，这位校长对待教师就像对待自己的兄弟姐妹、对待自己的子女，满腔热情，具有很强的亲和力。

第二，在工作中，校长就如家长，率先垂范。她做到：带头上研究课，展示自己学习苏霍姆林斯基教育思想后的教学改革措施，引发大家思考；主动与教师个别探讨关于教学教育改革措施及相关问题，逐步在大问题上统一思想；及时表扬有创新、有体会的教师，杜绝对教师的公开批评；带头深入

班级，认识学生，力争叫出学生的名字（基本认识近千名学生），与教师共同研究特殊学生的教育问题，一起克服各种困难。

二、组织教师学习，以苏霍姆林斯基教育思想作为团结基础

学校教师团结成良好集体的思想基础，就是苏霍姆林斯基教育思想，就是由此生成的对教育工作的共识。为此，该校做到：

（1）组织阅读苏霍姆林斯基之书——“教育百科全书”。青年教师进校后 3 年内必须读完苏霍姆林斯基全部著作；每学期突出重点，共同读 1 本苏霍姆林斯基著作。开学 1 个月组织“读书指导报告”，有 1 名本校教师主讲，学年末形成读书心得文集。

（2）请苏霍姆林斯基女儿、教育科学院有关专家来学校，作“认真阅读苏霍姆林斯基著作，结合学校实际，积极开展教育改革”的学术报告和读书报告。

（3）请本校毕业生，尤其是读师范专业的回校，讲在校学习时的体会，对学校工作提出建议和意见。

教师们特别关注苏霍姆林斯基写下的睿智建议：

● 如果没有教师的心灵从旁燃烧，孩子的世界就不会放射出独一无二、无与伦比的光芒。

● 经探索后我们相信，必须改变授课的方法和形式，改变交流的方式。孩子们在现在就有权享受自由快乐的生活。

● 在教学法研究过程中，最具有创造价值的收获，就是在孩子“说出了自己的话”的时候。正是在那一刻，孩子们才会在自己智力发展的道路上迈上一个新台阶。

● 教师与孩子间的交往应是诚恳的。

● 教师自己要找到自我、征服自我、控制自我。自我控制应当从教师开始。

● 教师应培养自己成为合格的教育者。

● 善良和识字一样，是需要教导的。一个人在另一个人身上培养着善良，也会在自己身上培养出善良。每个人的善良都需要专门培养。

● 教师之于孩子就是一切。教师应当为孩子创造更为轻松的生活。

● 如果一个人听惯了粗鲁的语言，只有说重话、呵斥性和强制性语言才

有效，那么对他来说自我教育就无从谈起，他甚至会逐渐形成“厚脸皮”性格。

校长介绍道，教师们通过读书、学习和交流后，在以下方面统一了思想：

- 教育学是人学；
- 对每个孩子需要：发现天赋——创造条件——形成个性；
- 自我教育、自我塑造；
- 鼓励与惩罚；
- 愉快与刻苦；
- 发展个性与集体教育的统一。

三、开展教育科研，在研究中增强凝聚力

学校组织教师组成教育科研小组，积极参与课题研究。近 15 年来，涉及的重点课题有：

（1）当代青少年的年龄特征；

（2）各年龄阶段学生的学习动力及其激发措施；

（3）儿童天赋的早期发现和发展；

（4）个性定向教学体系的要义与实施；

（5）关注个性和促进个性和谐发展的关系和措施；

（6）德育中的情感素养、精神素养与行为规范的培养；

（7）新时期劳动教育的特点；

（8）“自我教育大纲”的完善；

（9）优良班集体的时代特点及培养途径；

（10）家长工作的艺术；

（11）学校生态环境的建设；

（12）市场经济的消极因素对学校教育的影响；

（13）教育的理想主义与社会现实的矛盾；

（14）苏霍姆林斯基教育思想的时代意义及世界意义；

（15）教师自我完善的途径。

在研究上述课题的过程中，教师相互间的交流和沟通大大加强了，在很多重大问题上取得了较为一致的看法，形成了一定的共识，在求同存异中形成了工作的合力，促进了学校教师集体的建设和发展，也促进了学校工作的

与校长在“苏霍姆林斯基果园”里

正常进展。

总之，这所基辅市苏霍姆林斯基实验中学，在哈依鲁莲娜校长的领导下，始终以苏霍姆林斯基教育思想为办学指导思想，结合城市学校的特点和当前政治、经济、社会改革实践，从城市青少年特点出发，开展了教育改革的创造性实践，取得了骄人的成绩。

首先，它由一所原本十分普通的城市中学（或称平民学校），成长为教育质量较高的中学，它为学生喜欢，为家长喜欢，为社会欢迎。人们争相跨地区送孩子来此上学。

其次，学校形成了良好的氛围：充满爱心，洋溢欢乐，积极进取，健康美丽；广大学生朝气蓬勃，热情上进，学习努力，能力较强；高等学校欢迎这里的毕业生（100% 升学）。

再次，教师们在教育改革实践中乐于学习、探索和创造，教学水平和班级管理能力等普遍有大幅度的提高，明显高于同地区同类学校的水平。

还有，学校领导干部的能力提高较快，并为兄弟学校不断输送领导骨干，从一个侧面为进一步扩大宣传和实践苏霍姆林斯基教育思想作出了贡献。

由此可见，这所学校以自己的工作成绩证明：它无愧于苏霍姆林斯基的光辉名字！城市中学如何学习和践行苏霍姆林斯基教育思想？位于首都基辅市的这所中学给出了很好的答案！乌克兰教育界人士交口称赞它是“首都的巴甫雷什中学”，一点也不过分！

第九章

Chapter 9

教育界领军人物的见解

——访乌克兰教育科学院正、副院长

苏霍姆林斯基是苏联时代出现的著名的共产主义教育家。现在，苏联解体了，乌克兰变成了自由主义的国家。这里的教育部领导和教育科研的掌门人，对苏霍姆林斯基及其教育思想持有什么态度？他们怎么评价呢？

答案是积极的，评价是肯定的。因为历史走向的曲折割不断文化传承的脉络，社会制度的变迁和经济的发展依然有赖教育的进步和青少年的健康成长。苏霍姆林斯基教育思想的出现是符合历史潮流的，是有利于青少年健康成长的。

正如乌克兰教育界两位重量级人物所说：苏霍姆林斯基和他创办的巴甫雷什中学今天仍然是乌克兰人民的宝贵财富，苏霍姆林斯基教育思想不仅属于乌克兰，也属于全世界，希望与中国同仁合作研究、践行、发展之。

第一节 共讨苏霍姆林斯基教育思想的要义

瓦西里·克列缅

瓦西里·克列缅先生，哲学博士、教授、乌克兰教育科学院院长、乌克兰国家科学院（总科学院）主席团成员，曾兼任乌克兰教育部部长，是乌克兰教育科学界的超重量级人物。他多次来华访问，对中国政治经济和文化教育的发展很有兴趣，并有一定研究。

一、初次见面：商谈教育交流与合作

我认识克列缅先生，是2000年4月中旬的事。那时，我常去苏霍姆林斯基女儿奥丽佳的办公室，商讨研究苏霍姆林斯基教育思想和开展教育交流事宜。通常，我到后，奥丽佳总会把教科院副院长萨芙琴科女士请来，共同谈论关于深入研究苏霍姆林斯基教育思想的问题。这样，我与萨芙琴科副院长也渐渐熟悉了。

有一次，我们在谈事时，萨芙琴科女士对我说："吴先生，我们想介绍您认识我们教科院院长克列缅先生。他现在兼任教育部部长，所以很忙，回教科院的时间有限。今天，他正好回院，有见面认识的机会，如果您不反对的话。"

我当即高兴地答道："好啊！谢谢您的关心。我早就希望能认识克列缅先生了，只是没有机会。"

于是，我随着萨芙琴科女士来到院长办公室。

克列缅院长一见面就直切主题说："尊敬的吴先生，谢谢中国同行对苏霍姆林斯基教育思想的器重，我们一定在这方面努力与你们合作，争取取得新的成绩。我认为，文化教育名人的遗产属于全人类，就如中国的孔子属于全世界一样。现在，我们正努力向中国学习，学习你们改革开放的经验和成果。我发现，我们两国虽然远隔万里，但有很多共同的

地方，有不少共同语言。再说，我们两国间又没有地缘政治矛盾，这点很重要。所以，我们相互间应当多交流合作，互通有无。”

我说：“是的，从文化历史、自然地理、人口数量、经济水平、教育发展等方面看，我们两国有很多相似之处，应当加强交流合作。但是，坦率讲，我们在各方面的基础都比较差，我们看到自己的不足之处，愿意积极地学习外国的好东西，包括学习乌克兰的好东西。苏霍姆林斯基教育思想是教育瑰宝，接近我国的教育实际，我们非常感兴趣，愿意深入学习，并付诸实践。为此，我们近期准备邀请贵院的专家，包括萨夫琴科教授去中国讲学，希望您支持。”

克列缅在院长办公室

克列缅院长答道：“没有问题。我们的萨芙琴科教授多年来领导着全乌克兰苏霍姆林斯基教育思想研究会，每年都开年会，活动搞得很有成效。苏霍姆林斯基女儿苏霍姆林斯卡娅是我们的院士，是苏霍姆林斯基遗产的法定继承人，她更有发言权。此外，我院还有不少学者专门研究苏霍姆林斯基教育思想，可以相互交流。由此开始，我们还可以开展其他多方面的教育交流和合作啊！今后，有关合作交流的具体事项，您可多与萨芙琴科教授联系。她是我们的副院长，由她敲定就可以了。我一定全力支持。”

我连忙说：“谢谢院长先生！”

克列缅院长又说：“谢谢您，吴先生！让我们现在就着手，切切实实做事，一起迈出新的步伐。我肯定全力支持！”

初次见面，克列缅院长给我留下的印象是：干练、睿智、务实、高效。

二、在部长办公室：初谈合作践行苏霍姆林斯基教育思想

没隔多久，2000 年 4 月 21 日上午，我接到苏霍姆林斯基女儿的助手的口头通知，兼任教育部部长的克列缅院长将于当日下午 4:30 在部长办公室接待我。

我准时到达位于基辅市胜利大街的教育部大楼，克列缅部长的秘书已在入口处等候。克列缅热情地接待了我。

在谈到教育交流时，我首先提出："目前需要多来往，多开展学术交流，我们最关心的领域是继承和发展苏霍姆林斯基教育思想，开展这方面的交流和合作。上次与您见面时我就说过，我国教育工作者对此有很浓的兴趣，这里的合作空间很大，可以做大文章。例如，目前我国希望来乌克兰考察和学习的人员就非常多，大家要求很强烈，都希望到巴甫雷什中学参观。而到目前为止，中国到过巴甫雷什中学的教育工作者总共也就 20 人左右，显然太少了！现在来乌克兰需要体面的邀请函，办签证也不容易，希望能得到你们的支持，取得贵国政府的帮助。"

克列缅部长说："好啊，我们一定大力推动，全力支持！您说得对，促进交流，需要简化手续。你们的教育工作者想来，我们教育科学院愿意给他们发邀请函，这样规格高，办签证容易些。苏霍姆林斯基是我们乌克兰的伟大教育家，他也属于全世界，这是我们一贯的观点。现在，我们开始共同研究苏霍姆林斯基教育思想；将来，我们希望与你们共同研究孔子思想。"

我说："您说得好！当前，我们可以从共同研究苏霍姆林斯基教育思想入手，把事情做起来。"

克列缅部长话锋一转，说："好！吴先生，能否请您谈谈，您对苏霍姆林斯基教育思想中哪些观点最感兴趣？"

我答道："我最关注的是 3 个方面。首先，我敬仰苏霍姆林斯基博大的人道主义情怀，他对学生的大爱，他一贯以人道的态度对待学生，提倡老师把学生当人，努力培养他们成为'大写的人'。这表明，他把教育看成人们灵魂的沟通和净化的过程，也把教育看作信仰了；其次，是他关于集体教育与个性发展关系的观点，他认为，学生的发展离不开集体，但集体只是教育的手段，发展个性才是目的，在这方面，他超越了马卡连科，甚至大大地超越了时代；第三是他的教学论思想，其中包含了情感性教学沟通、协调性师生关系、个性化教学方式、发展性教学主张、对课堂教学中智力与情感构成的道德心理气氛的关注等。"

此时，克列缅部长问道："请问，这 3 方面之中您最关心的是什么呢？"

我答道："我对这几个方面都感兴趣。但我还是特别关注第二个方面，即集体与个性的关系问题。因为在20世纪90年代前后，我曾在国内参与我国教育部‘八五’重点课题‘班集体科学理论研究’的工作，在学校做了几年实验工作，当时我研究的重点是班级授课制方式改革与学生个性发展。在研究过程中，我们参阅了各个时期苏联教育家在这方面的研究成果，其中当然也包括苏霍姆林斯基的研究成果，包括当代俄罗斯和乌克兰教育家的研究成果，我们受到了很大的启发。由于参加过专题研究，也感到新的时代对人的发展，对学生个性发展提出了全新的要求，所以我对这个问题就特别关注了。”

三、专题访谈：解读苏霍姆林斯基教育思想

2000年5月中旬的一天上午，克列缅先生约我去乌克兰教育科学院见面，专门交流学习苏霍姆林斯基教育思想的体会，实际上是按约定接受我的访谈。

在教科院院长办公室，克列缅先生用上好的咖啡招待我。寒暄几句后，他微笑着问道：“吴先生，听您说您是中学教师出身，又长期研究教育科学，后来才从事外交工作的。今天见面，我继续谈谈对苏霍姆林斯基教育思想的见解？”

我答道：“院长先生，今天我是专门来听您发表高见的啊！”

克列缅院长说：“您是长者，按我们的习惯，长者为先啊。”

他这么说，我就不能推托了。以下是我们的访谈内容。

我：如果让我说，我有这样的想法：如果要形容苏霍姆林斯基，必须用两个形容词来形容这位教育家，这就是“真正的”和“伟大的”。放眼国际教育界，苏霍姆林斯基堪称“真正的”教育家。为什么说是“真正的”教育家？因为在我看来，国际上有名的教育家有很多，但称得上“真正的”，像苏霍姆林斯基那样，很少！因为“真正的”教育家必须具备一定的条件。第一，能办好一所学校——苏霍姆林斯基是行动在先，拿得出自己亲手创造的教育样板，这就是举世闻名的巴甫雷什中学。他通过这所学校的办学过程，总结出令人佩服的经验和理论，这所学校能培养出有个性的合格公民和人才，这所学校也经得起时间的检验和世人的推敲。而很多教育家却做不到这一点，往往拿不出自己亲手做的实实在在的东西来。第二，有受到广大教师欢迎的理论——苏霍姆林斯基创造了独特的教育理论体系，为学校多年的实践证实

有效，他的理论已形成整套著述，后人喜欢阅读，且乐于再运用于实践，大力推广。他的理论，他的著述被称为“活的教育学”，就是最好的证明。我看，没有后人的教育实践验证和推广的那些理论，充其量只能称作是教育假设，并不能称作真正的理论，它们甚至往往是昙花一现的东西。第三，有高尚的品格——苏霍姆林斯基本人就是品格高尚的典范，他那优秀的人格经得起时代检验，他那种“我把心献给孩子们”的鞠躬尽瘁精神，感人肺腑，催人泪下；他坚持真理，坚守教育良知，决不趋炎附势的品格，为后人永远景仰。从这三方面看，苏霍姆林斯基都具备了“真正的”教育家的必备条件。这是个人的浅见，请您批评。

克列缅：说得好，我赞同。请继续谈谈关于“伟大的”的含义！

我：院长先生，我以及我们的中国同仁们，现在都尊称苏霍姆林斯基为“伟大的”教育家，我们认为，“杰出的”这一形容词已经不适合他了！为什么说苏霍姆林斯基是“伟大的”教育家？因为他的思想一是具有普遍性，二是具有预见性。首先，苏霍姆林斯基能让千千万万中国教育工作者都从心底里佩服，大家愿意读他的书，愿意运用他的思想去办教育、办学校，他的思想具有普遍的指导意义，这就是‘伟大’。部长先生，请注意，很有意思的是，我国的教育行政部门，包括教育部，从来也没有发过相关文件，没有提过明确要求，没有号召大家一定要学习苏霍姆林斯基著作，但是，全国各地的中小学都在自觉地读他的书，自觉地实践苏霍姆林斯基教育思想，人们写文章也普遍把他的教育名言作为经典引用，真是不约而同啊！您看，这是大众的自觉选择，多么难能可贵！这就是“伟大”！此外，苏霍姆林斯基虽然身处农村，但始终高瞻远瞩，预见未来，他的教育思想有深远的历史意义。苏霍姆林斯基逝世 30 年了，他的思想不仅适用于现在，而且对未来教育有普遍的指导意义。例如，他关于“教育学是人学”的思想，太重要了。可以预见，在即将到来的 21 世纪，不管教育技术怎样发展和花样翻新，但“人学”总是根本，苏霍姆林斯基教育思想将仍然是指导我们开展教育改革的不可缺少的武器。我们中国教育工作者都有这样的认识。

我：院长先生，您让我先说，我就没客气。我国有句成语，叫“班门弄斧”，在行家面前，我不怕献丑。今天，我非常希望听到您的看法。是否能请您从哲学、教育科学研究的角度，详细谈谈怎样领会苏霍姆林斯基教育思想的要义。

克列缅：好的，我们一起讨论。吴先生，我们有着共同的看法。苏霍姆林斯基是位思想十分超前的伟大的教育家，30 年过去了，他的教育主张不仅没有过时，而且对当前的教育实践和教育科学研究仍然具有指导意义，对教育沿着人类文明方向发展具有指导意义。从哲学角度审视，他的高明之处就在于，能深刻认识教育的本质，突出人的价值，提出了“教育学是人学”的观点，举起了人道主义教育的大旗，这在当时的政治环境下是非常不容易的。此外，苏霍姆林斯基在审视教育问题的方法论方面，也是高于同时代的许多学者和同行的。

我：院长先生，您能否具体谈谈苏霍姆林斯基教育思想的要义？请您尽管讲，我非常想听，想速记下来，如果您不反对的话。

克列缅：好吧，我谈谈个人的看法，与您讨论，希望得到您的批评。我认为，苏霍姆林斯基教育思想的内涵丰富，其中最为重要的东西可以概括为以下 4 个方面：

1. 重视个性发展

苏霍姆林斯基反复强调，学校的一切工作都是为了培养人，而人是千差万别的，因而应当个性化地组织教学和教育工作。他提倡：要在班集体的背景上对孩子和青年开展个别化的教育工作，以发展学生的个性。他的这一见解在他那个时代尤其显得十分深刻，现在更是十分重要。实际上，人的个性的发展，不仅是学校教育的根本任务，也是一切社会发展的基本指标，更是社会进一步发展的基本杠杆。一个人只有从小在学校就开始自我认识，得到与众不同的自我发展，即在学校打好了发展自身个性的基础，他才可能在未来生活中学会自我实现，才能成为本国的合格公民，并成为真正的世界公民，才能很好地在国内外开展富有自信的交往，从而成为幸福的人，并在最大程度上为社会进步作出自己的独特贡献。

重视发展个性的思想，当前对我们乌克兰来说，尤其重要。由于历史的原因，我们的社会在很多世纪中都是民族村社传统占统治地位，随后好几十年又是极权性的集体主义社会传统占了统治地位。苏联时代把集体主义原则绝对化了，这就导致个性的窒息、消融，其后果就是，个人在社会生活中不能独立思考、独立行动。当前，面对各方面的大变革，我国很少有人能对我们周围发生的变化做出正确分析——分析其过程和现象，很少有人能在清醒分析的基础上提出建设性的意见，这就是长期忽视个性发展的恶果。

我觉得，苏霍姆林斯基看到了这一点：人的个性的发展，是我们社会健康发展和国家强盛的先决条件。他指出，发展个性就得从儿童做起，从教师自身做起。他说得太好了。

2. 实行发展性教学

发展性教学作为一条红线，始终贯穿在苏霍姆林斯基的教育教学的理论和实践之中。他反对死记硬背，提倡教孩子学会学习，他提出的“蓝天下的课堂”“思维课”“第二教学大纲”“课外科技小组”“创造性竞赛”“个性定向教学”等，都是要发展学生的智力及非智力因素，都是要发展学生的自学能力和自我教育能力，都是为健全其人格，发展其个性。

这一思想在今天具有特别重要的意义，在未来显得更为重要。现在很多人赶不上迅速变化的时代，就是因为他们在离开学校时，虽经一定的职业培训，但没有学会自我学习，不具备自学能力，于是一旦遇上变化，便不知所措。

当前，我们面临计算机技术的广泛运用，各级各类学校的教学体系正发生革命性变革，广泛实行发展性教学尤其必要。一定要杜绝死记硬背。让学生掌握必记的知识并在课堂上或考试时再现，是最初级的要求，而且，就是这一点也要搞得生动有趣，引人入胜。除此之外，学校还要认真引导学生逐步接触并掌握各学科的关键性专业知识和技能，使他们在已有知识的基础上掌握自学的方法，即不断补充知识，善于掌握再学习的方法体系，发展各方面的能力。

学习苏霍姆林斯基教育思想，我们应当提倡对教育的崇尚，提倡重点关注学会学习。我认为，学会学习，这是人的自我发展和现代人的生活方式的基础，也是人通向幸福之路的正确途径。

3. 人道地对待儿童

苏霍姆林斯基指出，儿童不仅仅是学生，更是人，是“大写的人”，是必须受到尊敬和关怀的社会与自然实体。在他眼里，儿童不仅是学生，而且是儿子、女儿，是同志、同班同学，是未来的丈夫、妻子、父亲、母亲，是劳动者、爱国者和公民。教师眼中应“看得见”人，他用了“看得见”这个词，就说明有的教师“看不见”人，他们看不见一个个千差万别的、富有个性的、鲜活灵动的孩子，只看见了抽象的符号，即千篇一律的“学生”。

我以为，苏霍姆林斯基提倡的是系统的人道主义。他主张，对待儿童和他们的全部学习活动，都要以人道主义态度加以研究；要尊重学生的人格，要满腔热情地关爱每个学生，努力了解学生的智力、才能、心理状态和生理状态，以采取个别化的教育教学措施。学校的任务，是必须创造一种人道的氛围，这种氛围能唤醒每个孩子像人一样去开动脑筋，逐渐去独立认识世界，独立学会学习，学会生活，从而感到快乐和幸福，从中逐步认识自身的价值。

我们应当学习苏霍姆林斯基，把人——儿童置于世界观定向的中心。在研究苏霍姆林斯基教育思想过程中，也必须把这一问题摆在首位。

4. 综合地对待儿童教育

苏霍姆林斯基认为，对儿童的教育，并非各部分工作简单相加，而是各种相关教育因素的有机综合。苏霍姆林斯基有一个很恰当的比喻：教育好比一朵花，这朵花由各个花瓣组成，其中不可能说哪个花瓣最重要，也不能说哪个不重要、可以去掉，因为去掉了任何一个花瓣，就不成其为花朵了。就是说，学校教育必须动员一切积极因素，包括家长和社会，以学校为核心组织起来、综合起来，使其系统化，这样才可能构成完整的教育，才可能真正教育好孩子。综合教育，对学校提出了很高的要求，因为这里纳入教育范畴的，不仅有儿童触及的世界——学校、班级、教师、家长和电脑等教学手段，还有远离儿童的世界——乡村、城市、国家、自然、劳动领域和文化历史现实，等等。

克列缅院长（左一）考察基辅市苏霍姆林斯基实验中学

我理解，苏霍姆林斯基在告诫我们，看待教育因素时，不仅要看到社会的、心理的、生态的、文化的方面，还要涉及已经消逝的、虚拟的、未来的东西。一切为了孩子，把一切综合起来，这实际上就是“人道的儿童中心教育学”的教育原则。

以上 4 点，恐怕就是苏霍姆林斯基教育思想的核心。这只是我个人的观点，不代表任何人，更不代表我们教育科学院。现在讲出来，是为了与您讨论。您是专门研究苏霍姆林斯基教育思想的，对此一定有深刻的见解。希望听到您的意见，将来看到您的文章。

我：十分感谢院长先生。您今天专门为我抽出时间，从教育、哲学的视角，解读了苏霍姆林斯基教育思想的 4 大特征：个性的、发展的、人道的、综合的特征。您的解读、分析，太精彩了，我深受启发，我已经择要记下了，谢谢！院长先生，我正准备撰写一篇学习苏霍姆林斯基教育思想的综合性文章，将来如成文、发表，一定请您批评。

克列缅：好。到时候您可别忘记哦！但您的文章必须翻译成俄语或乌克兰语，我才能阅读。你们中国的语言太高深了，我们民间有个说法，汉语就像天书。否则，我此生只能“望文兴叹”了。

我：到时一定翻译好拙文，请院长先生批评！再次衷心感谢院长先生抽出时间接受我的访谈。

这样，访谈就在欢乐的笑声中结束了。

第二节　解读苏霍姆林斯基教学论思想

阿·萨芙琴科女士，教育学博士，乌克兰教育科学院副院长，曾任乌克兰教育部副部长。她长期担任乌克兰苏霍姆林斯基研究会会长，是乌克兰著名的教育理论家，其最擅长的研究领域是教学论。

我与萨芙琴科女士认识是 1999 年 11 月中旬的事，那是在苏霍姆林斯基女儿奥丽佳的办公室，经奥丽佳介绍认识的。那次，我们三人商谈了进一步促进中国与乌克兰之间的教育交流，共同深入研究和实践苏霍姆林斯基教育思想的事宜。

之后，我与萨芙琴科女士又在基辅市及乌克兰其他地方多次见面，我也多次邀请她到中国讲学，并全程陪同。每次与她见面，我都抓紧机会做正式或非正式访谈，向她提出各种问题，听她从各个方面就对苏霍姆林斯基教育思想的理解发表见解。

现将多次访谈内容整理如下。

萨芙琴科女士与吴辰校长

一、关于教育教学系统的合理化

我：苏霍姆林斯基认为，为了发展每个学生的个性，健全他们的人格，学校需要合理的教育教学工作系统。那您怎样理解这个工作系统呢？

萨芙琴科：我以为，为了构建苏霍姆林斯基主张的教育教学工作系统，需要注意以下方面：

1. 弄清教学教育过程的目的和价值

苏霍姆林斯基认为，教学教育过程的主要目的和价值，就是发展儿童的个性，健全他们的人格，这是学校生活的中心。因此，每所学校及其教师集体的使命，就是为学生个性的和谐发展创造最好的条件，这里的个性和谐发展，指的是学生世界观的、道德的、智力的、劳动的、美学的和体力的和谐发展。这一思想可见于苏霍姆林斯基的诸多著作，如《我把心献给孩子们》《学生的精神世界》《巴甫雷什中学》《全面发展的个性培养问题》《给教师的一百条建议》《与青年校长的谈话》等，在这些著作中，他运用了许多关于“发展”的概念，如全面发展、发展思维、发展情感、发展语言、智力发展、体力发展、文化发展、学习活动发展、发展需要和兴趣、发展学习动机、发展爱劳动的品质、发展意愿素养，等等。由此我们可以看到苏霍姆林斯基一整套“发展性”教学和教育的理念。

需要指出的是，在苏霍姆林斯基那个年代，人们基本上还只关注对知识、技能和习惯的掌握，而他却指出了发展学生的智力、创造力和潜能的迫切性，认为真正合理的教学必须避免催逼学生死记硬背，要关注学生的发展，让课堂和校园充满这样的氛围：由“明快的思维”“鲜活的语言”和“不竭的创造”这“三根支柱”构建而成的学校精神生活及其相互间有机联系而成的良好氛围。

为了做好这方面的工作，建立教师集体的整体性工作系统，是基本保证。

2. 研究每个学生，由研究走向理解、关爱

为了达成发展，就必须认真研究每个孩子。研究的基本要求是：

（1）有计划地、善意地、不间断地、全面地、深入地研究每个孩子；

（2）研究学生的外在表现：在各种活动中，在班内的交往和关系中，在班外的交往和关系中的表现；

（3）研究孩子的心理活动和内心世界：学生的性格、能力、意志；对亲人的态度、对祖国的态度、对同学的态度、对书籍的态度；他的理想、需要、情感等；

（4）研究孩子的健康情况及其变化；

（5）研究学生的家庭情况及其变化；

（6）研究学生碰到的障碍和困难。

这里需强调：研究的目的，是为了理解，为了关爱，为了找到并采取适合每个学生的教学教育措施，为了促进学生在原有的基础上得到提高、得到发展。

3. 关注学生的发展动因和自我发展

学生的发展动因及其自我发展，是苏霍姆林斯基教育体系中最为重要的组成部分。这里的发展动因的基础，就是每个学生在取得各自成绩时的情感体验，而且这种体验应当是多次的、在多方面获得的——在学习中，在完成劳动任务、社会工作和创造性活动中取得成绩时获得的情感体验。

这就需要把学校生活的组织形式变得非同一般，且充满丰富的情感色彩。苏霍姆林斯基在巴甫雷什中学倡办的“蓝天下的课堂”“愉快的学校”“童话之屋”“幻想之角”“音乐之箱”等，都是为了使每个学生获得多方面的情感体验，获得成功体验，产生情感冲动。

此外，苏霍姆林斯基倡导“崇拜书籍”“崇尚阅读”，提倡“独立阅读”，发现“阅读之美”、建立书香校园等，并提倡引导每个学生与书籍的作者对话，在阅读过程中获得积极的情感体验，增强发展的动因——情感冲动，从而爱上阅读，促进学生的自我学习、自我发展。

这些教学教育措施，可以说，就是实现了科学教学论奠基人夸美纽斯的

理想：使学校变成了“人道的工作室”。

4. 创造适合学生发展的教育环境

苏霍姆林斯基坚定地认为，学生个性的发展，需要一定的环境和合适的条件，而学校教育最大的不幸之一，就是缺乏适宜学生发展和教师施教的条件、环境和状态。我理解，学生与周围环境的关系，实际上可以唤醒他智力的、创造的首创精神，刺激他的人道性和相互关系的伦理性。所以，创造合适的环境，通过日常活动向学生们展示快乐和美的源泉，就是“无强制性教学”的无限源头。

为此，巴甫雷什中学努力把各种教育环境组成综合体，它包括的环境因素有教学的、自然的、社会的、文艺的、游戏的、事务的、工艺的、信息的，等等，这种综合体，为和谐发展的教育教学和学生的个性发展，提供了利于积极劳动的各种各样的方式——学习性的、公务性的、文学性的和社会性的劳动方式，提供了各种可能性——内容充实的休憩、从事创造活动、表达对周围事物善意的可能性。孩子们所见所想事物的丰富多样性，就在这种良好的教育环境之中，这就是适合学生发展的环境。

5. 着眼于发展思维和丰富情感

这方面大家关注得已经很多了。巴甫雷什中学为此制定了“第二教学大纲”，作为对第一大纲即必修大纲的补充，并使它们相辅相成。其目的就是为思维的发展和情感的丰富创造良好的条件。

这里需要强调关注以下观点：

（1）学习是学生的精神生活的组成部分；

（2）到大自然中去，这里有儿童智慧的不尽源泉；

（3）不要过于夸大大自然在智育中的作用，而要引导学生去认识大自然，去思考其中呈现的因果关系等诸多联系；

（4）要发展学生的言语能力；

（5）要发展学生发现问题并发问的能力；

（6）要发挥童话与故事的作用；

（7）要鼓励学生发挥想象力，甚至敢于“异想天开”；

（8）要注意强化学生在思维发展过程中的情感体验；等等。

关于发展情感，苏霍姆林斯基专门提出了“情感文化”的概念，主张教师要主动走进学生的情感世界，积极丰富学生的情感，提高他们的情感素养，把认知和情感两个方面结合起来工作，促进学生个性和谐发展。

6. 重视积极的正面评价的作用

苏霍姆林斯基在巴甫雷什中学的22年时间里，教了从小学到高中的各门课程（仅制图课是例外）。有一点非常值得关注：他在教学中从来也没有给学生打过不满意的分数，请注意“从来也没有”，就是说，他坚持给学生以积极的正面评价。

他认为，评价学生劳动成果的过程对其个性的发展至关重要。消极性评价可能给学生带来不良后果，比如压抑他的情感，中止他的发展，形成他对世界的消极态度等，特别是对于年幼的孩子，消极体验日积月累，后果会很严重。

苏霍姆林斯基对当时苏联学校的教学评价方式十分焦虑、不满，因为那时教师评判学生发展水平的依据，往往只是分数：得好分数——就是好学生，此时，分数已经赋予了道德含义。教师只是依据分数就对学生的道德面貌做出结论，这样做是不全面的，也是不公平的。

苏霍姆林斯基指出，教师给学生打分时应当注意：

（1）不要指望用“整学生”的手段取得好的效果；

（2）千万千万要充分考虑学生付出的努力；

（3）在需要给分数时，一定辅以语言评价（鼓励）；

（4）不走极端，平时对每个答案、每项测验不可斤斤计较；

（5）努力让学生相信自己的力量；

（6）让学生在你的帮助下前进一步，哪怕是小小的一步，这一步将会成为他发展思维和获得认知快乐的情感动因。

（7）对待学习暂时困难的学生要特别耐心，有分寸，有教学智慧。

苏霍姆林斯基认为，在进行教学评价时，教师必须明确其基本要求：

（1）评价的目的是促进发展，而非惩罚；

（2）以人道的态度进行评价；

（3）看到每个学生的特殊性；

（4）考虑学生对学习的态度；

（5）考虑学生的发展前景；

（6）帮助学生取得进步；

（7）帮助学生趋向热爱学习、劳动；

（8）帮助学生学会自学；

（9）大力倡导积极的正面评价方式，不要让你的教学改革努力功亏一篑。

总之，发展学生的个性是苏霍姆林斯基教育思想的核心，而践行这一核心思想则需要我们教师做到：认识自我，超越自我；创造合理化的教育教学系统。

二、关于苏霍姆林斯基的教学论思想

我：您作为教学论专家，可否从教学论角度谈谈苏霍姆林斯基教育思想体系中教学思想的要义？

萨芙琴科：好。确实，现在有不少人，他们比较肤浅地接触一下苏霍姆林斯基教育思想，往往就止步了，他们并不真正了解苏霍姆林斯基教育思想，更不知道苏霍姆林斯基在教学论方面作出的巨大的贡献，这很令人遗憾。

苏霍姆林斯基是共产主义教育家，但又是人道主义教育学的优秀继承人，他继承并发展了卢梭、乌申斯基、高尔察克等著名前辈教育家的人道主义教育思想，继承了心理学家皮亚杰、维果茨基等的研究成果，出色地综合了教育学与心理学等学科在教学与发展方面的研究成果，对教学论这一复杂的领域进行了长期的深入的研究，作出了举足轻重的贡献，推动了发展性教学理论和实践向前迈进。

归纳起来，苏霍姆林斯基教学论的主要特点可以表述为：

（1）长期性——他从“对人的设计”角度观照学校教学过程，对学生个性的发展远景及其间学习生活的相应展开，作出长期的设计，从幼儿到少年，从青年前期到青壮年，直至中老年。

（2）系统性——从学生个性和谐发展的角度，把教学活动及全部教学法的研究，与学生个性和谐发展所需的各种活动形式结合起来，突出其结合的计划性和持久性，系统构建学校的发展性教学体系。

（3）主体性——强调学生学习生活的自主性，把教学与发展的着力点指向学生自学和自我发展，指向他们自身生命力的生长，这当然是强调发挥

萨芙琴科女士在我国作教学论报告

教师在教学过程中的指导作用，而不是灌输、替代作用，这是向教师提出了改革教学的更高要求。

（4）精神性——引导学生在增长知识的同时努力开发自己的智慧——智力、才能，尤其是创造力（它们相对独立于知识的多寡）。而学生智慧的开发，与其精神世界之间系统地关联着，即与他的精神性——情感、价值和世界观关联着。学生智力的内容包括人对世界的观点，它不仅可以表现，而且能努力证实、确认，并用创造性劳动加以捍卫。

（5）个别性——苏霍姆林斯基更多地强调，在班级授课制的背景上，教学要从每个儿童具体情况出发，尊重学生各不相同的个性特点，着重构建个性定向性教学体系，特别要认真做好个别指导工作，做到及时、细心、持续、有效，以真正使教学促进每个学生的发展。

（6）可操作性——积极地把理论运用于实践，探求十分具体的教学法——有利于激发学生学习动因、情感、智慧的教学法，并指明其具体操作的条件和方法。他特别提出了独特的“教学三原则”——需要，难度，美好。这三条原则很是深刻，很耐人寻味，又很具体。至今，大量教学实践证实了苏霍姆林斯基教学论思想的正确性。人们总结出了实施的操作要点，这就是必须做到：使劳动（包含学习）这类活动智能化；把认知的逻辑因素与情感因素及它们水平联系起来；要在大自然中上思维课；促使各年龄阶段的孩子“发展文学创造力”，并形成体系；应当激发学生的学习动因，刺激他们的认识兴趣和智能情感；特别重要的是，必须根据儿童的个性特点，制订在教学过程中促进其发展的远景目标。

总的说来，苏霍姆林斯基教学论思想很丰富，需要认真学习和钻研，尤其需要在实践中从各不相同的实际情况出发，具体运用，在运用中领会其要点，吸取其精神，并创造出自己的东西来。

三、关于苏霍姆林斯基对教学论研究的贡献

我：请谈谈苏霍姆林斯基在教学论领域所作出的重要贡献。

萨芙琴科：吴先生，您提的这个问题很有价值，可惜关注的人不够多。

我以为，苏霍姆林斯基在教学论研究和实践中所作出的重要贡献，至少有以下 6 个方面：

1. 在教学与发展之间建立有机联系

教学与发展的有机联系，是苏霍姆林斯基教育体系（包括教学论）的方法论基点。他认为，教学与发展相统一，促使学生个性和谐发展是有条件的，那就是统一于共同的目的：使学生个性在精神层面得到全面的完善，促使学生在教学和教育的影响下不断努力，实现自己的愿望——使自己变得更好。就是说，教学与发展必须服务于同一目的，提高学生的精神生活水平。

在苏霍姆林斯基教育思想研讨会上的合影

2. 使教学法带有情感，发挥教学工作的文化创造功能

苏霍姆林斯基认为，文化的主要使命就是创造一种东西，这种东西能使人变得更加高尚，能使人的生活经常得到改善，使人变得更加自由、幸福和有效率。教学工作就具备这种功能，它应当也可能创造那种使人精神生活更加丰富的东西，这里首先是情感的灵敏性。教学应当培养和提高学生在“情感文化”和“愿望文化”方面的素养，这是其文化创造功能的核心，在此基础上，才能建立价值定向机制。

3. 有目的地激发积极的学习动机

对于这一问题，苏霍姆林斯基从两个方面做了广泛而深入的研究：

方法论方面包括：

- 精神生活的本质；
- 需要和愿望；

- 责任和义务；
- 自我认知；
- 自学。

具体操作方法方面包括：

- 发展认知好奇心；
- 唤起认知欢乐；
- 唤醒聪明才智；
- 启动特长；
- 建立自信；
- 引起反思。

4. 揭示学生参与和掌握教学活动的途径

苏霍姆林斯基认为，必须千方百计采用各种教学形式和手段，让学生能参与并掌握教学活动，只有学生掌握了教学活动，才可及时而牢固地形成学习的本领，有了这种本领，才会产生脑力劳动的自尊，才会在活动操作中形成动力——支持兴趣和意志努力的动力，学习才会走上正轨。

巴甫雷什中学创造的“蓝天下的学校”“童话故事会”“思维旅行”及课题研究等教学活动形式，就是为了使学生能参与并掌握教学活动，从而得到发展。

5. 强调广泛运用民族文化资源

苏霍姆林斯基认为，在教学过程中应当广泛吸收民族文化资源，特别是艺术方面的资源，这是实现发展性教学思想的源泉，而这方面往往做得很不够，必须加以纠正。

教学中充分发挥民族文化的教育职能，就是立足本国文化，传递人类在世界观方面的价值，这种价值在教学中对学生说来就会成为儿童创造的源泉、人类交往的通用语言、创造趋好的美学环境之手段。

6. 涉及教学研究的空白领域

学生的自我认知、自我培养和自主学习，这些领域在那时几乎极少被研究。苏霍姆林斯基指出，在教学过程中使学生由客体变成主体，不仅需要在理论上阐明，尤其应当在实践中行动——从方法上有工具可操作，应让学生：

- 在各种生动活泼的活动形式中自我确认；
- 在与同学及教师的合作中自我实现；
- 在老师指导下与独处中学会自主学习。

总之，苏霍姆林斯基对发展性教学的理论和实践做了深入研究，对教学论本质的揭示、范围的拓展、内容的丰富、水平的提高、操作的探索等方面做了大量的工作，作出了很大的贡献。

第三节　给中国教育同行的建议

萨芙琴科博士多次应邀来我国访问、讲学，与我们建立了一定的友谊。在相互间比较熟悉的基础上，我有几次抓住时机对她进行了单刀直入的访谈，请她谈谈对我们教育改革的建议。

我：您多次来中国，参观了我们的很多学校，是否请您谈谈对我们中国教育工作者的建议。

萨芙琴科：我有幸多次到贵国参观学习，谢谢您！谢谢您提供机会，让我看了不少学校，接触了不少教育工作者。总体来讲，我由衷佩服贵国社会、经济和教育的迅速发展，佩服你们对苏霍姆林斯基教育思想的热情关注。你们有很多很多东西，给了我们很大的启发，太值得我们学习了！您问我有什么建议，既然是朋友，我想就要讲真话，是吧？我有一些想法，说出来，供您参考。

第一，你们中国同仁教育视野开阔，注意吸收世界各国的优秀资源，这非常好。同时，对自己的教育大师孔子，对他的教育主张，是否有必要进一步熟悉和研究？还有，对自己本国的教育大家，如陶行知等，对他们的事迹和教育主张，是否也有必要进一步了解和研究。如了解不够，那就遗憾了。

第二，我发觉中国同仁对古希腊的哲学家、教育家及其教育主张似乎有点生疏，不知是什么原因。这一不足可能从整体上影响教育研究的深入，影响自身的发展和提高。

第三，我多次看到中国年轻人的行为反差较大。在学校的教室里坐得端端正正、规规矩矩，在正式场合也总是正襟危坐、不露声色。但我发觉，

在旅游途中交谈

往往有人会打呵欠、伸懒腰，可能是吃力了，也可能没法释放能量，没法宣泄情绪。所以，一下课就会大喊大叫，甚至在食堂吃饭时，在餐桌上通常就会大声喧哗。哪怕是你们的博士研究生，与客人同在邻桌吃饭时，也是一样喧哗，让外来的客人们看到后很感惊讶，很不习惯。

第四，现在中国学校的校舍建筑等都很新式，但丝毫看不到中国的民族风格，为什么？还有，校园里树木很少、很小，似乎只是点缀。苏霍姆林斯基认为，人是大自然的一部分，绿化不光是为了好看啊。怎么为学生提供充足的氧气？怎么使人从小就爱护自然，与自然共处？学生下课时怎么保证打开教室的窗户？这些都应是校长、教师关心的问题啊。

第五，中国学校的规模为什么那么大？一所学校的人数那么多，合适吗？还有，一个教学班的人数达五六十人，我们进去听课，觉得教室里空气很混浊，这样，学生的头脑会感到供氧不足吧？苏霍姆林斯基认为，一所学校的总人数 1 000 人左右较为合适，一个班里 30 人左右为好。教育教学是非常细致的过程，它是非常精细而神圣的事业啊！你们每个家庭只有一个孩子，更加需要办小型学校，开设小型教育班啊。现在贵国经济有长足的发展，在发达地区好像应当可以实行小班教育啦。

第六，我们参观你们的学校，有时到了下午 4：30 以后，甚至是傍晚，看到学生还在教室里，教室里灯火通明。而且，学生放学时背的书包很大很重，学生的学业负担是不是过重了？学生们每天有多少自由支配的时间啊？苏霍姆林斯基对减轻学生负担，给学生以自由支配时间是很关注的。没有自由支配时间，怎么可能谈得上自我学习、自我发展呢？

第七，我们参观有些学校，总感到有些不协调的现象：如教室设备比较现代化，但教师的穿着很随便，学生的衣着也是皱巴巴的，小脸灰灰的；又如会议室或接待室的家具很高档，但摆放的花盆却是劣质的塑料盆，甚至盆中的花卉也显得缺水、枯黄……苏霍姆林斯基说过，应当对学校的美学环境非常重视，让一切都显得协调、和谐。

第八，观察中国教师们的行为举止，我们感觉很敬业，工作很忙，班级里的孩子那么多，真不容易！但是，据我观察，总还觉得缺少点什么，如对孩子的亲善和耐心，与人交往的和气和善意等，这些都涉及提高教师的人文素养问题。我们的学校里也同样存在类似的情况。这是我对照苏霍姆林斯基的教育思想中关于以人为本的教导，以高标准来要求教师了。

第九，希望中国同仁看到，现在世界各国的青少年都有一种不良倾向：崇尚西方文化，认为美国的东西什么都好。其实，美国的基础教育办得并不好，广大公办学校办得相当糟糕，好的只是私立学校。要用分析的眼光，看待开放后涌入的各种信息，保持清醒的头脑。

第十，我看中国教育有很多优点，希望你们坚持“中国特色”，因为独一无二的东西才是立足之本。

每次，萨芙琴科女士谈一点看法时，总要说：“吴先生，这是我的个人感觉和粗见，很可能不对啊！”但是，不难看出，萨芙琴科女士所提出的上述建议和意见，是发自内心的、充满诚意的，也是很内行的。

萨芙琴科女士是中国教育工作者的好朋友、真朋友，因为她说了真话，没有丝毫敷衍，这非常难能可贵！

第十章

Chapter 10

法定继承人的深刻体悟

——专访苏霍姆林斯基的女儿

苏霍姆林斯基的女儿奥丽佳女士一站在我面前，我立即感到她的睿智和不凡，感到她身上的强大气场。为什么？因为她是苏霍姆林斯基的女儿，从小在其身边长大，她同时又是苏霍姆林斯基的学生，从小学至中学都在其身边就读、成长；现在她又是教育科学研究的权威学者，在她母亲和哥哥相继谢世后，她更是苏霍姆林斯基遗产的唯一继承人。所以奥丽佳的言谈弥足珍贵。

苏霍姆林斯基的女儿奥丽佳是我的主要访问对象。自1995 年起，我与她接触的机会较多，时间跨度较大，访谈次数不少，有时在乌克兰，有时在中国，有时是单独交谈，有时是团组访问，交谈内容甚广，涉及问题较多，难以一一详述。

现根据历次记录，择要归纳成几个方面，用问答形式整理成文。

第一节 铸就独特人格的奥秘

我：请问，您父亲苏霍姆林斯基有兄弟姐妹共 4 人，都从事教育工作，为什么只有他成了举世闻名的教育家，其中基本原因有哪些？

访谈后在奥丽佳办公室

奥丽佳：我父亲苏霍姆林斯基，能从他兄弟姐妹 4 人中脱颖而出，成为世界闻名的教育家，原因有很多。首先是他个人的天赋和独特经历，加上他自始至终的非凡勤奋和努力；其次是良好的家庭影响，以及他对这种影响的积极态度；再有是十月革命给他创造了成长的诸多有利条件，共产主义理想给了他信仰。其中，起根本、决定性作用的原因，是他本人主观上的勤奋和努力。必须指出，他付出的这种努力，是超乎常人、持之以恒、卓有成效的。他是那么勤奋地阅读、思考、工作、实践、交往、总结、写作！这种勤奋，可以说，常人简直难以想象！现简单介绍一下这些重要原因。

一、良好的家庭影响

早年，苏霍姆林斯基一家在远离城市的穷乡僻壤，这是个具有典型乌克兰民族传统的贫苦农民家庭，他们生活艰辛，但勤于劳作、善良正直、讲究礼貌、乐于助人、疾恶如仇。他们与众不同之处，就是崇尚文化。我的曾祖父和祖父在劳作之余都喜欢读书，在父亲小时候，家里居然就有了些藏书。

在家人中，对我父亲影响最大的有我祖父、祖母和曾祖母。尤其是我的祖父，对父亲的成长影响最深。

我祖父亚历山大·叶密尔扬诺维奇·苏霍姆林斯基，在故乡是个小有名气的人。他不是一般的农民，而是个种田能手，又是聪明的木匠；他有点文化，是坚定的布尔什维克，当过集体农庄领导人、学校的劳技课兼职教师、兼职记者等；他也是农村社会活动的积极分子。我祖父经历了十月革命后的一切变故，还有 1933 年前后的乌克兰大饥饿等，由于祖父的勤劳、善良、聪明和担当，全家没有一人倒下，而是不断越过难关，战胜了各种困难。随后，家里的生活逐渐改善，子女健康成长。在困难的年代，祖父的榜样给我父亲起了很好的示范作用。

我父亲选择教师为终身职业，除了他父亲的影响外，很大程度上是由于个人原因：他小时候先天不足，身体虚弱，常常生病。这一特点，一方面促使他更多地进行自我观察、自我分析、审视自己的情感和内心世界，努力锤炼自己的意志，不断要求自己变得健康、强大；另一方面，这也促使他成为情感丰富的人，使他更加同情、关心弱者，关心那些需要帮助的人，关心那些弱小的、无助的人和事。而教师这个职业，就是最能满足他的愿望的职业。

二、受十月革命和共产主义理想的影响

综合观察我父亲苏霍姆林斯基的生活历程，将其个人因素、职业因素和社会因素等作综合分析，起关键作用的肯定是社会因素，这就是十月革命及建设共产主义社会的理想。

十月社会主义革命的洪流席卷苏联大地，使亿万人告别了贫困，取得了受教育的机会。在这样的条件下，父亲顺利地受到了中等教育，当了教师，并通过函授学完大学课程，在实践和理论方面打下了扎实的基础。

那时，人们兴高采烈地参与社会主义建设，向往着共产主义，并立志终生为之奋斗，这也包括了年轻的苏霍姆林斯基。

我父亲是个真诚的共产主义者，他的信奉是建设带有理想主义和浪漫色彩的理想社会，这种理想充满了对自由、平等、无私和大同的向往，充满了对和平、友爱、团结和助人——帮助一切体弱的、贫困的和无助的人——的良好追求。共产主义是他的信仰，他一生都忠诚于这一理想，并全力为之奋斗。

为此，我始终认为：没有十月革命，就没有苏霍姆林斯基这位教育家。

三、卫国战争的洗礼

1941 年夏，惊心动魄的卫国战争刚开始，苏霍姆林斯基就响应号召，奔赴战场。这场战争给他的一生留下了太深的痕迹。他在莫斯科城下身受重伤，

几度昏迷，死里逃生，得救后伤愈时成了二级残废，他的右臂短了 5 厘米，离心脏不远处留有法西斯的弹片，它难以取出，不时作怪，伴他一生。尤其令人悲痛的是，战争夺去了他好几个亲人。切肤之痛，加上手足分离，他伤心至极！还有，他目睹无数战友牺牲和伤残，无数建筑和家园被摧毁，无数妇女儿童流离失所，家乡乌克兰沦陷后惨遭法西斯涂炭……这一切一方面构成了他心中难以愈合的伤口，另一方面也成为他形成人道主义、爱国主义和公民意识的源泉之一。从他的著作中，人们时常可读到战斗生涯和各种见闻在他身上留下的深深痕迹。

奥丽佳给吴辰校长讲述父亲的人生后合影

卫国战争的战火，彻底淬炼了苏霍姆林斯基的生命和思想。获得第二次生命的他，为了重建家园，愿意赴汤蹈火。一听说家乡已经解放，他便带着新婚妻子——我的母亲，拖着伤残的身躯，回到老家了。他心中燃烧着一个愿望——亲手重建家乡，全力贡献自己的心血和生命。从此，他就不顾一切地开始了战后的新生活——在教育战线开展创造性工作历程。

奥丽佳反复强调："苏霍姆林斯基，我的父亲，之所以能成为杰出的教育家，当然与他个人的大量阅读、深入思考和不断实践是分不开的，与他个人的优秀品格是息息相关的。这方面就不言而喻了。"

第二节 真正的共产主义教育家

一、两次获得"列宁勋章"

我：在相当困难的 1968 年，苏霍姆林斯基因坚持真理而遭到"围剿"，他为什么能第二次获得“列宁勋章”？

奥丽佳：在生命的最后几年，苏霍姆林斯基坚守教育良知，继续高扬社会主义人道主义的旗帜，与教条主义、形式主义等不良现象作不屈不饶的斗争，虽然遭到一大批奉行经典教育学的保守学者的批判，但教育界的一大部分教师连同许多家长们却十分赞赏他的实绩，赞同他的教育观点。是的，他的实验基地巴甫雷什中学不断取得的骄人成绩，具有无可辩驳的说服力，前去参观的人们络绎不绝，不仅有苏联境内的，还常有国外的教育界代表光临，这里仿佛成了教育界的“麦加”（圣地）。

此外，由于苏霍姆林斯基出色的教育实践和科研成绩，也由于他十分重视乌克兰语言文学和乌克兰民间传统等民族文化的资源，关注乌克兰的“民族教育学”，将其运用于学校教育教学的全过程，这一切引起了当时乌克兰第一书记舍列斯特的特别关注，这位书记非常爱护乌克兰自己的教育家，他对苏霍姆林斯基持支持态度，对获奖起到了关键作用。

据说，1968 年，当舍列斯特审批关于“列宁勋章”获奖的最终名单时，就问下属：“为什么这里没有苏霍姆林斯基啊？”于是，名单中补上了苏霍姆林斯基。这样，他就第二次获此殊荣了。

二、名副其实的共产主义教育家

我：我们中国教育工作者坚持称呼苏霍姆林斯基为“共产主义教育家”，您看这是否恰当？

奥丽佳：当然恰当啊！这没有什么值得怀疑的啊。

今天，在乌克兰的不少人眼里，苏霍姆林斯基是太信仰共产主义了，太理想化了。信仰共产主义，对于苏霍姆林斯基来说，没有什么不对啊！我认为，有理想总比什么理想也没有好得多吧！再说，这是一种崇高理想啊！

我认为，称他是“共产主义教育家”，他是当之无愧的。为什么？至少有以下依据：

第一，苏霍姆林斯基是一个真正的共产党员，而不是口是心非、只图私利和只贪享受的假共产党员。他坚信马克思列宁主义，克己奉公，身体力行，鞠躬尽瘁。面对周围不少明显违背马克思列宁主义的人和事，他忧心如焚。他立足于本职工作，把自己的一切都献给了巴甫雷什中学，献给了学生，献给了共产主义教育事业。这就证实，他是个真正的共产主义教育家。

第二，他的全部教育主张，他的全部教育思想，可以说都是服从于共产主义教育思想体系的，不仅服从，也是完全符合的。例如：

①热爱儿童，热爱人类；②关注集体建设，在集体中发展每个学生的个性，发展他们的创造力；③崇尚大自然，因为它是培养一切美好情感并使之和谐的最重要的手段；④遵循道德—美学价值，根据人的兴趣和需要，从事创造性劳动，在劳动中创造财富，体验欢乐；⑤从小培养儿童关于愿望和需要的素养，尤其是培养“把劳动作为需要”的素养；⑥研究并采用教育和教学过程中的民主方法和手段；⑦关注儿童的内心世界，依靠其内在力量和潜能，支持并发展每个人个性的积极因素，张扬真、善、美，拒绝假、丑、恶；⑧发展“认识的欢乐”，形成学习兴趣，使学习过程成为自由展示学生优点和促进每个儿童能力发展的过程；⑨实行民主化管理：构建管理学校教育教学过程的民主化结构——教育研讨会、心理研讨会、家长学校等。

不难看出，他的上述观点和措施，是完全符合共产主义教育原理的。

第三，在苏霍姆林斯基心目中，共产主义社会应当是理想化的社会，它将达到如下要求：

①每个人的个性都得到和谐发展；②人们相互间的关系充满高尚的道德；③社会（包括学校）公平、正义；④人们的精神世界和道德水平高度发展；⑤人们普遍感到幸福。

这就是他的愿景。苏霍姆林斯基通过学校教育，在实践和理论结合上虔诚地为此目标而奋斗了一生。

第四，他认为，为了实现共产主义，必须与周围的“恶行”做斗争。

苏霍姆林斯基看到了苏联现实社会中存在的诸多弊端，看到由此对教育产生的种种消极影响，他十分着急，在《共产主义教育简论》一文中，他率先在苏联教育界大胆指出，苏联社会主义社会中还存在着“不少恶行”，还存在着“阴暗的、缺损的、罪恶的东西”，它们对青少年的健康成长每时每刻地施加消极影响。他指出，“真正的教育行家必须首先培养学生能正确对待恶行、谬误和侮辱”，不能使学生毕业后踏上社会时变成“任一切狂风吹折的无助的小草”，应当使他们“在学校里”就成为“积极的社会力量”。这里他用了“首先”，指出了问题的严重性和迫切性。他认为，不懂得这一点，不去积极践行，就等于在温室里培养花朵，让学生两耳不闻窗外事，那就不是“善于教育”，就不是真正的教育本领，那就是对共产主义教育的亵渎。

第五，他努力为共产主义教育开展建设性工作。

苏霍姆林斯基不是对社会现状一般性地提出批评，指出存在的种种“恶行”，之后就没有下文了。不，他是全力付诸行动——建设性的行动。

他的主要措施之一就是办“家长学校”。

很多人以为，苏霍姆林斯基积极创办“家长学校”，仅仅是为了提高儿童的学习成绩和智能发展水平，其实，这是没有全面理解他的思想。他是从整体实施教育的角度，指出学校必须“首先”面对社会上存在的“恶行”，全力调动家长的积极性，共同教育孩子，抵制消极影响，成功地培养“真正的人”“大写的人”。他是从这样的角度考虑问题的。

他常常使用“教育的不协调性”这一概念，指出家庭中因社会的影响存在着大量消极因素，孩子们从小就开始复制着家长的消极品性，这些消极因素不知不觉地影响孩子成长，这就产生“不协调”。家长应当与学校配合起来，以身作则，教育自己的孩子。他特别提出，要在家里办“家庭图书馆”，家长要带头读书、率先阅读、提高水平，以形成氛围，积极地影响自己的孩子。

此外，苏霍姆林斯基十分重视学校教学工作的教育性。他在学校努力克服在教学过程中忽视德育（把智育与德育割裂起来）、无视情感教育的倾向，提倡科学地组织课内课外的活动，积极促使学生把智能发展与道德水平提高协调起来，使他们在认知、情感和行动上都能分辨是非，拒绝恶习和恶行，丰富自己的内心世界、精神生活和情感体验，从而在学习过程中确立良知，接受共产主义的精神价值，逐步建立起道德信念，成长为一个“大写的人”，一个合格的共产主义建设者。

总的来看，我们应当坚持这样的结论：苏霍姆林斯基确实是一位真正的共产主义教育家。

三、对苏维埃教育学的突破

我：苏霍姆林斯基对苏联时代的马克思主义教育学有否突破？如果有，他有哪些建树？

奥丽佳：有啊。苏霍姆林斯基在教育领域的许多问题上，作了大量的创造性探索。

20 世纪 50 年代末到 60 年代初，在苏联政治“解冻时期”，苏霍姆林斯基就开始考虑构建自己独特的教育概念体系了。特别应当指出的是，从他当时的著作中可以看出：他对自由的渴望。他所涉及的教育课题表明，他希望给学生一定的自由：思维的自由、创造的自由和实践的自由，还有给学生以自由支配的时间、闲暇时间。他还提出了这类研究课题：学生的个性及其发展，学生选择的自由——对劳动、发展和意识形成做出选择的自由。此外，他还研究过关于母语、言语和词汇的作用及实施，关于情感文化的作用和实施等。

到了 20 世纪 60 年代中期，尽管教育随着整个社会进入了“停滞时期”，教条主义伴随着教育的意识形态化和政治化又肆虐起来。但他不管这些变化，继续突破各种条框而前行。他天真地认为，自己按马克思主义哲学思考和行动，不会有错。那时，他写的很多著述便越来越“离经叛道”了。

是的，人们可以看到，苏霍姆林斯基的教育理想的外貌和骨架，都是建立在马克思主义的正确性和“神圣性”基础之上的。但是，今天可以发现，他的很多主张已经超出了马克思主义原理的范畴了。例如：

①他突破了苏维埃教育学那千篇一律的刻板教条，以自己独有的教育主张的内在本质、概念范畴、研究态度等，构建了发展个性及培养新人的全新的教育学话语体系。②他主张教育应当给予学生选择的自由，培养学生意志的自由，提倡学生作自我评价，从而确认每个孩子个性的不可重复性等，他把“自由”的旗帜亮了出来，并与对义务、责任的培养结合起来。③他主张关注学校文化建设，提出了“情感文化”“意愿文化”“美学文化”等概念。尤其是随着“情感文化”的提出，他把“关爱”“热诚”“移情”“体验”“欢乐”“幸福”等课题作为教育学研究的对象，让人耳目一新。④在方法论方面，他提倡回归到人性之本，以人为目的，从实践出发，独立思考。比如，他在有关集体教育等重大教育观点方面撰文，指名道姓地批评马卡连科，大胆挑战马克思主义教育权威，宣传教育的人道主义，主张教师应当用自己的头脑思考，绝不可人云亦云。

凡此种种，苏霍姆林斯基以自己睿智的思考和过人的胆略，走上了创新之路。他的这些突破性创新，冲击了苏维埃经典教育学，他超乎常人的见解和决不妥协的性格，得罪了势力庞大的保守阵营。于是，就不可避免地产生了冲突。

就是这种冲突和斗争，耗费了他的大量精力，也成了他英年早逝的重要原因。

第三节　把“自由”与“责任”统一

一、对“自由”作教育人类学的观照

我：能否请您谈谈苏霍姆林斯基对于“自由”的理解？

奥丽佳：苏霍姆林斯基主张“人的自由发展”，完全是从马克思主义的基本原理出发的。现在看来，这都非常正确，但在那个时代，却引起了争论。仔细研究，我们就会发现，苏霍姆林斯基就“自由”这一课题的论述，有三个特点：一是他的全部著作中专门论及“自由”的篇幅并不太多，而是把“自由”的思想贯穿于自己的主要著述之中，就是说，这是贯穿苏霍姆林斯基教育思想的主线；二是一旦提及“自由”，一定特别强调其重要性，对于学生个性发展的无比重要性；三是如谈及“自由”，一定同时提及“责任”“义务”。

与萨夫琴科（左）和奥丽佳（中）一起

必须指明，这并非教条主义的表现。我们应当看到他研究这一问题的态度，他的态度一以贯之，十分科学，十分严谨。

关于教育中的“自由”，苏霍姆林斯基首先从教育人类学的角度指出：第一，学校里的孩子就是学习的主体，对待孩子就应如对待一个自由的生命体；第二，学校教育的目的，就应当使孩子发展个性，成为幸福的人，而幸福的人也就是自由的人；第三，孩子的思想、观念、伦理道德等范畴，应该

体现于他作为个性的自我意识之中，应该由孩子自己学习、决定和确认自己的道德选择。

这些观点和态度见于他的著作《怎样培养真正的人》《论爱情》《给儿子的信》等。他在给儿子的第 12 封信中写道：“人本身的意志和自我克制是最主要的。应当敏锐地分辨三样东西：可以、不行、应该。凡是能分辨出这三样东西的人，就都具有一个公民最重要的特点：义务感。义务，这是行动的自由，是受崇高鼓舞的人的行为……尽义务并不束缚人的手脚，不束缚人的意志自由。义务和良心——这些道德情操构成了人区别于动物的最重要的特点。

根据苏霍姆林斯基对“自由”和“责任”的观点，“儿童的个性”在他那里的含义，就是指独立的、无依赖性的、有创造性的个性，就是在其参与的各项活动中能展现自己独特的、真正的人类本性的人。

他认为，教育就是儿童接受感知和认识世界的特定活动形式。在教育中，儿童应当成为他想成为的人，但他首先应该成为个性：应该发展自己的愿望、情感和需要，以自己个人的意志表达道德规律——那种创造自己、约束自己的道德规律，成为一个自制的人，同时也是按道德准则紧密联系他人的人。

二、侧重点——学习中的“自由”和做人中的“责任”

我：那么，苏霍姆林斯基是怎样在实践中开展关于“自由”和“责任”方面的教育呢?

奥丽佳：苏霍姆林斯基把这两个相互区别又紧密联系的范畴看作同一事物的两个方面，但在不同的场合有所侧重。

我注意到，他讲到“自由”时，往往侧重指向教学过程的改革，指向学生的学习生活；而谈到“责任”，则更多的是指优化德育过程，指导学生做人。合起来讲，就是要不断改善教学教育过程。

苏霍姆林斯基认为，学校的教学过程应当这样来组织：要破除管头管脚的模式，还学生以自由，使每个儿童有可能自由选择智力活动种类，使这一种类能根据其能力和天赋，符合他内在的本质。他在《怎样培养真正的人》一书中写道：“不应把一个心理正常的人看作有能力或没能力，就是天才也可能对某些活动种类无能为力。学校的任务就在于：找到每个儿童创造能力的泉眼，在童年时就去开启他唯一的幸福源泉——生存、劳动、创造之源泉。

在巴甫雷什中学的教学实践中，他总是努力为每个孩子提供选择智力活动种类的自由，这里突出了“选择”的“自由”，并且是“为了每个孩子”，无一例外。面对大纲、计划和教科书雷同的情况，他制定了“第二教学大纲”，并积极实施。他组织各种创造性的科研活动小组，开辟“蓝天下的课堂”，开展多种课外活动，从而使孩子们获得选择的自由，去发展自己的各不相同的才干和能力。

很明显，在教学中，他主张从每个学生的实际情况出发，实行“个性定向性教学”。他坚决拒绝单纯适应信息增量的教学思想，发展和补充了给予学生“自由”的教学思想——根据每个孩子的兴趣和可能，积极地组织教学过程的思想。

至于培养学生的“责任心”，苏霍姆林斯基关注的重点在于，教育要求是否符合学生的内在可能性，学生是否能正确理解和掌握这样的要求，学生是否有能力达到提出的教育要求。就是说，他重点关注着学生的：①年龄特征；②情感状态；③道德经验。

应当强调，苏霍姆林斯基在研究“自由”与“责任”这一问题时，绝不是着眼于外部动因和环境因素，而是一如他的整个教育思想体系，着眼于学生个性品质的内在生成构成，着眼于唤醒个性的内部世界和本质力量，并使其得到发展。

必须指出，苏霍姆林斯基坚持的“自由”的教育思想，在今天仍然十分重要。他曾说：“不应该等到一个人满脸胡子的时候，再谈及进行道德自由教育的问题，而是应当在“自由的”这一概念的真正含义，会引起惊讶和赞叹的时候，促使他审视自我。

关于怎样具体实施，苏霍姆林斯基提出了“三位一体”的思想：心灵、脑袋和手——有良心、有智慧、爱劳动。他主张，必须为实现“自由”创设教育条件，促使学生学会自我管理、自我组织和自我学习，让他们选择创造，创造自己的生活。懂得“自由”就是有意识地选择自己的生活道路。

第四节 重视“情感文化”的建设

我：苏霍姆林斯基多次提到“情感文化”，这在教育学范畴里是比较新鲜的问题，实际上倒是非常迫切的问题。请简要谈谈您的看法。

奥丽佳（中）与中国校长在一起

奥丽佳：是的，既然教育的目的在于孩子们的幸福，在于人的发展，那幸福就是一种情感啊，人的发展就必须是理智和情感的协同发展啊！只关注理智，无视情感，实际上还是“目中无人”！关于“情感文化”，苏霍姆林斯基在很多著作中都有论述，值得我们关注。

一、“建设蓝天下的学校”——“快乐的学校”

在《我把心献给了孩子们》这本书中，苏霍姆林斯基就开宗明义地提出了“快乐的学校”，主张建设“蓝天下的学校”，让学生们从事“充满崇高情感的劳动”，感到“我们生活在健康乐园里”“让孩子体验脑力劳动的快乐和取得学习成绩的快乐”等。

我们的孩子们现在在学校里生活得怎么样？他们有多少快乐感？这个问题值得大家研究。

二、塑造合格公民的情感——自尊与尊重、同情与责任、自豪与幸福

在《公民的诞生》一书中，苏霍姆林斯基对情感的论述也有很多。

他写道：为了实现“孩子是生活中的欢乐”这一真理，必须“在对孩子的关爱中展现出人最高尚的品质——自尊心”，必须“在学生们的心灵中确立起这样的观念——像对待最珍贵的宝贝那样来尊重人”，必须使“儿童为

别人创造欢乐，并由此而感受到自己的幸福和自豪”。

他在此书中还写道，应当“培养和发展对一切有生命的和美的东西具有同情心和怜悯心——发展对大自然中的一切美好事物的热忱的关切态度。归根到底，也就是培养对人的怜悯心”，这就是提高学生的文化素养。

三、情感文化与情感教育的方方面面

苏霍姆林斯基在《公民的诞生》及其他著作中专门论述了“心理文化”“精神文化”“道德文化”“情感教育与美育”等。他特别论述了关于“情感文化”、情感素养及情感教育的诸多问题，它们包括如下方面：

- 情感与心理素质（感觉、知觉、记忆、思维、想象）；
- 情感与语言素养；
- 情感与尊严；
- 情感与刺激；
- 情感与感染；
- 情感与美感；
- 情感与情境（情感情境的一般特征）；
- 情感教育与道德教育。

至于《给儿子的信》这一著作，则自始至终充满了“情感文化”，贯穿着情感教育。

在《苏霍姆林斯基选集》五卷本的第五卷中，收录了他的两篇重要文章。一篇是《情感教育》，发表于1964年9月10日的《科学与宗教》；另一篇是《怎样爱学生》，发表于1967年第7期的《苏维埃学校》。它们比较集中地反映出苏霍姆林斯基关于建设“情感文化”的基本思想。

在论述“情感教育”的同时，苏霍姆林斯基还常常提及“意愿文化”“人道化”等概念，这表明他思想的核心就是教育的人道主义。而要实行社会主义人道主义，教育就必须深入人的情感领域，对其做教育学的研究，研究“情感文化”的内涵和教育策略。

这样，重视了情感文化，我们的教育就不会仅仅局限于“理智”方面了，教育的目标——培养和谐发展的人，才可能真正实现。

第五节　全面理解教育家的思想

一、光读《苏霍姆林斯基选集》五卷本不够，必须研读他的代表性著述

我：怎样全面理解苏霍姆林斯基的教育思想？

奥丽佳：要全面理解苏霍姆林斯基的教育思想，最重要的一步，就是要认真阅读他的全部著作和文章，尤其是阅读他的具有代表性的著述，阅读他的重点文章。

不可否认，做到这一点很不容易，在客观上还存在着一定的局限。

第一，他的很多重要文章，尤其是后期的，系统反映苏霍姆林斯基教育思想精华的文章，没有收进《苏霍姆林斯基选集》五卷本，有不少信件还等待“解密”（在俄罗斯国家档案库）、等待公开。还有，他后期的重要文章，如《前进》（又名《不要原地踏步》），又如《共产主义教育简论》等，才刚刚公布，需要认真阅读、研究。不读这些文章和相关通信等文献资料，很难全面把握苏霍姆林斯基教育思想。

第二，在《苏霍姆林斯基选集》五卷本的编辑过程中，不仅很多文章没被收进，而且收进的文章也被删节或修改过了，缺了些原汁原味，今后如有可能，需要组织力量，重新出版。

第三，在解读苏霍姆林斯基著述的过程中，由于历史的局限，很多学者因主客观原因而作出了不少误导。明显的例子就是《苏霍姆林斯基选集》五卷本的“前言”，作者阿·泽韦林教授的行文较多地从政治和意识形态角度作出评价，而不是从学术角度看问题。这是最大的偏差和误导。

二、发现《苏霍姆林斯基选集》五卷本“前言”的不足

我：请您谈谈对《苏霍姆林斯基选集》五卷本“前言”的具体看法。

奥丽佳：我和母亲对这个“前言”相当不满意。如果再版，这个“前言”一定得重写！

当然，客观地讲，作者泽韦林先生本人还是尽力的，他也是受了历史的

局限，也许受到了什么压力，才写出了这样令人不满的“前言”（《杰出的苏维埃教育家》）。也许，他自己也未必满意。

为了避免误导后人，现在必须严肃地、清清楚楚地指出，这篇长达49页（乌克兰文）的“前言”中，有许多不当之处。

第一，基调不当。在这篇长长的“前言”中，作者泽韦林先生，作为教育科学知名专家和编委会主任，一开始就把整理苏霍姆林斯基这位“杰出的苏维埃教育家”的一生成果纳入了政治框架，以政治化和意识形态化的观点和方法作为这项严肃工作的基调，文中自始至终充满了马克思、列宁和时任苏共中央第一书记的勃列日涅夫的语录，不时引用政府文件和决议，使教育文献整理和出版工作打上了阶级分析和意识形态的深深烙印。

第二，评价错位。这篇“前言”给人的印象，苏霍姆林斯基就是一个苏联共产党的政治思想代言人，是对政府有关教育文件的诠释者，而不是独立地研究教育科学重大课题的教育家，不是针砭时弊、有创造性见解的社会主义人道主义教育家。当然，苏霍姆林斯基著述中也常常运用一些当时流行的政治思想教育的术语，但这只是历史的局限，不是苏霍姆林斯基教育思想的基本面啊！特别应当指出，苏霍姆林斯基差不多对苏共中央的每个教育决议都提出过不同意见，包括给赫鲁晓夫写过好几封信等。

第三，疏漏不少。此文忽略了苏霍姆林斯基在教学论方面所做的艰苦而富有成果的研究，让人觉得他只是道德教育方面的专家。当然，这一方面在出版俄文版三卷本（1981年）时，在“前言”中已有所改正。俄文版“前言”的第一作者是库津，而泽韦林则是第二作者。

其实，苏霍姆林斯基的一生始终对教学论作了艰苦研究，成果也相当丰富，如：学前教学，“蓝天下的课堂”，教学中的情感作用，对学习兴趣的激发，思维（抽象的和形象的思维）的发展，自学能力的提高，学习的“适度紧张”，学习过程中的自由选择、“精神平衡”，教学纳入教育过程的整体考察，对学习困难学生的帮助，“第二教学大纲”，课外科技小组的组织与活动，鼓励学生创造，教学“三原则”等。

疏漏处还有：忽视了苏霍姆林斯基对有关领域的研究，如“情感素养”“愿望素养”；又如“精神”“心灵”等等这些弱社会性的方面，即更为个性化的方面。

这些疏漏的后果，就是降低了苏霍姆林斯基遗产的精神价值，让后人不知不觉地会片面理解苏霍姆林斯基教育思想，忽视其中的许多重要方面。

第四，表述错误。“前言”中竟然大段大段阐述苏霍姆林斯基与教育家马卡连科的一致性，在 49 页篇幅中占了 10 页，有 27 次提及马卡连科，说苏霍姆林斯基是马卡连科教育思想的赞同者和继承人，这完全不符合事实。其实，苏霍姆林斯基在 1967 年就写了一篇重要文章《前进》（又名《不要在原地踏步》），指名批评马卡连科关于“集体教育”论述的诸多错误。该文在苏联教育界掀起过轩然大波，因此苏霍姆林斯基遭到了权威教育学的“围剿”。对于这一点，泽韦林是一清二楚的。但很奇怪，他居然对此视而不见，还坚定地宣称：苏霍姆林斯基是马卡连科的“天才的追随者”云云。

第五，谬种流传。必须指出，这一错误判断造成了严重的后果。此后，在苏联及俄罗斯教育学史教科书中，在高等院校有关教材中，人们都是重复泽韦林定下的这个调子：“苏霍姆林斯基是马卡连科的忠实继承人”，这种谬误流传甚广。直至如今，有很多人依然不了解真实的苏霍姆林斯基。这很令人遗憾！

所以，我得再说，如果再版苏霍姆林斯基的选集，这个“前言”必须重写，目的是还原历史的真实，从教育科学的学术角度阐述问题。

确实很奇怪，苏联时代对苏霍姆林斯基作总体评价时，竟然可以不深入研究他的全部著述，可以有意“忽略”重要的历史事实，最后以“任命”的方式，给他强加一个错误的“头衔”和结论。

看来，还原真相，消除误解，谈何容易！

现在，为了全面理解苏霍姆林斯基的教育思想，我特别希望大家细细阅读已经公布的苏霍姆林斯基的重要文章《前进》《共产主义教育简论》等。今后，我们将继续解读和公布人们不知道的苏霍姆林斯基的文章。

第六节　避免学习与实践的误区

我：当前，人们在学习、研究和实践苏霍姆林斯基教育思想方面有哪些不足，亟待改进？

奥丽佳：就当前乌克兰的基础教育界看，自开放改革后，人们面对潮水般涌来的各种各样的教育信息，尤其是西方的信息，感到眼花缭乱，有点不知所措。中小学办学的类型也是五花八门，家长们选择时也弄得莫衷一是。怎么办？

首先，基础教育的任务是打基础。其实，在我看来，基础教育就是打基础，办基础教育就应当从本国的文化传统和教育实情出发，扎扎实实地为孩子们德、智、体、美、劳诸方面和谐发展打基础，不要搞得花里胡哨。在这方面，我看你们中国教育做得还是比较好的。

其次，在实践中认真去做。苏霍姆林斯基教育思想是我们的宝贵财富，它已经把许多问题讲得很清楚了。需要广大教师和学者去认真学习、实践，结合实际去研究、创造。

在这方面，我们有不少不足，亟待改进的方面有：

第一，得全面地阅读苏霍姆林斯基的书。光读《苏霍姆林斯基选集》（五卷本），不够。当然工作忙时，也可选择主要的著作读，精读，仔细体会其中的思想和精神，全面理解其要义，切不能断章取义。

第二，得实践。读书是为了用，用来克服缺陷。在实践第一线的教师应当努力，改变自己原来很多不当的做法：如让学生围着教师转，为教师服务；如只教书不育人，上完课什么也不管了；如教学中不注意激发学生的学习兴趣和热情，照本

与奥丽佳、李镇西老师一起（1998）

宣科，完成任务就完事，至于学生懂了没有，会了没有，那是学生的事；如在教学过程中不给学生选择的机会，不给学生自由支配的时间；如在教学中以分数“整”学生，不注意调动学生的学习积极性……总之，不少教师没有真正把学生当人，并不是努力把他们培养成“大写的人”，远没有在教育教学过程中体现出人道主义精神等等。对于上述种种现象，苏霍姆林斯基早就作了中肯的批评啊！有这种情况的，就应当改，马上改！

再次，不能只讲技法。现在，很多人也在积极学习苏霍姆林斯基教育思想，读他的书，也努力在实践中运用，但往往只关注具体的操作技法，只采用和模仿某些教育教学措施，而不关注总体的思想观点。这种倾向一定要纠正。

实际上，最为重要的是，教师要在总体上把握苏霍姆林斯基教育思想的要义，至少应当弄清下列问题：

● 你在教育教学实践中把学生摆在什么位置？

● 你是怎么与学生沟通的？你怎么处理师生关系？

● 什么是教育的目的？什么是教育的手段和工具？

● 什么是个性的和谐发展？怎样促使每个学生的和谐发展？

● 培养集体是目的是还是手段？怎样使每个学生在集体中都得到发展？学生要关心集体，那集体应当为其中的个性做些什么？

● 什么是“情感文化”？

● 什么是学生的精神世界？怎样走进其中？

● 怎样丰富学生的情感世界、影响学生的心灵、端正他们的价值趋向？等等。

第七节　教育思想研究的开拓

我：您看，我们对苏霍姆林斯基教育思想的研究和实践还有哪些方面亟待开拓与深入？

奥丽佳：对于苏霍姆林斯基教育思想的研究，应当始终抓住一点：以教育学角度加以研究为主。但是，不可否认，确实还有若干领域可以开拓，做辅助研究。我认为，需要扩大视角，结合起来深入研究。

第一，扩大研究角度。可以从以下角度思考问题：

（1）从教育伦理学角度；

（2）从教育生态学角度；

（3）从教育美学角度；

（4）从教育文化学角度；

（5）从教育人类学角度。

至于从教育哲学、教育心理学角度考察，现在虽然已有涉及，但也不够，需要继续深入研究下去。

登中国长城，想教育前景（1998）

第二，关于教育文化学研究。单就从教育文化学角度看，我们可以从3个方面看到苏霍姆林斯基教育思想的文化视角：

一是价值取向。四崇拜：祖国、人（母亲）、书籍、母语。

二是文化形式和种类。民间文学、大自然（作为文化的组成部分）、校园文化、家庭文化、性别文化、情感文化、意愿文化……

三是微型文艺作品形式。以苏霍姆林斯基提倡的微型文艺作品为例，它易于操作，也为师生们喜闻乐见。这方面可以深入研究的问题有：

（1）它们中有哪些文化元素？这些微型文艺作品作为基础，展示着文化的整体性（现实的和臆造的），展示着反映各种观点的画面，展示着有关道德、习俗、信仰、艺术和大自然等的情境，它们以实物的、具体的、伦理艺术的和情感的方式加以度量。

（2）怎样解读问题情境？对微型文艺作品的关注，就意味着审视教学和教育时采用艺术的、情感的、创造的观点，更为自由地阐述自己的观点。

（3）怎样展开哲学思考？关注文艺形象的世界，就有可能通过这种创造的形态，通过儿童周围的文艺形象世界，登上哲学思维的台阶——回眸人的本质，对儿童的存在、活动、心灵等进行哲学思考，寻求有关规律，形成价值判断，着眼人的发展。

此外，关于“情感文化”“意愿文化”等方面，也大有开拓和深入的余地。

总之，从教育学角度，结合其他视角，继续学习和研究苏霍姆林斯基教育思想，还有很大的空间，需要我们携手同行。

第十一章

Chapter 11

学生、同事和研究权威的心语

——专访俄罗斯学者伦达克教授

在俄罗斯，也有许多研究苏霍姆林斯基教育思想的专家学者，其中，最有权威的当推奥伦堡国立师范大学的瓦列京娜·伦达克教授。她早年是苏霍姆林斯基的学生，师范大学毕业后又回到母校工作，成为同事，现在是著名教育学学者。这样的人现在已经很少了。

伦达克教授对苏霍姆林斯基教育思想做了长期而深刻的研究，著述丰厚，主要有：《导师苏霍姆林斯基：明天的课》《革新条件下的学校》《思维课》《教师与创造》《教育的方法论基础》《苏霍姆林斯基的教导》等。其中的每部著作都涉及了苏霍姆林斯基教育思想及其对现代教育改革的启示。

结识伦达克教授，是 2002 年 9 月的事。那是在乌克兰基洛夫格勒市召开的全乌克兰苏霍姆林斯基教育思想研究年会上。此前，我早就听乌克兰的朋友们多次介绍。初次见面，印象深刻，使我兴趣陡增。

2004 年、2013 年和 2015 年，伦达克教授经我安排 3 次来华访问和讲学。其间，我见缝插针地对她进行了多次访谈，获益良多。

第一节　学生时代的校长印象

我：请回忆您的小学和中学时代，谈谈您母校校长苏霍姆林斯基给您留下的最深印象。

伦达克：我很幸福，上帝让我出生在乌克兰基洛夫格勒州这片黑土地上，从小竟有机会进入巴甫雷什中学这所世界名校，认识我们的校长，这位世界级的教育大师——苏霍姆林斯基，从小就能接触他，与他交往，得到他的关爱，接受他的教导。这是我此生莫大的荣幸！

与伦达克教授在俄罗斯（2016）

1954 年 9 月 1 日，我 7 岁，便和其他同龄小朋友一起进了家乡的学校，开始了我的学习生活。第二年夏天，在我升入二年级时，父母移居巴甫雷什镇，于是，我就转学进了巴甫雷什中学，有幸成了苏霍姆林斯基的学生。

今天回忆起来，印象特别深刻的有以下几件事：

第一件是校长总在我们中间。我一进巴甫雷什中学，第一印象就是小朋友不怕校长。从二年级到十年级（相当于高三年级）毕业，校长苏霍姆林斯基几乎天天在学生和老师中间，和我们小朋友在一起。只要校长在校园里出现，他周围都会围着一群小朋友，同学们会叽叽喳喳，同他说东道西，显得非常亲热。

每天早上八点，校长苏霍姆林斯基总站在校门口，微笑着迎接每位老师和学生的到来，我们都热情地与他互致问候。每天，他到各个班级去听课。他认识我们每一个学生，叫得出我们的名字。他常与我一起去“蓝天下的课堂”，一起去树林里上课；他还与我们一起参加各种劳动，一起开展体育活动；他深入学生课外科技小组和文艺小组，鼓励我们大胆创造；他与我们的家长交流、谈心……总之，学校里无论开展什么活动，大家都能看到他兴致勃勃的脸庞，他那种专心致志、兴奋欢快的神情感染着每一位学生和教师。我们每天都会在美丽的校园里看到他忙碌而从容的身影，感受到他那笑容及由此透露出来的爱意。

大家都从心底里爱我们的校长！

第二件是校长搀着手领我进新班级。1955 年 9 月 2 日，是我第一次近距离接触校长苏霍姆林斯基的一天。

那天早上，我到校比较早，因为刚转学进入新学校，升入二年级，所以非常兴奋。我在校门口向校长问好时，他马上叫住了我，领我去他的校长办公室。

走进校长办公室，我立即看到：他的办公桌上堆了好几叠本子，还有不少白纸，旁边是几支铅笔和钢笔；办公桌旁的小支架上摆着黑色电话机，紧靠着边上有两排椅子；两侧靠墙立着很大很大的书橱，里面摆满了各种书籍，好多好多。

校长让我坐下后对我说："瓦莉娅（伦达克教授的爱称）！我一看就知道，你是个好孩子。欢迎你进入咱们的巴甫雷什中学，成为这个大家庭的一员！今天新学年开始，你将进入一个新的班集体。你们的班主任叫玛莉娅·尼古拉耶芙娜，她是位漂亮、和善、聪明、善于关心人的好老师，你一定会喜欢她的。"

我记得：那天校长对我的态度非常和蔼，充满信任，好像是在与我商量进入那个新班级的事似的。由于谈话的气氛很好，我原来有的紧张情绪便马上消失了。我高兴地答道："好的！听到您的安排，我非常高兴。"

校长接着微笑地说："好孩子！希望你到新班级里后好好与其他同学交朋友，发扬你的优点，开开心心地学习，做个好学生！"

我说："好！"

上课前，校长搀起我的小手，走出校长办公室，领我去新班级了。

铃响时，我随校长走进教室，同学们都站了起来。校长与大家互致问候后，就把我介绍给了新班主任玛丽娅·尼古拉耶芙娜，介绍给了全班同学。他说："同学们，这是你们的新同学，她叫瓦莉娅·斯克丽普尼克（这是娘家的姓，当地女性结婚后按习俗都改姓丈夫的姓），从今天起，她就是你们二年级 A 班的同学了。你们是不是正等着她啊。请告诉我们，她的座位在哪里？"

“第二行，第一张课桌！”大家齐声回答。

校长微笑着说“好”，便让我坐到自己的座位上。他对大家说：“相互认识认识吧，大家要和睦相处啊。”然后就离开了。

从此，我就开始了在这个班级的学习生活。

我们班的同学都非常热爱自己的班主任，我们感到，她也非常爱我们。

必须提及的是，由于新班主任玛丽娅·尼古拉耶芙娜给了我的良好印象，我彻底改变了原来想当女飞行员的理想。从那年起，我便立志当一名教师！中学毕业时，我就报考了师范学院。

第三件是校长来我们班听课。我们敬爱的校长常常到我们班来听课。后来我知道，他给自己立下一条规矩：每天必须听两节课，如果外出开会，还一定要补听呢。

校长听课有一个特点：最后 5 分钟一定要参与互动，当然是在征得任课老师同意的情况下。

比如听法语课，他在最后 5 分钟会和老师一起，请一位同学起来朗读学过的课文，朗读后他会作一点修正（校长法语很好）；他也会请一位同学用自己的话转述课文；或是请同学翻译句子，回答问题等。这中间，他总会表扬同学们的优点，鼓励我们发扬自己的长处。

比如听文学课，他在最后会向同学们讲述，最近他自己读了哪些书籍，并简要介绍其中的有趣情节。他总要问，同学们大家近来在课外阅读中最关注的书籍有哪些，为什么关注这些书籍，大家发言都很踊跃，争着回答校长的问题。校长总是鼓励我们课外多读文学著作，尤其是世界名著。

在乌拉尔河畔访问伦达克教授

又比如听物理课，他在最后总要问，今天课上所学的内容还有什么没弄明白。他特别会问，今天学的知识怎么运用于实践，近期学到的知识有没有已经运用到实践中去的，同学们参加了哪些课外科技小组，有些什么收获，等等。校长总是要求大家学了书本知识一定要联系实际、学以致用。他鼓励大家多问为什么，多参与创造性科技活动和各种实践活动。

慢慢地，我们都习惯了校长来班级听课，并把这看作班里的大事。后来，同学们都盼望着校长来听课，并参加互动了。

第四件是校长送我珍贵礼物——书籍。校长苏霍姆林斯基在学校里经常讲："要崇拜书籍！"请注意：他用的词是"崇拜"，而不仅仅是"爱"！

在"家长学校"里，校长经常给家长们如下建议：

在孩子生日那天，送的最好礼物就是书，这一做法应当成为每个家庭的传统。应当使每个学生在家里逐步建立自己的私人小图书馆，从入学那天起就开始经营，并把它看作自己家里最宝贵的财富。而到孩子长成青年的时候，这个私人小图书馆里，在最显眼的位置上必须摆放着文学名著——世界名著和苏俄文学名著。

校长的这一建议，给我们这个小镇增添了良好的读书风气。

而在我的私人小图书馆里，最显眼的位置上陈列着的是校长苏霍姆林斯基赠送我的书籍，它们是：《格林童话选集》，米·阿·斯捷利马赫的小说三部曲《远亲》《人血——血浓于水》《面包和盐》，蓬·勃鲁耶维奇的《难忘的事》，阿·维诺格拉多夫的《帕格尼尼的谴责》等。我想特别说明的是，这些书上都有校长苏霍姆林斯基的亲笔签名。

就以《帕格尼尼的谴责》一书为例，那是 1964 年我中学毕业前校长送我的最珍贵的礼物！他在此书的扉页上写道："此书赠给巴甫雷什中学十年级 A 班学生瓦列京娜·斯克丽普尼克，以纪念她领取'苏联公民证'的日子。愿你珍视苏联公民的荣誉！校长：瓦西里·苏霍姆林斯基。"

现在，半个世纪过去了，但每当我闭上眼睛回想此事时，就能清清楚楚地记得校长给我赠书时那深情的眼神及和蔼的笑容。谢谢敬爱的校长对我的厚爱！

这些赠书，连同亲爱的校长的留言——对我的祝愿和期盼，我常常翻阅，不知看了多少遍。

至今，我都珍藏着这些宝贵的赠书。它们是我的无价之宝，它们如同我的生命那么重要！

第二节　与校长共事时的珍贵回忆

我：您从师范学院毕业后，又回到了母校当教师，在苏霍姆林斯基领导下工作了几年。您作为校长的新同事，还有哪些事情值得您回忆？

伦达克：是啊，我感到荣幸的不仅是在巴甫雷什中学读书直至中学毕业，还有机会在母校工作。虽然在苏霍姆林斯基校长领导下工作只有短短的两年，他就不幸离世了，但那是极其珍贵的两年！

值得回忆的有以下几点：

第一，教育心理研讨会。1968 年，我到母校巴甫雷什中学当教师后不久，有一次，校长苏霍姆林斯基就非常认真地对我说："一位教师不但应当努力认真做事，努力工作，参与教育教学的全过程，而且应当积极动脑，就是在工作实践中积极从事教育科学研究。教师首先应当是教育教学过程的研究者，教育经验必须建立在科学的理论基础上，教育理论也必须与教育实践相结合。咱们学校的教育心理研讨会就是开展教育科学研究的一种很好形式。您参加这种研讨会，一定会学到你在大学里学不到的东西。我想，往后您会有体会的。"

参加了学校的教育心理研讨会，我才知道：学校很早就把心理学研究成果运用于自己的教育研究了。而且，我还发现，校长夫人安娜・伊凡诺夫娜本人就是心理学家，她居然有两个专业的文凭——心理学和俄罗斯语言文学！怪不得她和校长的发言总是那么与众不同。

这里的教育心理研讨会，就是具体运用教育学和心理学理论，针对实际问题进行的研讨会。我记得，研讨的问题通常是：

（1）童年、少年和青年前期（低、中、高年级）学生的年龄特征；

（2）激发儿童的求知欲，形成对学习科学文化的兴趣，培养学生的学习愿望和积极情感——所有这一切的途径和方法；

（3）对思维发展缓慢、智力发展滞后和能力较弱的孩子进行个案研究——教育心理分析：怎样教会他们思维；

（4）培养学生集体与发展个性的相互关系，共同活动中的交往的展开与人际关系的建立，及其对学生个性发展的影响；

（5）关于“个性定向性教学”的理论和实践；

（6）学生创造型思维的培养途径和方法；

（7）快速阅读与思维发展的问题；

（8）在儿童早期培养其自由选择及责任感的重要性、途径和方法；

（9）关于无惩罚教育：表扬与鼓励的促进作用；

（10）学生精神生活的内涵，如何培养对愿望、情感和创造的需要；

（11）关于高年级学生确立生活理想的问题，理想的形成过程、途径和方法。

确实，参加这样的教育心理研讨会，从研究具体的学生和碰到的实际问题入手，再学习教育学、心理学理论，就感到特别有收获。

第二，好教师的基本标准。校长苏霍姆林斯基多次对我说：“每位教师都希望成为好教师。而谁是好教师则是由学生评判的，你是否优秀那应当由学生说了算。”

“怎样的教师是好教师？他应当善于与学生交往和沟通，此时，他会忘记自己是教师，他会把学生看成是自己的朋友，是志同道合者。这里的沟通应当是精神上的沟通，是指教师了解学生心中最隐秘和珍贵的角落，并善于为其珍藏。不管是在课上还是休息时，教师都应当这样。”

校长曾多次具体地教导我，怎样当一个好教师：

（1）一个好教师应当经常给自己提出这样的问题：“我把学生当人了吗？我的学生是什么人？他将成为什么样的人？”只有此时，他才真正走上成长为“大写的教师”之路。

（2）如果你在教师工作中发出的那种“电流”——表达你精神生活的智力与情感“电流”，没能得到回应，哪怕从一位学生的心灵中得到回应，那你还不是真正意义上的教师，你充其量只是个信息源而已。

（3）如果认为随着科技的发展，教师的作用会越来越微小，甚至微不足道了，那就大错特错了。未来的世纪，是“数学的世纪”，但更是“人的世纪”！其实，任何科技信息不可能为人们原封不动地搬运。教师的作用就在于：促进和加速学生掌握和加工有关信息的过程，培养学生对此信息持有正确的态度和价值观。科技发展要求更高水平的教师，其基本的工作内容就是，以科技信息为中介与学生开展精神交往。就是说，科技发展要求作为教师的人具有较高水平的交往才能，要求教师自己就有“有趣的个性”。

（4）别忘了十分重要的道理：真正起教育作用的不是教学大纲和教科书，不是方法，而是你的个性，只可能是教师的个性。”这是苏霍姆林斯基在《巴甫雷什中学工作计划》中写的原话。

（5）教师的骄傲就是你教的学生。如果你的学生毕业离校后所选择的深造专业方向，与你所教的学科都有关系，那你就是成功的老师。很难设想有这样的优秀教师，他的学生将来都不想选择那些与他所教学科有关的专业。

第三，怎样做到惜时如金。当我成了巴甫雷什中学的教师后，一段时间总有个疑问：校长平时工作那么忙，但又能写出那么多的文章和作品，他哪来的时间啊？

有一件事让我恍然大悟。

1969 年新年，学校决定在大礼堂举办新年联欢晚会，按惯例当然随后有舞会。我们全体教师，包括校长夫人安娜·伊凡诺夫娜，高高兴兴地做好了一切准备工作。什么都齐全了，大家就让我去请校长来出席。

我走到不远处的校长家里（就在校园里），在他办公室门口，我轻轻地敲了几下门说：“瓦西里·阿列克山德罗维奇！是我，瓦丽娅！”校长马上给我开了门说：“请进，瓦丽娅！”此时，他亲切地说：“瓦丽娅！亲爱的同事，预祝您新年快乐、进步、幸福！”我也预祝校长新年健康、幸福。校长问：“新年晚会准备好了？好，我这就去！”此时，我发现，校长办公桌上摊着很多书籍和资料，校长正在埋头撰写文章呢！当校长对着镜子系领带时，我听到他连续咳嗽，便说道：“瓦西里·阿列克山德罗维奇，您这样咳嗽，应该休息了呀，除夕之夜您怎么还这么用功啊？”“要写的东西很多啊，不抓紧不行！”校长答道。说着，他穿上大衣，随我去大礼堂。

我清楚地记得，一路上，校长不时咳嗽，他抓着我的肘部，轻声笑着说：“瓦丽娅，我现在感到很幸福，但我不可能静下来，因为有很多教育思考和工作心得，有很多心灵的感悟和教育的快乐，它们让我常常兴奋得夜不能寐！所以，我必须抓紧时间把它们记录下来，与你们分享。我感到不能浪费一分一秒啊！”此时，新年前夜，校长依然沉浸在思考的激动和写作的幸福之中，他像是在与时间赛跑。

校长一到大礼堂，大家欢呼“乌拉！”新年晚会马上开始了。首先，校长致了简短的新年祝辞，接着，大家齐唱迎新年歌曲，便开始喝着葡萄酒和威士忌，吃着糖果和糕点，纷纷发言，辞旧迎新，气氛非常热烈。

这时，我突然发现，校长不知在什么时候不见了！

我走近安娜·伊凡诺夫娜，问道："安娜·伊凡诺芙娜，校长去哪儿啦？难道又回办公室了？"校长夫人笑着答道："可不，肯定又去写作了。"接着，她叹了口气说："他就是这样的人！没有办法。前几天，我让他陪我看电影，我看得入了神。不一会，我发现，他竟然不见了！那一刻，我真有点生气呢。回家后知道，他急着赶写文章呢。他近来身体不怎么好，总说时间太紧了！要抓紧……"喔！原来是这样。

伦达克教授来华访问

新年舞会开始后，我跳了一支舞曲。跳舞时我总想着：校长干什么去了？随后我就悄悄离开了舞会，不由自主地来到校长办公室窗前，想看个究竟。站在窗前，我听到了不时传出的校长的干咳，看到了那灯光在窗玻璃上投下的半身人影，校长低着头，在奋笔疾书哪！

辞旧迎新之夜，我站在校长工作室窗外，听着校长的咳嗽声，看着校长低头工作的投影，我被深深地震撼了，我的心开始颤抖了，眼泪不知不觉流了下来。

此情此景，令我终生难忘！

是啊，校长惜时如金！他就这样挺着瘦弱的身体，努力挤出分分秒秒，全身心地为教育贡献着自己的生命！

第三节　教师素养与个性

我：请您就苏霍姆林斯基关于提高教师素养和个性发展水平方面的教诲，谈谈您的体会。

伦达克：关于教师的个性在培养学生中的作用，校长苏霍姆林斯基有很多中肯的论述。他在《论教育》（1973年）一书中指出："很难充分估量教师个性及其精神面貌在唤醒及发展学生能力、倾向和天赋中的巨大作用。"

校长认为，教师就是真理和科学的信徒及传播者。学生集体的智力生活的源泉，学生个性发展的启蒙者和第一启动者，就是教师。教师的知识、思想和兴趣的丰富程度，教师的博学水平，就决定了学生班集体智力生活及其学生个性发展的水平。

校长曾对我说，教师的方方面面的素养都很重要，这是指：他的智慧、荣誉感、良心、教养、本领、艺术素养，还有语言水平、创造潜力，其中，基础的基础则是关于"人"的知识。

一、教师的个性

苏霍姆林斯基认为，为了发展学生的个性，首先每个教师自己要有个性，要不断发展自己的个性。只有学校教师的个性得到较好的发展，学校教师集体才会变得丰富多彩、生气勃勃，学生个性的发展才有可靠保障。

教师的个性内涵至少应当包括以下方面：

（1）价值取向的正确性：关于真善美与假恶丑倾向性；

（2）精神生活的高尚性；

（3）情感的丰富性：对学生有激情和对工作有热情是基础；

（4）道德行为的磊落性；

（5）交往的主动性：渴望与孩子交往，把学生看作完全与自己平等的人；

（6）交往的机智性：善于与学生交往，善于机智地排除其中的障碍；

（7）不断前行的愿望；

（8）理智，有幽默感；

（9）聪明，有创造性；

（10）有教育预见能力；

（11）自身形象的示范性等。

二、教师的教育预见能力

校长苏霍姆林斯基认为，如果教师缺乏科学的预见，不善于此刻就在他面对的人——学生身上，播下几十年以后才发芽和生长的种子，那这位教师就不过是位并非文盲的保姆，他的教育则只是简单的看护，他的“教育学”简直就是胡说八道的巫医之术。教师只有通过科学预见，才能看清教育的无比重要性，才能体察教育过程之“文化本质”，才能使育人工作具有前瞻性。

教师的预见能力包括：

（1）研究未来世纪的发展趋向，认清“人”的永恒价值，以及未来社会对“人”的要求和“人”的作用；

（2）在研究每个学生个性发展的现状和前景的基础上，对该学生的未来发展作出比较具体的预测和规划，绘制出初步的蓝图；

（3）善于确定学生所处班集体的发展水平和未来发展趋向，预见该集体对每个学生可能产生的影响；

（4）能够准确地设定教育教学活动的目标；

（5）善于预见达到此目标可能遇到的困难及其克服的措施；

（6）善于设计教育教学过程，把所采取的形式、方法、手段、途径和工具作最佳结合；

（7）善于预见所设定的教育教学目标的达成水平，预设校正和补救措施等；

（8）善于想象每位学生毕业后在 5 年或 10 年后将成长为怎样的人，他或她是否快乐和幸福。

三、教师的教育素养

苏霍姆林斯基历来认为，教师的职业应当称之为从事“人学”之业，他应当善于深入学生复杂的精神世界，应当在学生身上发现或开发出什么新的东西，并为之赞叹，应当在学生成长过程中看得见“大写的人”之雏形。就是说，教师应当是富于人道精神的、充满善意的、富于同情心的、真心诚意的人。但仅此还不够，他应当是有教养的、睿智的、博览群书的、富有吸引力的有趣的人。

我记得，苏霍姆林斯基曾写道：“我们教师应当十分严肃和严格地要求自己领悟真谛——我们是在用思想和知识从事教育，我们的活动就是思想之生命活动，就是用对知识和文明的渴望点燃学生的生命。”

我还记得，苏霍姆林斯基历来反对教师不知不觉沦为知识的搬运工，简单地要求并满足于学生的死记硬背。他特别关注引导教师领悟智育的真正内涵，他反反复复地劝导我们教师：一定要赋予教学过程以情感，如果课堂教学抽去了情感，那剩下的只有毫无生气的信息了，这与播放留声机有什么区别？还要教师干什么？教师一定要带着一种激情——对学生和所教学科的激情去上课，这样才能把教学过程变得充满温情，变得生动而有吸引力，这样，才能把课上活了，在此基础上，也才谈得上逐步激发学生的求知欲和学习动机，引导学生生动地投身于学习性劳动，独立获取知识和技能，提高学习能力，增强生命活力。

校长指出，教师必须学会引导学生对所学知识形成自己的思想观点，逐步让知识变成学生的信念和良知的组成部分，让教学过程变成产生成功体验、获得欢乐的过程，成为培育“大写的人”的过程。为了做到这一点，教师必须在教学中不仅有激情，还有自己的观点、思想和道德定向。

校长还写道：“真正的教师，就是能带着自己的思想走向学生的人，以自己的积极情感影响学生的人，是有着一种精神需求的人，这种精神需求是指把真理，把科学知识带给人们，使自己的信念——提升人格、赞美正义和坚持真理的信念，成为他人的信念。”

简单说来，校长认为，教师的良好教育素养主要包含如下基本要点：

（1）热爱孩子，见到孩子就高兴；

（2）愿意并努力深刻了解自己学生的个性特点；

（3）面对孩子有激情，乐于与孩子们交往并能从中获得欢乐；

（4）能熟练掌握自己所教的学科知识与技能，并基本掌握该学科所属的总系统、基本方法和最新成果；

（5）具备教育学、心理学和学科教学法方面的知识；

（6）较好地掌握各种教育教学活动所需的技能和习惯；

（7）善于组织教学过程，能促使学生通过积极的脑力劳动而掌握知识和技能，并投入创造，能使学生看到、意识到和体会到自身思维的成果；

（8）善于运用教育理论从事较为深入的教育研究，成为一个乐于钻研的教育科研工作者；

（9）积极创造，乐此不疲，争取达到离开创造就没法活下去的地步；

（10）努力使自己的思想闪烁着理论光芒，并显示出固有的科学研究倾向，力求成为新思想和新理论的源泉；

（11）具有教育预见能力；

（12）关注自身的良好形象。

四、教师的风范

首先，校长认为，教师的风范表现于仪表。他对教师的仪表要求比较严格。我们学校虽然地处农村小镇，但校长自己总是穿戴得干干净净，打扮得整整齐齐，一丝不苟。他要求每个教师都要时时注意自己的形象，尤其是女教师，绝不可以因为忙家务而不加修饰就来学校上班。女教师一定要做到：服装整洁，发式美观，面部淡妆，手指甲也需稍加修饰。就这样，我校教师尽量从各方面向学生展示着美好的方面，让他们真切地感受和体验到美的东西。

其次，校长要求教师在日常行为规范方面达到模范公民的水平，比如，做到不抽烟，不喝酒。这方面，他是以身作则，带头执行的。我从没有看见他抽过烟，喝过酒。记得有一次，几位男教师在休息时喝了点酒，让校长碰上了。他马上把这几位教师叫到自己的办公室去了，自然是去接受批评了。过了点时间，他们从校长办公室出来时，人人满脸通红，一副羞愧自责的样子。之后，这几位教师在学校里再也没有喝过酒。

最后，校长要求每位教师提高自己的文化素养，形成自己的良好风范。校长曾经多次对大家说，教师风范，就是你的职业活动和行为所显示的特点，加上你个性特征的综合表现，是你与生俱来的特点和后天的文化素养的结晶，也是人们在心中对你的劳动成果和为人作出综合评价的客观依据。

第四节　对教学过程的理解

我：请您谈谈苏霍姆林斯基对教学过程的理解，谈谈他的教学论思想。

伦达克：我觉得，苏霍姆林斯基通常是讲“教学教育过程”或是“教育教学过程”，单纯讲教学过程的情况比较少。谈到他的教学论思想，我感到，应当抓住他以下的基本观点。

一、贵有人道和温情

苏霍姆林斯基认为，教学教育过程应当是人道地对待每个学生，自始至终充满温情，努力唤醒学生内在的良好愿望，让学生取得成功，体验进步的欢乐，促进学生发展的过程。

校长在谈到教育教学过程时写道："在我们的'良心'之上——是人。"这就是说，教师在面对学生从事教学工作时，应当永远把"人"放在"良心"之上。后来，他还专门用这句话作题目写了一篇文章，此文收在"五卷本"第五卷中。

校长指出："人道地对待儿童，就是指教师应当懂得一条简单而睿智的真理：离开儿童内在的精神努力，离开了他要变得更好的愿望，学校就没有意义，教育也就不堪设想。"

校长认为，对教学教育过程的关注，就意味着对参与这一过程的主体的关注，对调动学生积极性和主动性的关注，也是对学生生命和人格的关注。而所有这些关注，都是通过教师与学生间的交往实现的。当师生交往伴随着教学教育过程展开的时候，就是人的生命相互点燃的时候，这时，温情就是最好的助燃剂，离开了温情，生命之火就可能变得微弱甚至熄灭，教学教育过程也就会死气沉沉、毫无意义。

二、教学教育过程是综合的

教学教育过程不是单一的智育过程。校长写道："教学的目的，在于促使学生的个性得到全面的、和谐的发展。"他把教学过程看作是人的劳动的结合，是人的一切活动领域的精神财富的结合；它浸透了人的行为及其与他人的相互关系应具有的道德纯洁性；它指向人的体力方面的完善；它是对人的社会需求与个人需求的多面性的满足和展示。

教学教育过程是脑力劳动为主的劳动过程，是师生建构精神同一性的过程。是师生特殊的内心世界的反映，这一内心世界不仅取决于学生的能力和性格，而且取决于学生周围的条件。

教学教育过程是自始至终充满美育的过程。这一过程就是教会学生在感知周围世界之美的同时，发现精神方面的高尚、善良和热忱之处，并在此基础上确认自己身上的美好东西；这一过程就是满足儿童的感知美、鉴赏美等美学需求，在与大自然直接接触中发展智力和美感；这一过程也是教师与学生展开交往，及其中充满欢快和美好的过程，即教师努力展示和培育非同一般的、十分美好的东西，使学生发现交往之美，产生惊讶、愉悦，并从中获得满足和幸福，体验到师生交往的欢乐。

三、教学工作中的注意点

苏霍姆林斯基认为，教学工作是学校的主要工作，它占用的时间最多，德、智、体、美、劳各育都渗透其中。为了提高教学工作的效益，校长要求教师必须注意：

（1）实行“无强制性教学”——改变陈旧的灌输加惩罚的教学方式，激发学生的学习兴趣，形成一定的学习动机，不断鼓励学生的学习积极性，让学生体验成功，领悟欢乐和美；

（2）重视“个别化”教学——班级授课制的积极作用必须发挥，但其固有的缺陷也必须看到并全力避免，避免的方法就是个别化：一定要认真研究每个学生的学习状况，从他的具体实际出发，多做个别沟通、个别指导、个别鼓励等工作；

（3）从脑力劳动角度看问题，教学过程中应当认真贯彻苏霍姆林斯基提出的教学“三原则”：

- 需要原则——启发需求，参与过程；
- 难度原则——克服困难，追求创造；
- 美好原则——取得进步，体验欢乐。

第五节　家长教育学与家校结合

我：可否请您谈谈关于巴甫雷什中学的家长学校的各种情况。

伦达克教授：校长提议办家长学校的出发点是：学校教育与家庭教育必须统一起来，以共同抵御和排除社会上的丑恶东西及其不良影响，提高教育工作的效益，促使每个学生的个性健康成长。这方面需要关注的是：

第一，不要纸牌搭建的房子。苏霍姆林斯基曾在1967年写的《共产主义教育简论》一文中指出，如果没有家庭教育与学校教育的统一，那“学校中教学教育过程的整个系统，就如纸牌搭建的房子，会轰然倒塌”。

家长学校的任务，就是教育学生的家长。

为什么要教育家长？苏霍姆林斯基尖锐地指出：在苏联进行共产主义建设的当前，旧社会遗留下来的种种恶习还时时在影响着人们，不少家长身上有着这样那样的道德瑕疵，它们早在儿童入学前就影响了学生，它们在抵消着学校所施加的教育影响。不止如此，还有不少家长不懂教育，或不关心教育，不是简单粗暴，就是对孩子的成长不闻不问，把一切都推给学校。针对现状，学校应当担起教育家长的重任。就是说，学校如不办家长学校，那学校的教育就是“纸牌搭建的房子”，必然失败。

第二，创建“家长教育学”。从1957年开始，苏霍姆林斯基就办家长学校了，并在实践中逐步构建了“家长教育学”理论体系。

在实践中，这里的家长学校的教育大纲和教育计划逐步得到完善。

- 教时总数：250课时。
- 内容要点包括如下方面：教育学常识、年龄心理学基础、个性心理学基础、体育常识、智育常识、美育常识、社会道德问题案例分析、学生“罪错”案例分析、优秀学生成长案例介绍、阅读与家庭文化、建立家庭图书馆、家庭生活之美。
- 形式：听课、讨论、个别交谈（涉及隐私）。
- 注意点：尊重家长，平等对话。

第三，持之以恒，卓有成效。巴甫雷什中学的家长学校，在苏霍姆林斯基手里办了13年，收获很大。他逝世后，后任校长和教师们继承着这一优良传统，并努力体现出时代特色，直至今天。

他们牢记校长的教导：“不关注家长的教育及变化，就不可能解决有关教学和教育的任何问题。”“我坚信，家庭就如大海中神奇的浪花，从中会不断产生出美，如果没有产生这种人类之美的神奇力量，那学校的职能永远只会是再教育。”

这里的“再教育”之说，一语中的，入木三分。

第六节　优先重视个性对集体的影响

我：不久前看到近期披露的资料后知道，当苏霍姆林斯基公开批评马卡连科某些教育观点后，苏联教育界产生了很大的争论。您能简要介绍其中的内情，谈谈自己的看法吗？

伦达克：您提的问题，正涉及了苏霍姆林斯基的伟大之处。他，我们的教育家，始终持有独特的真知灼见，有勇气，敢讲真话，对前人的教育成果从不盲目迷信，而是批判地继承。他与马卡连科的观点分歧，可能是方法论方面的，主要围绕关于“集体与个性”这一重要课题而展开。

一、《马卡连科全集》上的批语和问号

1971 年，苏霍姆林斯基逝世的第二年，我曾有机会去“苏霍姆林斯基资料档案室”，翻阅到校长本人阅读过的《马卡连科全集》原件。我至今清楚地记得，这套全集是咖啡色封面，校长在很多册书的很多地方写了密密麻麻的批语，作了各种各样的记号，其中有很多是问号。当时，我感到很震惊！我心中暗暗想道：“啊！我们的校长是多么伟大啊！他是多么认真地阅读文献、研究问题啊。他在阅读马卡连科著作过程中，居然有那么多想法，有那么多不同意见啊！”从此我更加佩服我们已故的好校长了。这件事一直铭刻在我的脑海里。

不久，我去莫斯科读研究生了。过了几年，我专门抽出时间，回母校找这部全集，准备收集素材，做些深入研究。很可惜，却再没能找到那套《马卡连科全集》原件，答复是已被归到基辅市苏霍姆林斯基档案馆了。

早在 1967 年，校长在世时，他就写了一篇重要文章《前进》（又名《不要原地踏步》），比较全面地阐述了他关于“集体与个性”方面的观点，指名道姓地批评了马卡连科集体教育思想的若干缺陷，主张必须克服教育战线上大量存在的教条主义、形式主义倾向，等等。由此，苏联教育界掀起了一场大争论，苏霍姆林斯基本人也遭受到了极不公平的“围剿”，他的健康也受到极其严重的损害。

二、应当“优先”重视个性

据我所知，当时，苏霍姆林斯基还写了另一本著作《我们友善的家庭》，可惜没能出版。在这本书中，校长提出了如下的理论：应当“优先”重视个性对集体的影响。这一理论基点——“优先”重视个性，而不是相反，就构成了校长对马卡连科集体教育思想提出批评的基本立足点。

他在《前进》一文中曾清楚地写道：“归根结底，连篇累牍的废话令人生厌，令人生厌的还有这样的局面：参与细致的教育事业（需要具备科学知识的事业）的人，往往属于无知，而职位越高者如果无知，那鲜活的教育事业就会越陷于危险……苏联教育学界存在严重的缺陷：人们已忘记，离开了个性的全面发展，集体的教育工作就不可能充分开展。这一缺点存在的根源，就是马卡连科理论原理的如下错误：在苏维埃学校里，集体是教育的目的。而这一原理是马卡连科在 1937 年 8 月 28 日在《教育的目的》一文中首次提出的。这一原理正好十分符合当时占统治地位的著名原理：人是螺丝钉。既然是螺丝钉了，难道还可能成为目的吗？由于对马卡连科这一理论原理乃至他的全部教育体系，采取了教条主义的、不加批评的态度，就造成了这样的后果：集体背后再也看不到人了，善于领导和服从就成了目的本身。”

苏霍姆林斯基还尖锐地指出，马卡连科的某些教育原理甚至在“开始时”就是错误的，如在强调“平行影响原则”时，把集体看作是对个性产生影响的唯一教育力量，这就错误地否定了教师对学生个性施加直接影响的巨大作用。他指出，当代学校中的很多悲剧的产生，其根源正在于此。

在那个年代，苏霍姆林斯基提出这些观点是过于大胆了，他简直就是冒天下之大不韪，他没经当局许可而离经叛道——尖锐批评了人们公认的理论权威，他惹了大祸。为此，他受到了责难和“围剿”……

三、怎样比较异同和高下

我个人认为，马卡连科和苏霍姆林斯基，他们两位都是苏联时代杰出的思想家和教育家。他们所处的时代不同，工作条件不同，教育对象也不同。

我本人崇拜我们的老校长苏霍姆林斯基，他发展了马卡连科的教育思想，他在前辈教育家成果的基础上，作出了创造性贡献，这是有目共睹的。

但是，试图从这两位教育家之中分辨谁的贡献更大，这样看问题既不客观、科学，也没有意义。

我认为，今天，当我们研究苏霍姆林斯基教育思想，关注过去的教育争论时，着重点及真正的价值在于以下方面：

（1）如何认真学习苏霍姆林斯基探究教育真理的精神，运用正确的方法论，努力克服教育战线上可能存在的形式主义和教条主义等错误；

（2）如何面对我们的时代使命，着力研究当前的实际问题，结合研究前辈的各类成果，在新世纪教育科学研究的道路上，勤奋探索，不断作出自己的创造；

（3）如何立足于自己的工作，发扬苏霍姆林斯基倡导的教育大爱的精神，努力“把心献给孩子们”，为每个孩子个性的和谐发展，为培养“大写的人”，为全人类的进步，在理论和实践的结合上作出自己的贡献。

伦达克教授，作为苏霍姆林斯基的学生和同事，又长期在俄罗斯奥伦堡国立师范大学专门研究苏霍姆林斯基教育思想和从事教育科学实验，她对苏霍姆林斯基教育思想的理解之深和体悟之切，是常人难以比肩的。在当今健在的教育家之中，除了苏霍姆林斯基的女儿奥丽佳教授外，实在难以找到第二位了。

我们理当十分珍视与伦达克教授的交往和友谊！

总跋

苏霍姆林斯基的卓越贡献令人敬仰

教育丛书“苏霍姆林斯基在中国”的首批新书现在与大家见面了，这是“中国陶行知研究会苏霍姆林斯基研究专业委员会”办成的一件大事。此时，我心里很高兴、很激动。

这件大事办成，历时数年，颇不容易。丛书初成，首先有赖于朱小蔓教授的鼎力支持和悉心指导，也依靠了唐云增先生的先期发端和不断推动，还受益于青年学者杨一鸣博士等人的睿智谋划和积极配合。朱小蔓教授、唐云增先生在我国教育界，堪称“苏霍姆林斯基式的教育科研工作者”，他们德高望重，备受尊敬；杨一鸣博士等在青年学者中实属佼佼者，他们对苏霍姆林斯基教育思想的满腔情怀，代表了青年一代的美好教育追求。

办成这件大事，当然也离不开丛书编委会全体成员的团结协作、共同奋斗，更取决于各卷作者的辛勤劳作和呕心沥血。

不仅如此，我们还得感谢江苏凤凰科学技术出版社和上海凤凰颐合文化发展有限公司相关同志长期付出的巨大辛劳。自 2013 年初起，相关同志就积极参与策划和推动本套丛书，对每分册都不厌其烦地提出修正意见，表现出难能可贵的诚意和良知。这些都使我们编委会深受感动，在此一并感谢！

今天，在经济全球化背景下，在我国的教育改革和发展进入新阶段的时刻，为什么要编写这套丛书？办这件大事的意义和价值何在？这是大家必然关心的问题。

是的，当我们的教育改革进入攻坚阶段之时，当我们面前的青少年学生与任何时候都不同之时，当我们的年轻教师面对海量资讯和多元价值而难以抉择之时，我们急切地需要一个看得见摸得着、可以信赖的学习榜样，需要一个富有情感、血肉丰满的时代楷模，苏霍姆林斯基就是最好的选择之一。

我国成都的李镇西老师，1998 年底就被苏霍姆林斯基的女儿称为“中国的苏霍姆林斯基式教师”（当时我有幸在场），他最崇拜的教育家就是陶行知和苏霍姆林斯基。他在专著《追随苏霍姆林斯基》中这样写道："苏霍姆林斯基是前方的太阳，永远照耀着我们前行，让我们的教育之路不会迷失。""苏霍姆林斯基是一个美好的梦，读他，就是追梦。"李镇西老师积极追随苏霍姆林斯基，满含热泪地读他的书，十分用心地践行他的教育思想，带着自己的创造不断前行，于是，李镇西老师成功了。

我们编写这套丛书的意向之一，就是为我国年轻一代的教育工作者提供学习条件，使他们了解苏霍姆林斯基教育思想在我国教育界几度掀起的传播高潮，了解其影响的广泛和深远程度，了解其广受欢迎的内在教育因素和文化条件，了解其间涌现出的许多先进人物和感人故事，从而在心中保留那十分难得的、写满生动教育故事的历史画卷。

我们编写这套丛书的初衷，也在于使年轻人真实地感受到：一个普通的中小学教师和校长持续地努力奋斗的前景不可小觑，他生命力量中蕴藏的潜能和可能达到的高度是如此惊人！我们力图使年轻人在此基础上思考这样的问题：苏霍姆林斯基为什么这么令人敬仰？我们是否可以通过自身的努力，站到巨人的肩膀上，积极提高教育素养，从而达到新的高度，直至攀登教育的高峰？

奇迹总是由人来创造的。当今时代就给期望创造奇迹的有志者提供着舞台。

苏霍姆林斯基，一个普通乡村中学校长，创造了教育实践和理论的范例，他震动了世界，得到了国际教育界的赞许，被公认为世界级的教育大家，这在 20 世纪中叶的社会主义教育发展史上，是绝无仅有的。

苏霍姆林斯基，乌克兰苏维埃社会主义共和国中部一所乡村中学——巴甫雷什中学的校长。他从第二次世界大战的硝烟中归来，辞官到乡村中学当校长，一当就是 22 年，他的人道主义教育实践的卓著成效，连同其中展示的"我把心献给孩子们"的教育情怀和精神，超越了万水千山，令世界各国的教育工作者由衷佩服；他通俗而不凡的理论建树，突破了意识形态的阻隔，牵动了东西方教育工作者的心，让大家关注和敬仰：人们争相翻译和阅读他的著述，研究他的教育思想，访问他创办的学校。而且，这种关注和敬仰，遍及世界，经久不息，一直延续至今。这无疑是一个奇迹！

让我们看一看苏霍姆林斯基究竟创造了怎样的奇迹呢？

首先，苏霍姆林斯基做着“真教育”，他办好了一所真正的学校。他扎根于乡村学校的实践，创造了令人信服的人道主义教育样板，做出了实实在在的成绩，令世界对社会主义教育刮目相看。他永远把教育实践视为教育研究的根基，让实践成为优秀文化和人文精神传承的过程，把自己的心血乃至整个生命化解于此，努力在实践中验证和发展教育理论。他的双脚永远站在学校的土地上，他永远在课堂里（每天听 2 节课），在学生中（认识所有的学生），他直面各种教育问题，触摸着学生生命的脉搏，在不断解决问题的过程中，用心培养每一个学生，同时吸取鲜活的教育营养，推动他的“教育学是人学”的实验室工作前进。他办好了一所乡村学校，拿出了一个经得起推敲的教育样板——巴甫雷什中学，这所学校成了世界名校。他证实了：真正的教育家都是与一所名校联系在一起的，真正的教育家是“接地气”——与儿童在一起的。

其次，他真有学问。苏霍姆林斯基知识渊博，学养深厚。他从小就以一颗谦卑和真诚的心投入阅读，后来，他身为校长，永远以高强度的专注力异常勤奋地读书（每天早上四点起床阅读）。他博览群书，思考人类，洞察社会，审视自我，构建了健康的社会认知及自我认知。他着眼根本，专研“人学”，服务现实。他独立思考，从不人云亦云、故弄玄虚。而且，他脚踏实地，精通中小学全部教材和教学法理论，他几乎教过中小学的所有课程。他的教育学、心理学和哲学等学科的修养之深，远远超乎常人。他学风踏实，勤奋写作，著述丰厚，言之有物，他的著作被翻译成世界的主要语言文字，被公认为是“活的教育学”和“教育百科全书”，他的学问物化成了宝贵的教育遗产。

再次，他有自己的教育思想。苏霍姆林斯基的教育思想深刻，着眼根本，前瞻未来，堪称“教育战线上的思想家”。他成天生活在孩子中，欣慰于学生的天真，敬畏着生命的严肃，感受着家长和社会的信任，掂量着教育的现实责任和时代使命，思索着对人性的尊重和对精神的关切，他心怀人类未来，前瞻新的世纪，他永远在追问：怎样的中小学才是好学校？什么是“真正的教育”？什么是“真正的人”？未来世界连同教育将走向何处？他在长年的教育实践中苦苦求索，在不间断的教育实验中验证答案，在广泛涉猎、持久深入的阅读中深思熟虑，通过勤奋写作及时总结，他沿着“教育学是人学”

的线路前行，逐步形成了一整套独特的以人为本的教育主张，从而催生了举世无双的教育思想体系——苏霍姆林斯基教育思想。

还有，他坚守良知，敢讲真话，为人磊落，是一位真正的共产主义教育家。苏霍姆林斯基具有超越世俗的教育追求，拥有一颗美丽的心——以完美教育理想为血液循环的心。他满怀激情，又头脑清醒，在持续的阅读和不竭的实践中接触人类思想的精华，攀登教育理想的制高点，让自己的精神和心灵突破教条的桎梏，冲出时空的限制，超越四周的环境，凝成共产主义的教育信仰，在内心深处养成浩然之气，铸成不竭的精神力量。他以“人民教师——民族的良知和青年的楷模”要求自己，鄙视对学术的无知与怠慢，嘲笑对物质的贪婪与迷信，拒绝对权力的膜拜和恐惧，批评教条主义和形式主义，抵御社会和个人的沉沦。所以，他即便面对“围剿”也总是朝气蓬勃，积极达观。他挺直腰杆，拒绝平庸，追求真理，在平凡中显得那么不平凡，从而显示出巨大的人格魅力。

那么，怎样概括苏霍姆林斯基做出的教育贡献？

考察苏霍姆林斯基的一生，通览他的全部著述，纵观其教育理论和实践的建树，在苏联教育界，他做出了十个方面的贡献，可以简要归结为：

第一，他在苏联教育界第一个公开提出“人是最高价值”[①]，“教育学是人学，它的基础在实质上就是创造幸福”“要相信人”。在“以阶级斗争为纲”的年代，他举起了社会主义人道主义的教育大旗，用马克思的“异化”论述观照教育理论和实践，主张学校一定要把学生当人，真正当作“大写的人”，把“为了学生的欢乐和幸福”、全力“培养真正的人”作为教育的根本目的，这在当时无异于石破天惊。

第二，他旗帜鲜明地反对苏联教育界普遍存在的形式主义和教条主义。苏霍姆林斯基认为必须反对教师照搬先人教条、学校只按行政指令办事的倾向。他特别提倡教育要面向每个具体的学生，他指出：“请记住，没有也不可能有抽象的学生。”[②]他批评道，有教师在谈到教育教学要“面向学生”时，这里的“学生”，通常被理解为“中等的”“抽象的”学生，其实，这根本

①苏霍姆林斯基著：《苏霍姆林斯基选集（五卷本）》（第五卷），俄文版，第471页。

②苏霍姆林斯基著，杜殿坤编译：《给教师的建议》，教育科学出版社1984年版，第1页。

不存在；教师面对的是一个个活生生的人，只有从每个学生的具体实际出发开展教育教学，并努力走进他的心中，这才真是面向学生。所以，他在写作中总是会采用学生名字（隐去了姓氏），展示一个个鲜明的学生个性，在他那里看不到教条主义和形式主义的影子。

第三，他带头成功地实现了课堂教学改革。他提出了“要引导孩子参与学习”“要教会学生学习”“要丰富学生的智力生活”，还提出了“蓝天下的学校”①，从早期教育开始，就让学习充满吸引力，让孩子参与教学；他主张从小就把学习工具交给学生，打好学习技能的基础，熟练掌握“五把钥匙”（读、写、算、观察、表达），读、写、算要达到半自动化程度；他制定了“第二教学大纲”，开发新的课程，主张课内课外学习时间之比需达到1∶1，为学生扩展和丰富智力背景提供条件；他十分关注培育学生的学习兴趣，使他们形成稳定的学习意愿，增强持续的学习动力；他主张教师改进与学生的交往风格，努力营造“充满爱的课堂”“有情感的课堂”，形成良好的“智力情感场”。事实上，苏霍姆林斯基在巴甫雷什中学就构建了以“教学三原则”——需要、难度、愉悦为核心的，特有的“苏氏教学法”体系，其内涵为：①趣味性教学——千方百计让孩子（后进生）“喜欢”学习、“参与”学习；②发展性教学——发展学生的思维、情感、创造力等；③研究性学习——三年级起就布置课题研究型作业，引导学生参与课题研究；④合作性学习——在小组讨论中交流智能与情感，在完成学习任务中发展个性；⑤个性定向性教学——发现每个学生的特长，针对学生的实际，强化个别指导，提供展示机会，促进学生个性发展。

第四，他力排众议改革教育教学评价，提出在（低年级）教育和教学中可以“取消消极性评价（不打不及格）”，延迟采用分数评价，甚至可以取消分数，以全力爱护和增强每个孩子的“智力自尊”，给学生以适度的空间和自由。他指出：“在学习中取得成就——这一点，形象地说，乃是通往儿童心灵中燃烧着‘想成为一个好人’的火花的那个角落的一条蹊径，教师要爱护这条蹊径和这点火花。”② 在他眼里，学校应是人生的启蒙园，是前进

①苏霍姆林斯基著，杜殿坤编译：《给教师的建议》，教育科学出版社1984年版，第528页。
②苏霍姆林斯基著，杜殿坤编译：《给教师的建议》，教育科学出版社1984年版，第3页。

的加油站，课堂是增强学生学习兴趣和动力的场所。教师如果总是用消极性评价挫伤学生的积极性，用坏分数做皮鞭抽打孩子的自信心，那么，这无异于对学生犯罪。

第五，他第一个明确提出“广义德育”的概念。他指出“应当把学习和掌握知识的过程，放在广义的德育计划中，当作集体和个性生活的一部分”，要“发挥教学的德育作用，并找到帮助学习困难学生的策略”。他反对把德育从教育教学中剥离出来，主张综合地、有机地实施德育。他反对好高骛远，提出了脚踏实地的德育要求，其中，放在首位的是公民（平民）德训，即基本的做人准则：“三热爱”（热爱劳动、粮食、老百姓），“四崇拜”（崇拜祖国、母亲——人、书籍、国语）。他认为，道德目标应当有切实的基点，即以善良——设身处地为他人着想的善良，加上正义感——不容忍恶行的正义感作基点，在此基础上，包含着从“平民”（公民）目标到“圣贤”目标的广阔区间内的自由选择及逐步提升。

第六，他第一个公开指出“在苏联的共产主义社会中存在恶行”，提出必须加强精神和心灵的教育。他在教育学研究中引进了“精神”（相对于“肉体”）“灵魂”“心灵”“良心”“生命”“死亡”“爱情”“意愿”“情感”“欢乐”“幸福”等诸多概念，突破了苏联经典教育学的刻板教条，从根本上改造其概念系统。他提倡教育走进学生心灵，深入学生精神生活，增强学生崇尚真善美的情趣，重视提高学生识别和反对假丑恶的觉悟、能力，为切实搞好公民（平民）人格教育，培养“真正的人”打下扎实的基础。

第七，他第一个提出学校的“情感文化”，提倡建设“情感文明”，提高教师的情感素养。苏霍姆林斯基认为：“一个人越变得有力量，他就越需要温情——这算道德教育的规律。力量乘以温情，唯在此过程中才会产生人类的高尚。”[①] 他说，不重视学生的情感就是没有真正把学生当人。他要求教师：将认知与情感有机结合起来，十分密切地关注学生的体验、感受；在确立教育目标时，把切实培养学生的自尊感、同情心、正义感放在第一阶段，并把培养责任感、友谊感、成就感、舒适感等纳入其中。他又说，学生在学习中经常失败，心里会感到痛苦，并慢慢变得迟钝，麻木。情感的麻木会导致道

①苏霍姆林斯基著：《苏霍姆林斯基选集（五卷本）》（第五卷），俄文版，第 497 页。

德上的厚颜无耻，这是一个人丧失自尊后的最可怕的后果。[①] 他主张从排除师生交往障碍入手，切实建立情感沟通，开展师生精神交往，真正注入关爱（自爱，爱人类）并强化之，形成积极情感的正向循环，从而构建学校和班级的良好情感氛围和人际关系。

第八，他第一个挑战了苏联经典教育学的写作风格，开创了用散文方式自由地撰写教育专著的先河。苏霍姆林斯基反对撰写教育著述时普遍存在的不良倾向——程式固化，面孔铁板，矫揉造作，故弄玄虚，烦琐冗长，不知所云。他带头把教育著作写得通俗、形象、生动、有激情，人物灵动，富有情境性，让读者如临其境，喜欢阅读，读有所得。他指出，教育学著述的精髓在于朴素、本真、实用。

第九，他在教育界大胆亮起了“自由”的旗帜。他反对把纪律和集体作为教育的目的，认为必须将其视作教育的手段，他提倡“对待孩子就应如对待一个自由的生命体”“孩子是学习的主体”，要真正尊重学生的民主权利，主张给学生以选择自由，培养自由意志，学习自我评价，要求学生将“学习中的自由”与“做人的责任”适度结合，承认以约束为前提的自由；他反对校长和教师独断专行，主张指导学生学习民主操作和参与民主管理（班级及学校的管理），彻底挑战了专制式的教育思想和实践。他认为，这些都要从课堂、班级和家庭教育做起。

第十，他第一个公开批评马卡连柯的集体教育思想，指出其中的诸多缺陷，挑战了理论权威。苏霍姆林斯基曾在《前进》一文中指名批评前辈教育家马卡连柯，列数其如下错误：机械搬用马克思关于集体的论述，把集体看作教育的目的，以“平行影响原则”削弱教师自身的教育作用，把学校的纪律看成“斗争”的纪律，让个人无条件服从集体，在解决个人与集体矛盾时主张“毫不留情”……他坚持正确的方法论，以过人的理论勇气，从实际出发，独立思考，始终坚持了教育本质的人文性、教育研究的整体性和教育理论的实用性；提倡教育回归到人性之本，以培养大写的人为目的，深入学生的心灵。

至此，我们可以看到：苏霍姆林斯基是模范的实践家，是渊博的理论家，是深刻的思想家。苏霍姆林斯基做出的贡献是非同一般的，是伟大的，他将

①苏霍姆林斯基著：《苏霍姆林斯基选集（五卷本）》（第五卷），俄文版，第 498 页。

被载入人类教育史册。

我国著名教育学专家朱小蔓教授曾经这样写道："苏霍姆林斯基教育思想是国际全民教育进程的不熄灯塔""苏霍姆林斯基的确是一位伟大的思想先锋、思想的超前者、卓越实践的创造者。对他思想和实践的诠释在现今时代依然有巨大的张力，依然具有无穷的魅力"。

毋庸讳言，苏霍姆林斯基并不是神，如同历史上任何一位伟人那样，他不可能十全十美；阅读他的著作，也可以感到些许历史局限，或称时代烙印。但是，这恰恰证实，在我们面前的是一个真实的苏霍姆林斯基，是一位活生生的苏联乡村中学校长，是一位满怀教育激情的、勇于改革教育的实践家和理论家。我想，某些历史的局限丝毫不影响苏霍姆林斯基的高大形象和不朽精神。

读苏霍姆林斯基的著作，我们会不断汗颜，因为他书中的话语似乎就是对我们的拷问，它们就在敲打着我们的心——每个有良知的教师的心！读他的著作，我们又总感到眼明心亮，因为他的教诲总能给我们指明解决问题的思路、前行的方向。

我们编委会的很多同仁都感到：撰写丛书的过程，就是不断研学苏霍姆林斯基著作的过程，也是我们从中汲取教育营养、继续进步的过程。

掩卷沉思，我们仿佛看到：苏霍姆林斯基就站在我们的面前！

是啊！他在深情地期盼着我们……

吴盘生

2018 年 7 月